全国财政职业教育教学指导委员会审定
全国高职高专院校财经类专业规划教材

商业银行会计

（第2版）

施晓春　柳明花　主编

中国财经出版传媒集团
中国财政经济出版社

图书在版编目（CIP）数据

商业银行会计/施晓春，柳明花主编．—2 版．—北京：中国财政经济出版社，2018.5
全国高职高专院校财经类专业规划教材
ISBN 978 -7 -5095 -8212 -1

Ⅰ.①商…　Ⅱ.①施…②柳…　Ⅲ.①商业银行 - 银行会计 - 高等职业教育 - 教材
Ⅳ.①F830.42

中国版本图书馆 CIP 数据核字（2018）第 078819 号

责任编辑：李　媛　　　　　　　　　责任校对：胡永立
封面设计：孙俪铭

中国财政经济出版社 出版
URL：http：//www.cfeph.cn
E - mail：cfeph @ cfeph.cn

社址：北京市海淀区阜成路甲 28 号　邮政编码：100142
营销中心电话：010 - 88191537　北京财经书店电话：64033436　84041336
三河市宏图印务有限公司印刷　各地新华书店经销
787 × 1092 毫米　16 开　19 印张　435 700 字
2018 年 8 月第 2 版　2020 年 8 月河北第 2 次印刷
定价：49.00 元
ISBN 978 - 7 - 5095 - 8212 - 1
（图书出现印装问题，本社负责调换）
本社质量投诉电话：010 - 88190744
打击盗版举报热线：010 - 88191661　QQ：2242791300

前 言 Preface

2006年2月财政部发布了《企业会计准则——基本准则》，随后又于2006年10月发布了《企业会计准则——应用指南》，2014年7月《企业会计准则——基本准则》根据《财政部关于修改〈企业会计准则——基本准则〉的决定》修改，重新公布。在企业会计体系发布之前，《中国人民银行关于人民币存贷款计结息问题的通知》，实现了我国企业会计准则建设新的跨越和突破，实现了我国企业会计准则与国际财务报告准则的持续趋同，适应我国企业和资本市场发展的实际需要，对于促进我国经济发展和提升我国在国际资本市场中的地位具有非常重要的意义。

新发布的企业会计准则体系及有关金融规范，对银行会计核算产生了很大的影响。为了使读者全面掌握银行会计的基本理论和核算方法，并充分理解和把握涉及金融企业的新准则和新规范，我们结合多年从事金融企业会计教学的实践和经验，结合各使用院校对教材提出的宝贵意见进行了修订，使教材的章节体系更加完整，内容更加完善，并对外汇业务及银行增值税业务进行了大幅度的调整。本书面向培养金融应用型人才的院校，既可以满足高等院校学生掌握银行会计核算的教学需要，又是全国财政职业教育教学指导委员会推荐教材，也可以作为商业银行、证券公司、保险公司等金融机构从业人员的岗位培训教材。

本书由施晓春和柳明花担任主编，施晓春总纂、负责全书的整体结构设计、统稿并定稿。李梅、程未和王帅担任副主编，王丽霞、安刚、汤茜和汤国明参加编写。具体分工：施晓春，第一章、第四章和第七章；柳明花，第二章和第九章；程未，第三章；李梅，第五章和第八章；王帅，第六章；汤茜，第十章。

在编写过程中我们参阅了大量的国内外文献，在此对所有文献的作者表示衷心的谢意。限于编者水平，书中难免存在疏漏和不足之处，恳请读者指正。

索取教学课件邮箱 13381107988@189.cn

编 者

2018年1月

前言 Preface

目　录 Contents

第一章 总 论

【要点提示】

本章主要阐述商业银行会计的对象、特点，商业银行会计的作用、核算原则，以及商业银行会计的工作组织。通过本章的学习，要求在了解商业银行会计意义的基础上，准确把握商业银行会计的对象与特点，深入理解商业银行会计核算的一般原则。

第一节 商业银行会计的对象与特点

会计是以货币计量为基本形式，采用专门方法，对经济活动进行核算和监督的一种管理活动，是经济管理的重要组成部分。会计作为一门经济管理学科，伴随社会的发展和经济管理的需要而发展。经济越发展，会计越重要。会计对反映和监督经济活动过程，核算和考核经济效益，预测经济前景，实施宏观经济决策，促进国民经济发展起着积极重要的作用。

商业银行会计是我国社会主义会计体系的重要组成部分。它是以货币为主要计量形式，运用会计原理的基本方法，对商业银行的各项业务和财务活动进行连续、系统、全面、完整地记录，核算并进行检查、分析的一门专业会计。商业银行为国民经济各部门、各单位办理资金往来，为城乡居民办理储蓄存款，成为国民经济各项资金清算的中介。商业银行会计通过组织会计核算，一方面反映银行经营活动情况和国民经济资金活动情况，以及政策法规执行情况，为管理者预测和决策提供会计信息资料，为银行提高经营管理水平和经济效益服务；另一方面，在会计核算中通过会计监督，促进银行和企业合法、合规经营，确保国家资金和财产的安全完整。

一、商业银行会计的对象

会计对象是指会计所要核算、反映和监督的内容。由于商业银行经营的各项经济活动均表现为货币资金收付，因此，商业银行会计的对象就是银行资金及其运动的过程和结果。

商业银行会计对象按照其经济特征作进一步的分类称为会计要素，它可以分为资产、负债、所有者权益、收入、费用和利润六个方面。

（一）资产

商业银行的资产是指过去的交易或事项形成并由银行拥有或控制的、预期会给银行带来经济利益的资源。商业银行的资产按其流动性可分为流动资产、长期资产等。其中流动资产主要有现金、存放中央银行款项、短期贷款等；长期资产主要有中长期贷款、长期投资、固定资产和无形资产等。

（二）负债

商业银行的负债是指过去的交易或事项形成的、预期会导致经济利益流出银行的现时义务。商业银行的负债按其流动性，可分为流动负债、应付债券和其他长期负债等。其中，流动负债主要有短期存款、财政性存款、向中央银行借款、汇出汇款、应付款、应缴税金等。其他长期负债主要有长期存款、长期借款、长期应付款等。

（三）所有者权益

商业银行的所有者权益是指银行所有者在银行资产中享有的经济利益。其金额为资产减去负债后的余额。它是商业银行资产中扣除债权人权益后应由所有者享有的部分，既可以反映所有者投入资本的保值增值情况，又体现了保护债权人权益的理念。

商业银行所有者权益的来源包括所有者投入的资本，直接计入所有者权益的利得和损失、留存收益等，通常由实收资本（或股本）、资本公积（含股本溢价或其他资本公积）、盈余公积和未分配利润构成，税后利润中提取的一般风险准备，也构成所有者权益。

（四）收入

商业银行的收入是银行在日常活动中形成的，会导致所有者权益增加的，与所有者投入资本无关的经济利益的总流入。商业银行的收入有在一定经营期间提供金融产品服务而实现的各种收入，以及对外投资实现的投资收益和获取的与业务经营无直接关系的营业外收入等。商业银行提供金融商品服务所取得的收入主要包括利息收入、金融企业往来收入、手续费收入、贴现利息收入、证券发行差价收入、买入返售证券收入、汇兑收益和其他业务收入等。投资收益是指银行对外投资所获取的投资报酬，主要有：债券投资的利息收入、股票投资的股利收入。收入不包括为第三方或者客户代收的款项，如为企业代垫的工本费、代邮电部门收取的邮电费。

（五）费用

商业银行的费用是指银行在日常活动中发生的、会导致所有者权益减少的、与向所有者分配利润无关的经济利益的总流出。商业银行费用主要包括利息支出、金融企业往来支出、卖出回购证券支出、汇兑损失、固定资产折旧、业务宣传费、业务招待费等。

（六）利润

商业银行的利润是指银行在一定会计期间的经营成果，包括营业利润、利润总额和净利润。营业利润是指营业收入减去营业成本和营业费用加上投资净收益的金额。利润总额是指营业利润减去税金及附加，加上营业外收入，减营业外支出后的金额。净利润是指扣除资产损失后利润总额减去所得税后的金额。

二、商业银行会计的特点

由于商业银行与其他企业在社会地位、作用等方面的不同，其会计核算也具有区别于其他企业会计的一面。商业银行会计除了向信息需求者提供所需的重要资料外，还承担了一些其他企业会计不需承担的职责。因此，商业银行会计具有以下特点：

（一）会计核算内容的广泛性

商业银行的各项业务活动主要表现为货币资金的收付，且全部的业务活动都需要通过会计加以核算和反映。例如：存款的存入与支取，贷款的发放与收回，信贷资金的调剂与融通等，都是商业银行会计核算的主要内容。

（二）业务处理过程和会计核算过程的同步性

一般情况下，经济业务活动的实现与会计核算表现为两个过程。如：工业部门的产品生产、商业部门的商品流通，都与会计核算过程相分离。以商业银行存款业务为例，客户提交存款凭单，柜员审核通过，进行凭证的处理、传递及记账完成，其业务的发生、处理过程及其结果，即是商业银行业务活动的过程，同时也是商业银行会计核算的过程。因此，商业银行会计核算过程与业务处理过程是同步进行的。

（三）反映情况的全面性

商业银行是国民经济的核心，国民经济中各部门的资金变化都由其银行账户上资金数额的增减来体现。因此，从微观层面来讲，商业银行会计核算反映国民经济的各部门、各企业和各单位，乃至每个人的经济活动情况；从宏观层面来讲，由于银行是从上到下的垂直管理系统，在银行系统内建立分支机构，通过会计资料的逐级汇总，能够全面反映一个地区、一个省乃至全国的经济活动情况。因此说商业银行会计反映出来的信息具有综合性和全面性。

（四）会计方法的多样性

商业银行会计除了要按照一般企业的会计要求进行核算外，还要对受理的业务进行处理和反映，因此，在其核算方法中，除了基本核算方法之外，还包括各项业务的处理方法，而不同的业务由于其内容、特点与管理要求各不相同，所以，具体的处理方法也不一样，涉及的凭证甚至账簿，也因业务不同而有所差异。因此，其会计方法具有多样性。

（五）会计资料提供的及时性

商业银行经营的业务性质要求每日结账，并按月、季、年编报会计报表，以及时反映业务经营情况。这是因为银行会计资料不仅能够反映银行的业务和经营状况，而且可以在一定程度上反映国民经济发展状况及资金需求和供应方面的情况。因此，银行会计核算的及时性就具有特别的意义，而会计资料能够及时提供，就成为有关部门分析、预测、决策的重要信息。

第二节 商业银行会计的任务与核算原则

一、商业银行会计的任务

为了充分发挥商业银行会计的职能，银行就必须根据会计的特点，正确地确定会计工作的任务，从而明确会计工作内容、履行职责的方法以及开展工作的依据。商业银行会计的任务主要有：

（一）正确组织会计核算

核算是会计工作的基本职能，正确组织会计核算是充分发挥会计工作的作用，搞好会计监督的基础。组织会计核算必须以国家的经济与金融政策以及会计制度为依据，真实、准确、完整、及时地记录、计算和反映资产、负债、所有者权益、收入、费用、利润以及各项金融、财务活动情况，为贯彻政策、考核计划、研究国民经济发展提供可靠数据。

（二）真实提供会计信息

真实提供会计信息是会计工作的目标。组织会计核算是达到这一目标的过程和手段，依法实施会计监督是实现这一目标的保障。银行会计信息的需求群体包括股东、债权人、政府部门、监管部门、内部管理部门等，虽然不同的信息需求主体对会计信息需求的目的不同，但是对会计信息真实性的要求是相同的，这直接关系不同信息需求主体决策的正确性。商业银行是以信用为基础的，会计信息的真实与否，关系银行的社会公信度，因此，真实提供会计信息是会计工作的根本目的。

（三）加强商业银行的监督管理

会计工作处于商业银行业务的第一线，加强对会计工作的监督是保证会计核算正确、合规、合法的有效环节。对会计工作实施监督的主要依据是相关的经济及金融法律法规以及相关的管理规定等。通过监督管理工作的开展保证商业银行会计信息的质量。

二、商业银行会计的核算原则

根据《企业会计准则》，银行会计核算原则共分为 13 项。这些会计核算原则是我国会计核算工作应遵循的最基本的原则性规范，是对会计核算工作的基本要求，是做好会计工作的标准。

（一）客观性原则

客观性原则要求银行应当以实际发生的交易或者事项为依据进行会计确认、计量和报告，如实反映符合确认和计量要求的各项会计要素及其他相关信息，保证会计信息真实可靠与内容完整。

（二）相关性原则

相关性原则要求银行提供的会计信息应当与会计报告使用者的经济决策需要相关，有助于会计报告使用者对银行过去、现在或者未来的情况做出评价或者预测。相关性是会计信息的重要质量要求，银行在会计核算中贯彻相关性原则，就要求会计人员在加工、生成与提供会计信息的过程中，充分考虑银行会计报告使用者对会计信息的需求。

（三）明晰性原则

明晰性原则要求银行提供的会计信息应当清晰明了，便于会计报告使用者使用。要使会计信息对会计报告使用者有用，首先会计信息应能被会计报告使用者所理解。由于银行会计具有较强的专业性，来自社会各界的会计报告使用者不一定都具备银行会计专业知识，要使他们理解和使用银行所提供的会计信息，就要求银行会计核算提供的信息应当清晰明了、简单易懂。对于比较复杂或需要解释的问题应做必要的说明。可理解性原则有利于会计报告使用者准确、完整地把握会计信息的内容，从而更充分地利用会计信息，以满足其经济决策的需要。

（四）可比性原则

可比性原则要求银行提供的会计信息应当具有可比性。即银行在会计核算中，对于同一企业不同时期发生的相同或者相似的交易或者事项，应当采用一致的会计政策，不得随意变更。确需变更的，应当在附注中说明。银行在会计核算中贯彻可比性原则，可以将不同企业以及同一企业不同会计期间的会计报表编制建立在相同的会计政策基础上，以便会计报表使用者进行比较、分析和利用。

（五）一贯性原则

一贯性原则要求同一企业在不同时期采用一致的会计政策，不允许随意变更。但如果影响当初会计政策选择的环境和条件发生了变化，采用新的会计政策更能真实地反映银行的实际情况，则银行也可以变更会计政策，但应当在附注中做相应的披露。

（六）及时性原则

及时性原则要求银行对于已经发生的交易或者事项，应当及时进行会计确认、计量和报告，不得提前或者延后。由于会计信息具有时效性，不及时的会计信息会使其相关性完全消失，从而对会计信息使用者的决策毫无价值。因此，银行在会计核算中贯彻及时性原则，就要求在经济业务发生后，及时取得原始凭证并及时进行账务处理，定期及时结账、编制和提供会计报告，以确保会计信息在失去影响决策的能力之前提供给信息使用者。

（七）历史成本原则

历史成本原则要求银行的各项资产和负债，在取得时应当按照实际成本计量。除法律、行政法规和会计准则允许采用重置成本、可变现净值、现值和公允价值等进行计量外，银行一律不得自行调整其账面价值。

历史成本是银行在取得各项资产和负债时实际发生的成本，以原始凭证为依据，具有客观性和可验证性，并且容易取得又真实可靠。采用历史成本计量，不需要经常调整账面价值，在一定程度上可以防止公允价值等计量模式下利用价值变动操纵会计数据的行为发生。在历史成本计量下，要求资产按照购置时支付的现金或者现金等价物的金额，或者按照购置资产时所付出的对价的公允价值计量。负债则按照因承担现时义务而实际收到的款项或资产的金额，或者承担现时义务的合同金额，或者按照日常活动中为偿还负债预期需要支付的现金或者现金等价物的金额计量。

（八）权责发生制原则

权责发生制原则要求银行以收入在本期实现和费用在本期发生或应由本期负担为标准来确认本期的收入和费用，而不论款项是否在本期收付。该原则是以持续经营和会计分期假设为前提的。

（九）配比原则

配比原则要求银行在进行会计核算时，收入与其成本、费用应当相互配比。即一个会计期间的各项收入和与其相关的成本、费用，应当在同一会计期间内予以确认。银行在会计核算中贯彻配比原则包括两个方面：一是收入和费用在因果关系上的配比，这种配比称为直接配比；二是根据收入与费用项目之间存在的时间上的一致关系进行的配比，这种配比称为间接配比。如银行的业务及管理费用，不与某一特定收入存在直接的关系，有些支出甚至不产生经济利益，或虽产生经济利益或使银行承担了一项负债但不能予以资本化，那么，这些支出应在发生时确认为费用，计入银行的当期损益，与银行当期实现的总收入进行时间上的配比。

（十）实质重于形式原则

实质重于形式原则要求银行应当按照交易或者事项的经济实质进行会计确认、计量和报告，不应仅以交易或者事项的法律形式为依据。在银行会计实务中，交易或事项的外在法律形式或人为形式并不总是与其经济实质内容一致。在这种情况下，为了使银行会计提供的会计信息更加真实可靠并且具有决策相关性，当交易或事项的外在法律形式或人为形式与其经济实质不一致时，银行会计核算就应忠实交易或事项的经济实质进行会计处理，而不能仅仅以其法律形式为依据。例如，银行的售后租回交易，资产的出售和租回由一揽子合同签订，而实质上是同一项交易。因此，按照实质重于形式的原则，无论是承租人还是出租人，都应当将售后租回交易视为一项融资行为而非销售行为。当交易或事项的外在法律形式或人为形式与其经济实质不一致时，银行会计核算如果仍以法律形式或人为形式为依据，而不考虑交易或者事项的经济实质，则会损害会计信息的有用性，不利于会计信息使用者做出正确的经济决策。

（十一）重要性原则

重要性原则要求银行提供的会计信息应当反映与企业财务状况、经营成果和现金流量等有关的所有重要交易或者事项。

在银行会计实务中，对某项交易或者事项重要性的评价，会计人员应当结合不同企业不同时期的实际情况，从交易或者事项的性质和金额两个方面加以判断。从性质方面讲，只要某项交易或者事项的发生可能对决策产生一定的影响，则该项目就具有一定重要性；从金额方面讲，当某项交易或者事项的金额达到了一定规模或者比例而可能对决策产生一定影响时，则认为该项交易或者事项具有重要性。在会计核算中坚持重要性原则，不仅能显著提高银行会计信息的相关性，而且对于提高银行会计工作的效率，以及在会计信息提供中贯彻成本效益原则都具有重要意义。

（十二）划分收益性支出与资本性支出原则

划分收益性支出与资本性支出原则要求银行在进行会计核算时，应当合理划分收益性支出与资本性支出的界限。凡支出的效益仅与本会计年度相关，或者支出不产生经济效益的，应当作为收益性支出；凡支出的效益与几个会计年度相关的，应当作为资本性支出。由于收益性支出不产生经济效益，或者产生的经济效益仅涉及本会计年度，因此应当于发生时确认为费用，计入本会计年度的损益，在利润表中列报。而资本性支出，由于其产生的经济效益连续跨越几个会计年度，因此应当于发生时先确认为资产，然后采取一定的方法在各受益期间逐期分摊，分别转作各受益期间的费用。银行在会计核算中合理划分收益性支出与资本性支出的界限非常重要。如果将收益性支出误记为资本性支出，就会导致本期资产和利润高估；反之，则会导致本期资产和利润低估。同时，对收益性支出和资本性支出不正确的划分还会对以后会计期间的损益造成影响，不利于收入与费用在各会计期间的正确配比，从而损害会计信息的有用性，误导会计信息使用者的决策。

（十三）谨慎性原则

谨慎性原则要求银行对交易或者事项进行会计确认、计量和报告时，应当保持应有的谨慎，不应高估资产或者收益、低估负债或者费用。谨慎性原则是对市场经济条件下客观存在的巨大不确定性即风险性所做出的积极反应。银行在会计核算中运用谨慎性原则，就要求采用那些少计或推迟确认资产或收益，或者多计或提前确认负债或费用的会计程序和方法，而不是采取相反的处理方法。例如，银行应当按照规定提取资产减值准备、贷款损失准备和坏账准备就是谨慎性原则的具体运用，并体现了谨慎性原则对历史成本原则的修正。

银行属于高风险行业，在会计核算中运用谨慎性原则尤为重要。一方面，对会计报告使用者来讲，高风险的银行为其决策提供比较保守、谨慎的信息要比提供过于乐观的信息更为有用；另一方面，对银行自身来讲，只有始终保持着应对意外情况和风险的充足储备，才能抵御风险，防范和化解金融危机，实现金融企业的持续、稳健经营。需要指出的是，谨慎性原则的运用受会计规范的制约，不能随意使用，更不能滥用谨慎性原则设置各种秘密准备；否则，应按照对会计差错更正的要求进行相应的会计处理。

第三节

商业银行会计的工作组织

银行会计的工作组织，就是根据《中华人民共和国会计法》、中国人民银行颁布的《银行会计基本规范指导意见》、财政部颁布的《企业会计准则》及《金融企业财务规则》的规定要求，在银行系统内部设置负责会计工作的职能机构，建立和健全会计的规章制度，配备必要的会计人员，按照会计管理的客观规律，将会计工作科学地组织起来，使会计工作有条不紊地进行运转，从而保证会计工作任务的顺利完成，发挥会计的职能作用。

一、商业银行会计机构

银行会计机构是银行内部组织领导和直接从事会计工作的职能部门，是银行职能机构体系中的重要组成部分。

银行会计机构的设置，应与会计核算和管理要求相适应。就目前银行业会计机构的情况来说，大体上划分两种类型：一种是不直接对外办理业务的银行内部会计工作的领导和管理机构，如总行会计司（部）、省（市）分行会计处、地（市）中心支行会计科等会计部门；另一种是直接对外办理业务的基层行处，如县（市）支行、城市各区银行的会计科、股等会计机构。此外县级（市）支行、城市区级以下的银行机构，如分理处、营业所等一般不设置独立的会计机构，但必须配备专职会计人员和会计主管，负责处理会计工作。各级行处的会计工作必须在行长领导下，由会计部门具体负责，同时也要接受上级银行会计部门的指导、检查和监督。银行会计部门办理的财务收支和会计事务，应当依法接受审计机关的审计监督。

银行会计核算单位，分为独立会计核算单位和附属会计核算单位两种。凡单独编制会计报表和办理年度决算的，为独立会计核算单位；凡其业务收支由主管部门采用并账或并表方式汇总反映的，为附属会计核算单位。一般来说，包括县级、城市区级在内以上的银行机构为独立会计核算单位；县级、城市区级以下的银行机构为附属会计核算单位。

二、银行会计制度

会计制度是组织和开展会计工作必须遵循的规范和准则。它对于保证会计工作有组织、有秩序地进行具有重要意义。因此，科学地制定并认真地贯彻执行银行会计制度，是组织和管理银行会计工作的重要内容之一，也是银行内部控制制度这一系统工程的一项重要环节。

商业银行会计制度，主要包括由财政部颁布的《企业会计准则》《企业财务通则》《金融企业财务规则》等。这些综合性的财务会计方面的规章制度不仅包含了对会计事务处理的具体方法规定，还体现了国家的财政方针、政策，它们中的许多会计处理方法与国际会计惯例相接近，但也有根据我国具体情况而做出的独特规定。因此，对这些会计制度银行部门必须严格地贯彻执行。

各家银行可以根据自身经营业务的特点，根据国家颁布的以上各项会计制度及财务制度，制定本系统的会计制度和财务制度，报经中国人民银行批准后，在本系统内部使用。除了各家银行的总行制定本系统的会计制度外，其各自所属分行对总行的制度、办法可以做必要的补充规定，但不得与总行的规定相抵触。下级行对上级行制定的各项制度、办法，必须严肃认真地贯彻执行，如有不同意见，应及时反映，由上级行研究修订，在未修改前，仍按原规定执行。

随着我国市场经济管理制度的不断完善和金融管理制度的逐步健全，银行会计制度也会随着经济体制和管理制度的改变而变化，不可能是一成不变的；同时，会计制度是会计工作实际经验的总结，新的会计方法会不断出现，因而必须在总结经验的基础上，对会计制度进行修改、补充，使之不断提高，不断完善，以适应经济发展的需要。

三、银行会计人员

银行的各级会计机构，都是由一定的会计人员组成，各级机构的会计工作，也都必须通过会计人员来实现和完成。因此，配备具有一定政策、业务水平和足够数量的会计人员，是做好银行会计工作、充分发挥会计职能作用的决定性因素。

银行的会计人员包括：会计主管人员、复核人员、记账员、出纳员、稽核、检查、辅导人员和其他从事账务工作的人员。银行的会计人员必须取得会计从业资格证书，持证上岗，对不适宜从事会计工作的人员应及时做出调整。银行会计人员是决定会计工作质量的关键，因此，应加强对会计人员思想品德、职业道德教育和专业知识的培训，不断提高政治素质和业务水平，以适应金融形势发展的需要。为了规范银行会计工作，中国人民银行制定了《银行会计基本规范指导意见》，使银行会计人员的工作有了明确的法律规范和准则，银行会计人员的职责、权限和法律责任更加明确。

（一）银行会计人员的职责

（1）认真组织、推动会计工作各项规章制度、办法的贯彻执行。

（2）认真进行会计核算与会计监督，努力完成各项工作任务。

（3）遵守、宣传《中华人民共和国会计法》，维护国家财经纪律，同违法乱纪行为作斗争。

（4）讲究职业道德，履行岗位职责，文明服务，优质高效，廉洁奉公。

（二）银行会计人员的权限

（1）有权要求开户单位及机构内其他业务部门，认真执行财经纪律和金融法规，对违反者，会计人员有权拒绝办理。对违法乱纪者，会计人员除了拒绝受理外还应向领导或上级机构报告。

（2）有权越级反映。会计人员在行使职权过程中，对违反国家政策、财经纪律和财务制度的事项，同主管领导意见不一致时，遇主管领导坚持办理的，会计人员可以执行，但必须向上级机构提出书面报告，请求处理。

（3）有权对本行各职能部门在资金使用、财产管理、财务收支等方面实行会计监督。

（三）银行会计人员的法律责任

根据《会计法》的规定，会计人员在行使职责和权限的同时，还应承担相应的法律责任。

（1）会计人员不依法设置会计账簿或私设会计账簿、未按规定填制取得原始凭证、未经审核的会计凭证登记会计账簿、随意变更会计处理方法、向外提供财务会计报告编制依据不一致、未按规定保管会计资料造成损失的要进行经济处罚、情节严重的吊销会计从业资格证书；构成犯罪的，依法追究刑事责任。

（2）因有提供虚假财务会计报告，做假账，隐匿或者故意销毁会计凭证、会计账簿、财务会计报告，贪污、挪用公款、职务侵占等与会计职务有关的违法行为，要依法追究刑事责任，并不得取得或者重新取得会计从业资格证书。

（3）伪造、变造会计凭证、会计账簿，编制虚假财务会计报告，尚不构成犯罪的，要吊销会计从业资格证书，并给予行政处分；构成犯罪的，依法追究刑事责任。

（4）授意、指使、强令会计机构、会计从业人员及其他人员伪造、故意销毁依法应保存的会计凭证、会计账簿、财务会计报告，构成犯罪的，依法追究刑事责任；尚不构成犯罪的要处以经济处罚、并依法给予行政处分。

四、银行会计工作的劳动组织

劳动组织是指经办业务的基层行处会计部门人员的分工和组织形式。目前，银行的对外业务常采用以下几种形式：

（一）营业专柜制

在这种组织方式下，会计部门根据业务情况和经营管理的需要，设置若干对外营业专柜和内部核算小组，负责办理会计业务和账务核算等工作，会计柜组应设置负责全面工作的柜组长，同时还须设置一定数量的专职复核人员，负责会计业务和账务的复核工作。现金收付业务则由出纳部门统一办理。

这种分工组织形式主要适应于业务量大，或实行手工操作的会计机构。

（二）柜员制

柜员制是指柜员在承接业务时，同时兼办出纳、记账、复核等项工作的劳动组织形式。这种劳动组织形式适应于电子化设备齐全的行处。采用柜员制能强化和明确临柜人员的责任意识，节约人力，节省费用。但是，要求临柜人员具有较高的素质，银行具有完善的复核和监控制度。

本章小结

商业银行会计是会计体系的组成部分，会计的基本前提、核算原则均适用于商业银行会计。但是，商业银行会计在核算内容与具体方法方面有别于其他企业会计，这些不同之处也反映了商业银行独特的经营方式。本章对商业银行会计的概念、特点、核算的基本原则，职能与任务等问题进行了阐述。这部分内容是本课程的基本理论部分，学好本章的内容对于学好整门课程起着关键的作用。

思考与应用

一、名词解释

1. 商业银行会计
2. 重要性原则
3. 实质重于形式原则
4. 柜员制

二、单项选择题

1. 融资租赁资产的所有权不属于承租人，但承租人却作为资产核算，其依据的会计原则是（　　）。

A. 谨慎性原则　　B. 重要性原则
C. 真实性原则　　D. 实质重于形式原则

2. 以取得资产时实际发生的成本作为入账价值，在处置前保持其入账价值不变。这遵循的是（　　）会计原则。

A. 可比性　　B. 历史成本
C. 一贯性　　D. 配比

3. 固定资产改良支出不计入当期损益，而增加改良固定资产账面成本，依据的是（　　）会计原则。

A. 划分资本性支出和收益性支出　　B. 谨慎性
C. 重要性　　D. 真实性

4. 会计期末，应当按照成本与可收回金额孰低法对于各项资产进行计价，这是依据于（　　）会计原则。

A. 重要性　　B. 可比性
C. 及时性　　D. 谨慎性

5. 吸收客户的存款，导致商业银行（　　）增加。

A. 资产　　B. 负债
C. 所有者权益　　D. 收入

6. 应交未交的增值税属于商业银行的（　　）。

A. 流动资产　　B. 流动负债
C. 长期负债　　D. 收入

三、多项选择题

1. 运用重要性原则应当从（　　）方面考察。

A. 企业规模　　B. 经济业务性质
C. 权责发生制　　D. 经济业务数量
E. 资金性质

2. 商业银行会计工作的任务主要是（　　）。

A. 正确组织会计核算　　B. 依法实施会计监督
C. 真实提供会计信息　　D. 编制统计报表
E. 审查贷款授信

3. 以下属于资本性支出的会计事项是（　　）。

A. 电子设备购置　　B. 购买办公用品
C. 购进汽车两辆　　D. 按规定提取职工福利费
E. 购进低值易耗品

4. 商业银行的收入主要包括（　　）。

A. 债券投资利息收入　　B. 利息收入
C. 金融企业往来收入　　D. 代邮电部门收取的邮电费
E. 手续费收入、贴现利息收入

5. 商业银行的费用主要包括（　　）。

A. 利息支出　　B. 汇兑损失

C. 金融企业往来支出　　D. 业务宣传费

E. 卖出回购证券支出

6. 利润是指银行在一定会计期间的经营成果，包括（　　）。

A. 营业利润　　B. 其他业务利润

C. 利润总额　　D. 净利润

E. 损益

四、判断题

1. 商业银行会计不仅是商业银行经营管理活动的重要组成部分，也是商业银行其他工作的基础。（　）

2. 资产是指未来的交易或事项形成并由银行拥有或控制的、预期会给银行带来经济利益的资源。（　）

3. 商业银行收入包括为第三方或者客户代收的款项。（　）

4. 商业银行费用包括为第三方或客户垫付的款项。（　）

5. 银行是经营货币的特殊企业，因此会计核算在采用一般核算方法的基础上，又形成了一套自己的特殊方法。（　）

6. 收入是商业银行在日常活动中形成的、会导致所有者权益增加的、与所有者投入资本有关的经济利益的总流入。（　）

7. 商业银行会计部门处于银行业务活动的第一线，其会计核算过程就是直接办理和实现银行业务的过程。（　）

五、问答题

1. 商业银行会计核算有哪些主要特点？

2. 简述商业银行会计的核算原则。

第二章　基本核算方法

【要点提示】

本章着重阐述会计核算的基本理论和基本方法在商业银行会计中的应用、商业银行会计基本核算方法的内容、账务处理的程序等。通过本章的学习，要求了解会计基本核算方法的内容、会计基本核算方法与各项业务处理方法的关系、会计科目的作用。掌握借贷记账法的内容及其运用、会计凭证的种类和要素，商业银行账务组织和账务处理的程序以及账务核对的方法等。

第一节　商业银行会计科目

一、会计科目的意义

会计科目是对会计对象进行科学分类一种方法，是设置账户、归集和记载各项经济业务的依据。商业银行会计科目是对商业银行会计对象的具体内容按其不同的性质和经济管理的要求所作科学分类，是对商业银行的资产、负债、所有者权益以及商业银行的财务收支所进行分类。它是根据我国《企业会计准则》的要求和商业银行业务发展情况及其会计核算和管理的需要而设置的。会计科目是商业银行会计核算的基础，也是反映和分析商业银行业务活动和财务收支状况的工具。从会计信息生成的角度看，会计是一个信息系统，它是一个将会计要素进行分类再进行汇总的过程。由于记账、报账都是凭会计科目对经济业务进行分类的，因此，任何错综复杂的业务均可以会计科目为线索进行分门别类、系统地记录与反映，从而使会计资料最终能够形成满足各方需要的会计信息，以充分发挥会计的作用。

(一) 会计科目是连接核算方法的纽带

会计科目是涉及会计核算各个环节的基础工具，从填制记账凭证、设置和登记账簿到编制会计报表，都离不开会计科目。即通过会计科目的纽带作用，把各种核算方法连接起来，形成一个有机的整体，保证核算工作有序地进行。

(二) 会计科目是进行系统核算的前提

在日常会计核算中，将各种各样的经济业务分别登记到不同的会计科目中去，使得所有核算资料条理化、系统化，以便为各有关方面提供各种有用的会计信息。

(三) 会计科目是统一核算口径的基础

每个会计科目都有一定的内涵和名称，各个商业银行根据统一的会计科目进行核算，可保证会计核算指标在全国范围内口径一致，便于会计资料的审核汇总和分析利用。

二、商业银行会计科目设置的原则要求

(一) 按照国家宏观经济管理的需要和政策的要求设置会计科目

现代商业银行是国民经济的核心，商业银行的业务活动具有广泛的社会性，商业银行会计科目不仅反映银行的业务和财务收支活动情况，更重要的是反映国民经济各部门、各单位的资金活动情况，因此商业银行会计科目的设置应与国家的有关政策和国家宏观管理的需要相适应。

(二) 按照商业银行业务的特点和经营管理的要求设置会计科目

银行业是经营货币的特殊机构和组织，因此银行会计科目需充分考虑自己的特点，会计科目的设置要涵盖银行行业所有的业务类型，新的银行业务产生了，就要设置相应的新科目进行会计核算，适应银行行业经营管理的需要。

(三) 按照商业银行组织会计核算的要求设置会计科目

会计科目是保证顺利组织核算的必要前提，会计科目的设置应根据核算的需要，其名称应涵义准确，与核算的内容相一致，同时各科目之间应有严格的界限范围。会计科目既要全面反映商业银行的经济业务，又要减轻会计人员的负担，会计科目设置要方便实用，详略得当。

三、商业银行会计科目的分类

会计科目的分类，就是按会计科目的资金性质和业务特点进行的分类，从而适应经营管理和核算的需要。为便于掌握和使用会计科目，了解会计科目的性质和特点，下面对商业银行会计科目的分类进行说明。

(一) 按与资产负债表的关系分类

1. 表内科目

凡用以反映商业银行资金实际增减变动，其余额反映在资产负债表上并要求平衡的会计科目，就是表内科目。这类科目是采用复式借贷记账法进行会计核算的。

2. 表外科目

商业银行对一些不涉及资金运动方面的重要业务事项、或有事项和承诺事项（如未收逾期贷款利息、商业汇票的承兑与贴现、开出或收到信用证保证凭证等）以及各种重

要的有价单证和财产的保管等经济业务事项（如代保管的有价值物品、未发行的有价证券、重要的空白凭证等），因其业务内容并未发生资金的实际收付，其余额不反映在资产负债表内，也不要求平衡，可以设置表外科目进行核算。这类科目采用单式收付记账法进行会计核算。

通过表内科目和表外科目的分类，一方面有助于确切反映商业银行资金变动情况，另一方面又便于对尚未涉及资金实际变动的重要业务事项加强管理和监督。

（二）按经济内容分类

1. 资产类科目

资产是指过去的交易、事项形成并由企业拥有或控制的资源，该资源预期会给企业带来经济利益。资产类科目是核算商业银行各类资产的增减变动情况，反映了商业银行资金的分布和运用。资产类科目按资产流动性和经营管理核算的需要，又可分为流动资产、长期投资、固定资产、无形资产、递延资产和其他资产等类科目。资产类科目余额反映在借方。

2. 负债类科目

负债是指过去的交易、事项形成的现时义务，履行该义务预期会导致经济利益流出企业。负债按其流动性，可分为流动负债、应付债券、长期准备金和其他长期负债。商业银行的流动负债主要有各项活期存款、同业存款、应付利息、票据融资、同业拆入、应解汇款、存入保证金等。负债类科目余额反映在贷方。

3. 资产负债共同类科目

由于商业银行业务活动的特殊性，应设置一些资产负债共同类科目核算联行往来、辖内往来、同城票据清算、内部往来等业务。如商业银行中的联行往来的核算科目、货币兑换、衍生工具、清算资金往来等科目，根据其记录业务的性质，有时反映资产的占用或债权的形成，有时反映负债的形成和资金的来源，这类科目的期初期末余额有时反映在借方，有时反映在贷方，有时借贷方同时反映余额。

4. 所有者权益类科目

所有者权益是指企业投资者对企业净资产的所有权，它是所有者在企业资产中享有的经济利益，包括企业所有者投入的资金及留成收益。商业银行的所有者权益类科目主要包括“实收资本”“资本公积”“盈余公积”和“一般风险准备”“本年利润”“利润分配”等。

所有者权益类科目的余额：资本部分是贷方余额；利润分配科目可能是贷方余额，表示未分配的利润，也可能是借方余额，表示尚未弥补的亏损。

5. 损益类科目

损益类科目是反映商业银行财务收支及经营成果的科目，包括商业银行的各项收入类科目和各项成本、费用支出类科目。其主要科目有“利息收入”“手续费收入”“金融企业往来收入”“其他业务收入”“汇兑收益”“投资收益”“利息支出”“手续费支出”“金融企业往来支出”“其他业务支出”“销售费用”“汇兑损失”等。

在期末，损益类各科目均转入本年利润科目。结转前，收入类科目为贷方余额，支出类科目则为借方余额。

（三）按科目使用范围分类

1. 银行业统一会计科目

即金融企业会计制度中规定的会计科目。

2. 商业银行系统内会计科目

即各商业银行根据金融企业会计制度的规定，结合自身经营特点和管理需要而设置的会计科目。

在《企业会计准则——应用指南》附录中，财政部依据企业会计准则中确认和计量的规定制定了会计科目，它涵盖了各类企业的交易或者事项。商业银行在不违反会计准则中确认、计量和报告规定的前提下，可以根据银行的实际情况自行增设、分拆、合并会计科目。银行不存在的交易或事项，可不设置相关会计科目。

在商业银行会计科目表中，会计科目依据资金的流动性大小进行排列，流动性大的排列在前，流动性小的排列在后。如资产类科目中，首先是“现金”“存放中央银行准备金”等科目，其次是各种贷款、投资等科目排列在后，最后是“固定资产”“无形资产”等科目。

在具体会计核算中，会计科目还通过编号用科目代号表示。使用科目代号可以简化核算手续，方便计算机的识别、记账以及有关信息的传递。科目代号的编排是有一定规律的。根据2006年10月30日财政部发布的《企业会计准则——应用指南》的规定，一级科目的代号由4位数字组成，其中第一位代表该科目所属的大类，如：1代表资产类科目，2代表负债类科目，3代表资产负债共同类科目，4代表所有者权益类科目，6代表损益类科目。一级科目的第二、三、四位代表该科目的顺序号。二级科目由6位数字组成，前四位数表示其归属的一级科目，第五、六位表示在该一级科目下的顺序号。

四、商业银行会计账户的开设

商业银行会计科目只是对银行的各项会计要素进行分类汇总，而要序时、连续、系统地记录由于银行经济业务的发生所引起的会计要素的增减变动，核算时还必须在账簿中开设账户。因此，账户是根据会计科目开设的，用来分类、连续地记录银行经济业务，反映会计要素增减变动及其结果的一种工具。

商业银行的账户按其开户的对象，可以分为对内账户和对外账户两大类。对内账户是根据商业银行自身的业务经营管理需要而开立的银行内部专用账户，如：固定资产账户、利息收入账户等。对外账户是商业银行在业务经营中对经营客户或往来户开立的账户，按资金性质和管理要求分，有银行结算账户和储蓄账户；按核算内容分，有存款类账户、贷款类账户和往来类账户。

商业银行根据具体要求对账户进行的编号称之为账号。账号一般由地区号、网点号、经办行交换行号、科目代号、开户的顺序号以及计算机校验位号等要素组成。

第二节 商业银行记账方法

一、记账方法的种类

记账方法是在核算过程中，按照一定的规则和原理，采用特定的记账符号，将各项经济业务按会计科目进行分门别类地记录，登记账簿的一系列技术方法的总称。按记录方式的不同，记账方法分为单式记账法和复式记账法。

（一）单式记账法

单式记账法是指在一笔经济业务中，只用一个科目、一个账户进行登记。单式记账法手续简单，各科目之间的记录没有什么直接的联系，也没有内在的平衡关系，因而不能全面、系统地反映一项经济业务的来龙去脉，也不便于检查账簿记录的正确性。这种记账方法，只适用经济业务简单的记录。在商业银行会计工作中，对表外科目所涉及的会计事项，用单式记账法进行记录。

（二）复式记账法

复式记账法是对每项经济业务，按照资金运动的内在联系，以相等的金额在两个或两个以上的有关账户中进行登记，有关科目之间的对应关系清楚，能反映资金的来龙去脉，反映经济业务的全过程，有关科目之间具有内在的平衡关系，便于检查账簿记录的正确性，是一种科学的记账方法。我国商业银行目前对于表内科目统一采用复式借贷记账法。

二、借贷记账法及其应用

借贷记账法是根据复式记账原理和“资产＝负债＋所有者权益”的基本会计等式原理，以借或贷为记账符号，以“有借必有贷、借贷必相等”为记账规则，对企业资产负债等的增减变化过程及其结果进行记载的一种复式记账方法。目前，借贷记账法在世界各国普遍采用。根据《企业会计准则》规定，我国银行系统也采用复式借贷记账法。其主要内容有以下几点：

（一）以“借”和“贷”作为记账符号，用来记录和反映资金增减变化情况及其结果

这种复式借贷记账法，以“资产＝负债＋所有者权益”这一会计平衡公式为基础，资产、费用类账户，增加记“借方”，减少记“贷方”，余额反映在借方；负债、所有者权益、收入、利润类账户，增加记“贷方”，减少记“借方”，余额反映在贷方。

（二）以“有借必有贷，借贷必相等”作为记账规则

对每笔经济业务在两个或两个以上的有关科目的账户中进行相互对应的记录，即一笔经济业务的发生，必须以相等的金额计入一个账户的借方和另一个（或几个）账户的贷

方；或计入一个账户的贷方和另一个（或几个）账户的借方。

（三）试算平衡

这种借贷记账法，以“资产＝负债＋所有者权益”这一会计平衡公式为基础，以“有借必有贷，借贷必相等”作为记账规则，从而保证一定时期内，经济业务的借贷双方发生额和余额合计数必然相等。其平衡公式是：

各科目借方发生额合计＝各科目贷方发生额合计

各科目借方余额合计＝各科目贷方余额合计

银行每天必按总账各科目的借方、贷方的发生额和余额填制日计表，进行试算平衡。试算平衡表格如表2－1所示。

表2－1 试算平衡表

科目名称	期初余额		本期发生额		期末余额	
	借方	贷方	借方	贷方	借方	贷方
合计						

（四）借贷记账法应用

【例2－1】甲企业存入现金20 000元。

借：库存现金　　20 000

　　贷：吸收存款——单位活期存款（甲企业存款户）　　20 000

【例2－2】从中央银行存款户内提取现金150 000元。

借：库存现金　　150 000

　　贷：存放中央银行款项　　150 000

【例2－3】向乙企业发放短期贷款80 000元。

借：贷款——短期贷款（乙企业户）　　80 000

　　贷：吸收存款——单位活期存款（乙企业户）　　80 000

【例2－4】以现金支付个人储蓄存款利息500元。

借：应付利息　　500

　　贷：库存现金　　500

【例2－5】某投资者以现金投入100 000元作银行资本。

借：库存现金　　100 000

　　贷：实收资本　　100 000

以上五笔业务的各科目借贷方发生额及余额均应相等。计算平衡表，如表 2－2 所示。

表 2－2 计算平衡表

科目名称	上期余额		本期发生额		本期余额	
	借方	贷方	借方	贷方	借方	贷方
库存现金	500 000		270 000	500	769 500	
存放中央银行款项	300 000			150 000	150 000	
贷　款	300 000		80 000		380 000	
吸收存款		800 000		100 000		900 000
实收资本		550 000		100 000		650 000
应付利息	250 000		500		250 500	
合　计	1 350 000	1 350 000	350 500	350 500	1 550 000	1 550 000

三、表外科目的记账方法

表外科目用于记载未涉及商业银行资金运动的或有事项和其他重要业务事项。如重要空白凭证、银行承兑汇票、待清算凭证等。表外科目采用单式收付记账方法。即以收入、付出作为记账符号。业务发生时记收入，业务销减时记付出，余额反映在收入方表示已经发生但尚未完成的业务事项。各科目只单方面反映自身的增减变动，不涉及其他科目，也不存在平衡关系。

第三节 商业银行会计凭证

一、银行会计凭证的意义和作用

银行会计凭证是银行各项业务和财务收支发生的书面证明，是银行办理货币资金收付和记账的依据，也是明确经济责任、核对账务和事后查考的根据。在处理银行业务和核算时，由于需要将凭证在不同柜组之间进行传递记账，为此，商业银行会计凭证又称为“传票”。

银行每项经济业务从发生到完成，其业务处理手续都必须以会计凭证为依据，没有合法、完整的凭证就不能处理业务、记载账务和向计算机输入数据。会计凭证在商业银行会计工作中起着重要的作用。

1. 会计凭证是会计核算的基础

银行会计凭证能够反映每项业务的经济内容，是经济业务发生的书面证明。会计凭证的取得或填制，标志着会计核算的开始。如果没有有效的会计凭证，银行的业务核算就无法进行。因此，会计凭证是会计核算的基础，是实现银行业务的标志。

2. 会计凭证是处理账务的依据

凭证不仅能完整地反映经济内容，而且还经过了严格的审核和签章手续，能够保证业务的正确和合法。因此处理账务以及收付款项必须依据会计凭证。

3. 会计凭证是事后查考的依据

会计凭证能反映每笔业务的全貌，在业务处理过程中，还必须经过各经办人员的签章，以便进行账务核对和明确经济责任。同时会计凭证作为会计档案，所有经过处理的会计凭证都要装订保管，以便事后查考。

二、银行会计凭证的种类与特点

（一）银行会计凭证的种类

1. 会计凭证按核算程序和用途分，有原始凭证和记账凭证

凡在经济业务发生时，直接取得或编制的会计凭证，称为原始凭证。它是经济业务发生的原始书面证明，是会计核算的基础资料。按其取得的来源不同，又分为外来原始凭证和自制原始凭证。记账凭证是会计人员根据审核无误的原始凭证，加以归类整理而编制的会计凭证。它是登记账簿的依据。原始凭证有的可以直接作为记账凭证，也可以另编记账凭证，而将原始凭证作记账凭证的附件。

商业银行广泛地采用由单位或客户填写的原始凭证来代替记账凭证。但这些凭证是根据银行会计核算要求而印制发行的，由企业、单位、客户直接填写的银行凭证。银行在受理时应加以审查。

2. 记账凭证从形式上分，有复式凭证和单式凭证

凡一笔经济业务涉及的所有科目，都集中在一张凭证上，既作借方科目的记账依据，又作贷方科目的记账依据，这种记账凭证称为复式凭证；凡一笔经济业务涉及的科目，分别填制在几张凭证上，一张凭证只作一个科目的记账依据，这种记账凭证称为单式凭证。由于商业银行业务量大，分工细，要求凭证能及时传递，便于记账和分类汇集，因此，银行会计采用单式凭证来记账。

3. 记账凭证从使用范围上分，有基本凭证和特定凭证

基本凭证是银行会计根据有关原始凭证或业务事实自行编制用作记账的依据。具有统一的格式，主要有：现金收入传票（见表2－3）、现金付出传票、转账借方传票（见表2－4）、转账贷方传票、特种转账借方传票（见表2－5）、特种转账贷方传票、表外科目收入传票（见表2－6）、表外科目付出传票、外汇买卖借方传票、外汇买卖贷方传票等十种。

特定凭证是银行根据某项业务的特殊需要而制定的，有专门格式和用途的凭证。这类凭证一般由银行统一印制发行，由企业、单位、客户填写，提交银行受理并凭以记账。

（二）银行会计凭证的特点

1. 大量采用以原始凭证代替记账凭证作为记账依据

银行由于业务量大，在实际业务核算中会收到大量的原始凭证，而这些原始凭证又是由银行统一印制的，已经具备了记账凭证的内容。为了避免重复劳动，提高工作效率，银行大量采用以原始凭证代替记账凭证作为记账依据，这样既节省人力物力，又有利于银行和客户双方的账务保持一致。

2. 除个别业务外，大多采用单式凭证

采用单式凭证既有利于加快凭证传递和分工记账，又方便了按科目清分传票、日终轧账。

表 2－3

中国××银行　现金收入传票

（贷）　　年　月　日　　总字第　号　字第　号

户名或账号	摘　要	金额 千	百	十	万	千	百	十	元	角	分

附单据　张

会计　出纳　复核　记账

表 2－4

中国××银行转账借方传票

年　月　日　　传票编号

科目	（借）	对方科目：									
户名或账号	摘　要	金额 千	百	十	万	千	百	十	元	角	分

附单据　张

会计　出纳　复核　记账

表 2－5

中国××银行特种转账借方传票

年　月　日

总字第　　号
字第　　号

<table>
<tr><td rowspan="3">收款单位</td><td>全　称</td><td colspan="3"></td><td rowspan="3">付款单位</td><td>全　称</td><td colspan="8"></td></tr>
<tr><td>账号或地址</td><td colspan="3"></td><td>账号或地址</td><td colspan="8"></td></tr>
<tr><td>开户银行</td><td></td><td>行　号</td><td></td><td>开户银行</td><td colspan="3"></td><td colspan="2">行　号</td><td colspan="3"></td></tr>
<tr><td rowspan="2">金额</td><td colspan="4" rowspan="2">人民币
（大写）</td><td>千</td><td>百</td><td>十</td><td>万</td><td>千</td><td>百</td><td>十</td><td>元</td><td>角</td><td>分</td></tr>
<tr><td></td><td></td><td></td><td></td><td></td><td></td><td></td><td></td><td></td><td></td></tr>
<tr><td colspan="2">原凭证金额</td><td></td><td>赔偿金</td><td></td><td colspan="10" rowspan="3">科目（借）____________
对方科目（贷）____________
会计　　复核　　记账</td></tr>
<tr><td colspan="2">原凭证名称</td><td></td><td>号　码</td><td></td></tr>
<tr><td>转账原因</td><td colspan="4">银行盖章</td></tr>
</table>

附件　张

表 2－6

中国××银行表外科目收入传票

年　月　日

总字第　　号
字第　　号

表外科目（收入）

<table>
<tr><td rowspan="2">户　名</td><td rowspan="2">摘　要</td><td colspan="10">金　额</td></tr>
<tr><td>千</td><td>百</td><td>十</td><td>万</td><td>千</td><td>百</td><td>十</td><td>元</td><td>角</td><td>分</td></tr>
<tr><td></td><td></td><td></td><td></td><td></td><td></td><td></td><td></td><td></td><td></td><td></td><td></td></tr>
<tr><td></td><td></td><td></td><td></td><td></td><td></td><td></td><td></td><td></td><td></td><td></td><td></td></tr>
<tr><td></td><td></td><td></td><td></td><td></td><td></td><td></td><td></td><td></td><td></td><td></td><td></td></tr>
<tr><td colspan="2">合　计</td><td></td><td></td><td></td><td></td><td></td><td></td><td></td><td></td><td></td><td></td></tr>
</table>

附件　张

会计　　出纳　　复核　　记账

三、银行会计凭证的基本要素

银行会计凭证种类很多，具体的格式和内容也不一样，但所有的银行会计凭证都必须具有以下一些基本要素：

（1）日期；

（2）收付款单位名称和账号；

（3）收付款单位开户银行名称及行号；

（4）人民币符号和大小写金额；

（5）款项来源及用途或摘要及附件张数；

（6）会计分录及凭证编号；

（7）客户按照有关规定的签章；

(8) 银行及有关人员的印章。

四、银行会计凭证的处理

银行会计凭证的处理包括填制、审查、传递、记账、整理、装订、保管为止的整个过程。其中重点是凭证的填制、审查和传递记账。银行会计工作中对会计凭证的处理，就是办理银行各项具体业务的过程，也是货币资金在银行内部运动过程、银行会计的核算过程。

(一) 会计凭证的填制

编制会计凭证是会计核算的基础。为了保证会计核算的顺利进行，对会计凭证处理过程就必须更加严肃认真对待。银行每发生一笔经济业务必须填制会计凭证。但填制凭证必须做到：内容齐全，手续完备，编制正确，字迹清楚，不得涂改。银行会计一般采用单式凭证记账，因此，一张凭证只作为一个科目的账户来记账。涉及现金收付业务，只填制现金对应科目的凭证；对转账业务则应分别填制借方、贷方有关科目的借方凭证和贷方凭证，务必做到借贷平衡。

商业银行每发生一笔经济业务都必须填制会计凭证，而银行的业务按支付方式不同，有现金业务和转账业务，因此在填制会计凭证时方法就有所不同。

1. 现金凭证的填制

现金业务使用的凭证有现金收入凭证和现金付出凭证。

发生现金业务时，记载的一方是有关业务使用的科目，另一方必然是现金科目。为了简化核算手续，对现金业务都只填制一张凭证，即现金科目对方科目凭证，而现金科目不再另行填制凭证。

银行内部发生现金收付业务，由银行自行填制现金收入传票或现金付出传票；对外的现金收付业务，则以客户提交的凭证如现金缴款单、现金支票等代替现金收入凭证和现金付出凭证。

2. 转账凭证的填制

转账业务使用的凭证是转账借方凭证和转账贷方凭证。

发生转账业务时，根据“有借必有贷，借贷必相等”的记账规则，至少要填制两张或两张以上的转账借方凭证和转账贷方凭证，凭证双方的金额应相等。

为了明确对转关系，方便日后查考和核对账务，对于每一笔业务的转账传票，应相互填写对方科目代号，并在全套转账传票上编列同一传票号数及分号，如第3笔转账业务有两张传票，则其编号分别为3-1、3-2。

银行内部的转账业务，由银行自行填制转账凭证；对外的转账业务，以客户提交的特定凭证代替转账借方凭证和转账贷方凭证。

(二) 会计凭证的审查

银行会计在银行工作的第一线，而编制会计凭证又是会计核算的起点，由于商业银行要直接办理门市业务，经常采用单位和客户提交的各种会计凭证来记账，因此，填制后的记账凭证或受理客户提交的会计凭证，应该认真进行审查，才能保障银行会计核算质量。同时商业银行要执行国家的有关方针政策、财经纪律，也必须对会计凭证进行审查。审查的内容除了对凭证基本要素进行审查外，重点应审查会计凭证的真实性、合法性和完整性。

1. 真实性

真实性就是审查凭证是否是本行受理，户名与账号是否相符，大小写金额是否相一致，有无涂改，印鉴、密押是否相符、正确。

2. 合法性

合法性就是审查凭证所反映的经济内容是否符合国家有关政策、制度、规定，支取存款是否超过存款余额，有无透支，贷款是否超过指标限额和期限等。

3. 完整性

完整性就是审查凭证的联数是否正确，凭证的内容是否填写齐全，有无遗漏，凭证附件张数是否正确等。

（三）会计凭证的签章

商业银行会计核算体系中会计凭证的签审是明确经济责任和表明凭证处理情况的标志。因此银行的各种票据和凭证均需签章才有效。

商业银行的会计印章包括：业务公章、现金收讫章、现金付讫章、转讫章、联行专用章、结算专用章、汇票专用章、同城票据交换章、个人名章等。

（1）业务公章：用于对外的重要单证、有价单证和回单；

（2）现金收讫章：用于现金收入凭证及现金进账回单；

（3）现金付讫章：用于现金付款凭证；

（4）转讫章：用于已转账的转账凭证及其他会计凭证等；

（5）联行专用章：用于签发联行往来凭证，查询查复联行往账、来账报告表及联行划转清单；

（6）结算专用章：用于签发结算凭证及有关查询查复书等；

（7）汇票专用章：用于签发银行汇票，承兑商业汇票；

（8）同城票据交换章：用于银行间提出票据进行的票据交换代收、代付业务；

（9）个人名章：用于已经办理和记载的各种单证、凭证、账簿和报表等。

另外，会计凭证的附件要加盖附件戳记，空白重要凭证作废不得销毁，应加盖作废戳记。

银行会计印章除个人名章外均应冠以行名。除按有关规定由人民银行统一监制外，其他均由各行自行刻制。会计印章应由专人保管和使用，并设立“会计印章保管、使用登记簿”，记载印章启用和停用日期、保管人员的更换等事项。会计印章的掌管人应经会计主管指定，重要会计印章有会计主管掌管，掌管人员调换时，要办理交接手续。重要印章的使用人员临时离岗时应妥善收管。

（四）会计凭证的传递记账

银行会计凭证经过审查以后，通过对凭证的编号，就可以进行传递记账，输入计算机登记各种账户。正确、迅速地传递会计凭证是处理好业务和账务的重要环节。根据不同的业务，银行会计凭证的传递，有的在一个行处内部各部门之间进行，有的在不同行处同城或异地联行之间进行，因此，传递必须迅速、准确、严密、科学、合理。凭证传递应本着先外后内、先急后缓的原则，尽量减少不必要的层次和环节，避免积压、丢失和迟缓。对现金收入凭证的传递，应贯彻先收款、后记账的原则，以避免已记账但漏收款的错误。对现金付出凭证的传递，应贯彻先记账、后付款的原则，以避免发生透支和误付的错误。对转账业务的凭证传递，应贯彻先付、后收的原则，即先记付款单位账户，后记收款单位账户，以避免单位无款支付情况下办理转账手续，从而占用银行资金。

银行会计凭证的传递应一律通过银行内部或邮局传递，不能在柜台外部交客户传递，以免造成资金的损失和账务混乱。总之，银行会计凭证传递不仅关系会计核算质量，而且涉及国民经济各部门的资金周转，必须做到正确、及时。

（五）会计凭证的整理、装订与保管

会计凭证是会计档案的重要组成部分，为了保证其完整无缺和便于事后查考，核算完毕的会计凭证应每日按方便查阅的原则整理装订，妥善保管。

银行会计凭证传递结束，也就是银行业务处理完毕，在每日营业终了时，必须将全部处理完的会计凭证集中整理汇总，装订成册，妥善保管。其目的是为了保证会计核算资料的完整无缺，便于事后查考和核对。一般情况下于每日营业终了，将已办完会计核算的凭证按照会计科目顺序整理。对每一科目下的传票按现金借方、现金贷方、转账借方、转账贷方顺序排列。科目日结单放于各科目凭证之前。采用计算机处理账务时，也可根据自身核算特点对凭证采取不同的整理方式。凭证经整理后，外加传票封面和封底，装订成册，由装订人员在骑缝处加盖名章。业务量大、凭证多的可分册装订。已装订的传票，应编列传票总号，以防散失。在装订成册的传票封面上注明日期、传票顺序号、注明共几册第几册。由装订人员和会计主管人员签章、登记会计档案保管登记簿后入库妥善保管。已装订的传票，不得随意拆封，任何人不得抽换、涂改。如需调阅已入库的凭证，必须按有关规定办理，并履行必要的手续。对拆封的传票，要按规定重新装订和加封。

（六）有价单证及重要空白凭证的保管

有价单证是指具有票面金额、有价值的特殊单证。如定额存单、国库券、金融债券等。有价单证一经签发就具有支款效力，应视同现金加强管理。对有价单证要按照“账证分管、证印分管”的原则，应由会计管账，出纳管证，相互制约，相互核对，并通过“有价单证”表外科目核算，建立有价单证登记簿，按单证的种类、票面金额立户，定期核对。通过表外科目核算，便于反映和监督各种单证的领入、发出和结存等情况。

重要空白凭证是指银行按规定填写金额并加盖业务印章后，就可支取或划转款项的凭证。如支票、存单、存折、银行汇票、不定额银行本票等，保管重要空白凭证要指定专人负责，对领用、运送、注销都要有严格手续。重要空白凭证也要通过表外科目核算，设置登记簿，登记凭证起讫号码进行控制，并由会计主管人员定期对账面金额和库存情况进行检查核对。

第四节

商业银行账务组织

账务组织是银行各种账簿的设置、记账程序和账务核对方法有机构成的组织体系，是银行会计核算的基本组织形式，它由各种账簿组成。银行的账务组织要求结构严密、能够保证核算资料系统准确，反映情况完整并符合经营管理的要求。合理科学地设置账务组织，能使银行会计核算工作有条不紊地进行，避免和减少核算差错，提高核算质量和工作效率。

银行账务组织包括明细核算和综合核算两个系统。前者按账户进行核算，详细反映各单位各种资金的增减变动情况及其结果；后者按科目进行核算，总括反映各系统各类资金的增减变动情况及其结果。由于两个系统都是根据同一会计凭证进行核算，因而它们在反映情况方面相互配合、相互补充，在数字方面相互核对、相互制约。综合核算对明细核算具有概括和统驭的作用，明细核算对综合核算具有补充说明的作用，两者相互联系彼此制约，构成了银行会计核算完整的账务组织体系。

计算机处理的账务核算，是根据记账凭证按账户登记明细账，再由明细账按会计科目生成总账。

一、明细核算

明细核算是以账户为基础进行的核算，由分户账、登记簿、现金收付日记簿、余额表组成。其核算程序是：根据会计凭证登记分户账、登记簿或现金收付日记簿，并根据分户账编制余额表。

（一）分户账

分户账是按照开户单位和银行各种资金分账户连续、明细记录的账簿。分户账是明细核算的主要账簿。记载分户账要求快速、准确、内容完整、书写清晰、规范，这是衡量会计人员核算技能的一个重要指标。手工记账的分户账分为甲、乙、丙、丁四种。

甲种账页设有借、贷方发生额和余额三栏，适用于在余额表上计息或不计息的账户，以及银行内部财务性科目的账户（见表2－7）。

乙种账页设有借、贷方发生额，余额和积数四栏。适用于在账页上计息的账户（见表2－8）。

丙种账页设有借、贷方发生额和借、贷方余额四栏，适用于往来账户（见表2－9）。

丁种账页设有借、贷方发生额、余额和销账四栏，适用于逐笔记账、逐笔销账的一次性账务（见表2－10）。

表 2－7

中国××银行（　　　）

＿＿＿＿＿＿账

本账总页数
本户页数

户名：　　　　　　　　账号：　　　　　　　　领用凭证记录：

年		摘要	凭证号码	对方科目代号	借方	贷方	借或贷	余额	复核盖章
月	日				（位数）	（位数）		（位数）	

会计　　　　　　　　　　　　　　　　　　　　　　记账

表 2－8

中国××银行（　　　）

＿＿＿＿＿＿账

本账总页数
本户页数

户名：　　　　　　　　账号：　　　　　　　　领用凭证记录：　　　　　利率：

年		摘要	凭证号码	对方科目代号	借方	贷方	借或贷	余额	日数	积数	复核盖章
月	日				（位数）	（位数）		（位数）		（位数）	

会计　　　　　　　　　　　　　　　　　　　　　　记账

表2－9

中国××银行（　　）

________账

本账总页数
本户页数

户名：　　　　账号：　　　　利率：

<table>
<tr><th colspan="2">年</th><th rowspan="3">摘要</th><th rowspan="3">凭证号码</th><th rowspan="3">对方科目代号</th><th colspan="2">发生额</th><th colspan="2">余　额</th><th rowspan="3">复核盖章</th></tr>
<tr><th rowspan="2">月</th><th rowspan="2">日</th><th>借方</th><th>贷方</th><th>借方</th><th>贷方</th></tr>
<tr><th>（位数）</th><th>（位数）</th><th>（位数）</th><th>（位数）</th></tr>
<tr><td></td><td></td><td></td><td></td><td></td><td></td><td></td><td></td><td></td><td></td></tr>
</table>

会计　　　　记账

表2－10

中国××银行（　　）

________账

本账总页数
本户页数

户名：　　　　账号：　　　　凭证领用记录：

<table>
<tr><th colspan="2">年</th><th rowspan="2">账号</th><th rowspan="2">户名</th><th rowspan="2">摘要</th><th rowspan="2">凭证号码</th><th rowspan="2">对方科目代号</th><th>借方</th><th colspan="3">销账</th><th>贷方</th><th rowspan="2">借或贷</th><th>余额</th><th rowspan="2">复核盖章</th></tr>
<tr><th>月</th><th>日</th><th>（位数）</th><th>年</th><th>月</th><th>日</th><th>（位数）</th><th>（位数）</th></tr>
<tr><td></td><td></td><td></td><td></td><td></td><td></td><td></td><td></td><td></td><td></td><td></td><td></td><td></td><td></td><td></td></tr>
</table>

会计　　　　记账

（二）登记簿

登记簿是明细核算的一种辅助性账簿（见表2－11）。它是为适应某些业务需要而设置的，用来登记在分户账上不必记录，而又需要登记备查的业务事项。登记簿一般设有收、付、余三栏式，也可根据相关业务需要设计格式。

表 2－11

中国××银行（　）

登记簿（卡）

本账总页数
本户页数

户名：　　　　　　　　　　单位：

年		摘要	收入		付出		余额		复核盖章
月	日		数量	金额（位数）	数量	金额（位数）	数量	金额（位数）	

会计　　　　　　　　　　　　　　　　　　　　　　　记账

（三）现金收入、付出日记簿

现金收入日记簿（见表 2－12）与现金付出日记簿，是逐笔记载和控制现金收入、现金付出数额及现金传票张数的序时账簿，也是现金收付的明细记录。现金收入、付出日记簿按照现金收付款项的先后顺序，并根据现金收入和付出传票逐笔登记，于每天营业终了加计现金收入、付出的合计数以控制当天现金收付总数，并与当天现金科目日结单和总账的现金收付发生额核对相符。

表 2－12

现金收入/付出日记簿

年　月　日

凭证号码	科目代号	户名或账号	计划项目代号	金额	凭证号码	科目代号	户名或账号	计划项目代号	金额

复核　　　　　　　　　　　　　　出纳

（四）余额表

余额表是用来填制分户账余额的一种明细表，是用以连接总账和分户账并进行两者核对的工具，更是计算利息的重要工具。余额表分为计息余额表和一般余额表两种：

1. 计息余额表

计息余额表（见表2－13）适用于计息的各存、贷款科目，按月按科目分别设立。每日营业终了，根据各分户账当天的最后余额填列，当日未发生业务或遇节假日，应根据上日余额填列。当日应按科目加计各账户余额，并与该科目总账余额核对相符。旬末、月末要分别结出10天、20天及全月合计。并与同科目总账余额核对相符。如遇应加、应减积数要分别填入应加、应减积数栏，以保证利息计算的正确。

2. 一般余额表

一般余额表适用于不计息的科目抄制各科目账户余额时使用，栏目内容有科目代号、户名、摘要、余额，根据分户账的最后余额编列。

表2－13

中国××银行
计息余额表
年　月

单位 日期	某单位					
上月底止累计应计息积数						
⋮ 10天小计 ⋮ 20天小计 ⋮						
本月合计（本月计息积数）						
应加积数						
应减积数						
本期累计应计息积数						
结息时计算利息数						

会计　　　　复核　　　　制表

二、综合核算

综合核算是以科目为基础的核算，由科目日结单、总账、日计表组成。其核算程序是：根据会计凭证编制科目日结单，根据科目日结单登记总账，根据总账编制日计表。

（一）科目日结单

科目日结单（见表2-14）是每一会计科目当天借、贷发生额和传票张数的汇总记录，是据以监督明细账户发生额，轧平当日账务的重要工具，也是登记总账的依据。当日发生业务的科目均要编制科目日结单，且每个科目编制一张科目日结单。一般科目日结单的编制方法是：每日营业终了，将当天经过明细处理的凭证，先按科目顺序排列，同科目再按现金收入凭证、现金付出凭证、转账借方凭证、转账贷方凭证顺序排列。根据凭证编制各科目日结单。即分借方和贷方，各自加计出金额数和传票张数，填列在科目日结单的有关栏内。现金科目日结单应根据其他科目日结单中现金部分，分借方和贷方计算合计数，反方填列于现金科目日结单中。当天全部科目日结单的借方合计数与贷方合计数应该相等。

（二）总账

总账（见表2-15）是综合核算的主要形式，是各科目的总括记录，是综合核算与明细核算相互核对及统驭分户账的主要工具，也是编制各种会计报表的依据。

总账按科目设置。其登记方法是：每日营业终了，根据各科目日结单的借、贷方发生额合计数登记各该科目总账的发生额栏，并结出余额。单方反映余额总账的科目，本日余额直接在总账上结计，并与分户账或余额表各户余额合计数核对相符；双方反映余额的科目，其总账余额应根据分户账或余额表的借、贷方余额合计数分别填列，不得轧差，并就总账本身有关数字进行轧差核对。对当天未发生业务的科目，也须将上日余额填入当日余额栏内。账首各栏：科目代号、科目名称、上年底余额、本年累计发生额、上月底余额等都应填写，并核对正确。月终结计“本月发生额”及“累计发生额”与每月月计表发生额核对。

（三）日计表

日计表（见表2-16）是综合反映各科目当日发生额和余额的报表，也是平衡当日全部账务的重要工具。日计表按日编制。于营业终了根据各科目总账当天的发生额和余额填记。当天全部科目的借贷方发生额合计数、余额合计数必须各自平衡。

表2-14　　　　**科目日结单**

年　　月　　日

凭证种类	借方		贷方	
	传票张数	发生额	传票张数	发生额
现金业务				
转账业务				
合计				

附件　张

事后监督　　　　复核　　　　记账　　　　制单

表2－15 总 账

××银行总账

科目名称：

年 月	借方	贷方
	金额	金额
上年底余额		
本年累计发生额		
上月底余额		

日期	发生额		余额		核对盖章
	借方	贷方	借方	贷方	
月计					
自年初累计					
本月计息积数					

会计 主管 记账

表2－16 ××银行（ ）

日 计 表

年 月 日 第 页 共 页

科目代号	科目名称	上日余额		本日发生额		本日余额		科目代号
		借方	贷方	借方	贷方	借方	贷方	
合计								

行长（主任） 会计 复核 制表

三、账务核对

账务核对是银行账务处理的一个重要环节，是防止账务差错、保证核算正确的重要措施，银行必须通过账务核对来确保账务核算质量。达到账账、账款、账实、账据、账卡、账表以及内外账务全部相符。账务核对分每日核对和定期核对两种。

（一）每日核对

每日营业终了结账后，必须核对下列账务：

（1）总分核对。总账各科目余额合计和发生额合计各自借贷相等，各科目的总账余额与各该科目分户账或余额表的余额合计数核对相符。

（2）账款核对。现金收入、付出日记簿的合计数，应分别与现金科目总账的借方、贷方发生额核对相符；现金库存簿的现金库存数应与实际库存现金数以及现金科目总账的余额核对相符。

（3）计算机处理会计业务的，还应按科目加计凭证借、贷方发生额与计算机打印的科目日结单总额核对相符。

（4）表外科目余额应与有关登记簿核对相符，其中有价单证和重要空白凭证应核对当天领入、使用、出售和库存数。

（5）对存折户，应坚持账折见面，当时核对。

账务核算程序与账务核对关系如图2－1所示。

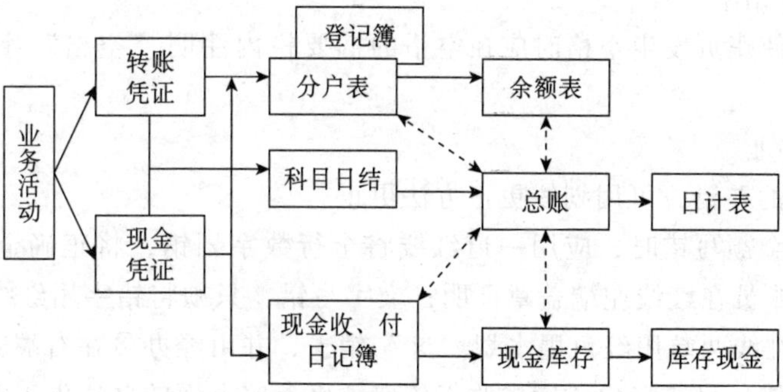

图2－1　账务核算程序图

注：——→ 账务核算程序与账务核对关系
←----→ 代表核算程序和代表核对关系

（二）定期核对

（1）余额表上的计息积数，十天小计、二十天小计、月计核对；
（2）贷款借据必须每月核对；
（3）储蓄科目总分核对；
（4）各种账卡与总账核对；
（5）各种面额单证、空白重要凭证每月核对；
（6）商业银行与企业对账；
（7）其他金融机构、人民银行对账，核对联行往来资金；
（8）每月底核对辖内往来资金。

四、记账规则和错账冲正

（一）记账规则

（1）账簿应根据合法有效凭证序时登记，逐次结计余额，并做到内容完整，数字准确，摘要简明，字迹清晰。登记账簿须使用蓝黑、碳素墨水钢笔书写，复写账页应使用双面复写纸，蓝、黑色圆珠笔书写。红笔只用于划线和错账冲正以及按规定用红字批注的文字说明。

（2）对同一账户中发生的多笔同一业务，审核无误后，可根据业务需要编制汇总传票记账。

（3）记账时发生凭证内容不全或有错误时，应交由制票人更正、补充或更换，并加盖名章后再行记账。凭证金额错误应更换凭证。

（4）账簿上的一切记载不得涂改、挖补、刀刮、皮擦，禁止使用涂改液销蚀，不得用复印账页替代原始账页。

（5）账簿上所写文字及金额一般应占全格的二分之一。摘要栏文字若一格写不完可在下一格连续填写，但其金额应填在末一行文字的金额栏内，账簿余额结清时，应在元位以“-0-”表示结平。

（6）因漏记使账页发生空格时应在空格的摘要栏内注明“空格”字样，并加盖经办人员名章。

（二）错账冲正

1. 当日发现的差错，可用划线更正方法更正

（1）账簿上金额写错时，应用一道红线将全行数字划销，将正确金额填写在划销金额上面，并由记账员在红线左端盖章证明；文字写错，只须将错字用红线划销更正。如果划错红线，应在红线两端用红色墨水划“×”销去，并由经办员在右端盖章证明。

（2）传票填错科目或账户，应先改正传票，再参照上面的办法更正账簿。

（3）账页记载错误无法更改时，不得撕毁，经会计主管人员同意，可另换新账页记载，但必须经过复核，并在原账页上划交叉红线注销，由记账员及会计主管人员盖章证明。注销的账页另行保管，等装订账页时，附在后面备查。

（4）使用计算机记账发生错误时，应通过逻辑程序进行删除，办理冲正。

2. 隔日发现的差错，应用红蓝字冲正方法更正

（1）记账串户，应填制同方向红、蓝字借（贷）方冲正凭证办理冲正。用红字凭证记入原错误的账户，在摘要栏内批注：“更正×年×月×日错账”字样；同时，在原记错账的摘要栏内批注“已于×年×月×日更正”字样；用蓝字凭证记入正确的账户，在摘要栏内注明：“补记×年×月×日账”字样及简明事项。

【例2-6】 11月25日东方百货商店的一笔存款8 500元，误记入天虹商场存款户，11月26日发现并办理更正。

原来的会计分录为：

借：有关科目　　8 500

　　贷：吸收存款——单位活期存款（天虹商场存款户）　　8 500

更正的会计分录为：

贷：吸收存款——单位活期存款（天虹商场存款户） 8 500（红字）

贷：吸收存款——单位活期存款（东方百货商店存款户） 8 500（蓝字）

（2）凭证金额或科目、账户填错，应填制红字借贷方凭证将原错误金额全数冲销，再按正确内容重新填制蓝字借贷方凭证补记入账，并在摘要栏注明情况，同时在原错误凭证上批注“已于×年×月×日冲正”字样。

【例2-7】 3月20日银行计收某企业短期贷款利息5 430元，误将传票金额填为4 530元并记账，银行于3月24日发现并更正。

原来的会计分录为：

借：吸收存款——单位活期存款（某企业户） 4 530

贷：利息收入 4 530

更正的会计分录为：

借：吸收存款——单位活期存款（某企业户） 4 530（红字）

贷：利息收入 4 530（红字）

借：吸收存款——单位活期存款（某企业户） 5 430（蓝字）

贷：利息收入 5 430（蓝字）

3. 本年度发现上年度错账，应填制蓝字反方向凭证冲正，不得更改决算表

【例2-8】 12月31日金鑫百货商店的一笔存款15 000元，误记入东百商场存款户，次年1月2日发现并办理更正。

原来的会计分录为：

借：有关科目 15 000

贷：吸收存款——单位活期存款（东百商场存款户） 15 000

更正的会计分录为：

借：吸收存款——单位活期存款（东百商场存款户） 15 000

贷：吸收存款——单位活期存款（金鑫百货商店存款户） 15 000

此外，凡错账冲正影响利息计算，应计算应加应减积数。冲正错账必须在原凭证、冲正传票和账簿上写明错账及日期和原因，冲正传票须经会计和主管人员审核盖章后办理。

五、银行计算机记账的基本规定及核算程序

随着计算机的广泛应用，各商业银行已基本实行了计算机联网，其会计核算也基本上实行了电算化。商业银行必须加强对会计电算化的管理。其内容主要包括以下几个方面：

（一）记账

使用计算机记账，必须严格执行以下规定：

（1）数据输入，必须由指定操作员进行。

（2）数据输入，必须根据审查无误的凭证进行，且各项业务应序时输入。

（3）红字凭证的输入，按同方向负数处理，以“-”表示，并在摘要栏打印冲账代码。

（4）计算机自动生成的凭证（如利息凭证），其转账金额必须经有关人员复核无误后

记账。

（二）对账

在计算机操作条件下，账务核对有下列变化：

（1）计算机处理结果与手工核对的有：计算机打印的科目日结单与手工加计的各科目借、贷方发生额核对；计算机打印传票总张数与当天实际传票总张数核对；计算机打印的现金科目发生额、余额与出纳现金收入、付出日记簿和现金库存簿核对。

（2）计算机内部核对的有：分户账与总账的发生额、余额核对；总账与余额表的余额核对；日计表的发生额、余额核对。

（三）错账处理

计算机记账条件下的错账更正要根据不同情况进行相应处理：

（1）当输入的数据发生错误，应由经办人员先将错误数字删除，再输入正确数据。对所删除的数据应打印删除记录，以便核对查考。

（2）因凭证填制错误而发生的错账，应先更正凭证，然后再按规定更正错账。

本章小结

商业银行会计的基本核算方法主要包括会计科目的设置、记账方法的运用、会计凭证的填制和审核、账务组织和会计报表的编制等项内容。通过本章的学习，应了解会计科目是对会计对象的具体内容进行分类核算和监督的一种方法，是设置账户、归类和记录各项经济业务的根据。目前，我国银行系统在表内科目核算中采用复式借贷记账法，而表外科目则采用单式收付记账法。会计凭证按其填制的程序和用途分为原始凭证和记账凭证。记账凭证按其形式的不同分为单式凭证和复式凭证两种；按其使用范围分为基本凭证和特定凭证。商业银行在业务处理过程中必须认真地填制会计凭证、审核会计凭证和正确及时组织会计凭证的传递，并加强对会计凭证的整理、装订与保管。商业银行的账务组织包括明细核算和综合核算两个系统。明细核算是按账户进行详细、系统的核算，由分户账、登记簿、现金收入和现金付出日记簿以及余额表组成；综合核算是以会计科目为基础，对银行的业务和财务活动所进行的总括核算，由科目日结单、总账和日计表组成。明细核算和综合核算都是根据业务发生的同一凭证分别进行核算，其核算结果必然相等。因此，必须相互核对，保证账务的正确。

思考与应用

一、名词解释

1. 表内科目

2. 基本凭证
3. 特定凭证
4. 科目日结单
5. 明细核算
6. 综合核算
7. 分户账
8. 日计表

二、单项选择题

1. 下列科目中，属于流动资产科目的是（　　）。

A. 应收利息　　B. 中长期贷款

C. 在建工程　　D. 同业拆入

2. 下列科目中，属于长期负债科目的是（　　）。

A. 银行存款　　B. 活期存款

C. 活期储蓄存款　　D. 定期储蓄存款

3. 商业银行广泛地采用由单位或客户填写的（　　）去代替记账凭证。

A. 原始凭证　　B. 记账凭证

C. 单式凭证　　D. 复式凭证

4. 下列账簿中，属于明细核算的组成部分是（　　）。

A. 余额表　　B. 科目日结单

C. 日计表　　D. 总账

5. 商业银行会计凭证中基本凭证和特定凭证是按（　　）分类的。

A. 使用范围的不同　　B. 用途的不同

C. 核算程序的不同　　D. 表面形式的不同

6.（　　）是反映当天全部商业银行业务活动情况的会计报表，是平衡银行当日账务的重要工具。

A. 科目日结单　　B. 总账

C. 日计表　　D. 余额表

7. 本年度发现上年度错账，应填制（　　）。

A. 同方向红、蓝字冲正传票，办理冲正

B. 反方向红、蓝字冲正传票，办理冲正

C. 蓝字反方向传票冲正，不更改决算报表

D. 红字同方向传票冲正，不更改决算报表

8. 现金付出传票、现金收入传票属于（　　）。

A. 专用凭证　　B. 单式凭证

C. 原始凭证　　D. 基本凭证

三、多项选择题

1. 商业银行会计基本核算方法包括的内容有（　　）。
A. 科目日结单　　B. 会计报表
C. 会计凭证　　D. 账务组织
E. 会计科目
2. 商业银行的资产类科目按其流动性的不同分为（　　）。
A. 流动资产　　B. 长期投资
C. 无形资产　　D. 递延资产
E. 长期借款
3. 下列科目中属于所有者权益科目的是（　　）。
A. 实收资本　　B. 资本公积
C. 盈余公积　　D. 本年利润
E. 损益
4. 下列科目中，属于流动负债科目的是（　　）。
A. 向中央银行借款　　B. 活期存款
C. 财政性存款　　D. 同业拆入
E. 拆放同业
5. 综合核算是按科目核算的，由（　　）组成。
A. 科目日结单　　B. 总账
C. 日计表　　D. 余额表
E. 分户账
6. 明细核算是按账户核算的，由（　　）组成。
A. 分户账　　B. 总账
C. 余额表　　D. 登记簿
E. 科目日结单

四、判断题

1. 商业银行会计基本核算方法，主要包括：会计核算方法、会计分析检查方法、会计预测决策方法等。（　　）

2. 在借贷记账法下，借方登记资产的增加、权益的减少、费用及支出的增加、收入的减少；贷方登记资产的减少、权益的增加、费用及支出的减少、收入的增加。（　　）

3. 商业银行的现金收入传票、现金付出传票、现金缴款单、支票属于基本凭证。（　　）

4. 特种转账借方传票、特种转账贷方传票属于特定凭证。（　　）

5. 明细核算系统由分户账、登记簿、现金收付日记簿和余额表组成。（　　）

6. 综合核算系统由科目日结单、总账、余额表和日计表组成。（　　）

7. 现金收入日记簿的发生额合计应与现金科目贷方发生额核对相符，现金付出日记

簿的发生额合计应与现金科目借方发生额核对相符。（　）

8. 汇出汇款和汇入汇款科目均是负债类科目。（　）

9. 原始凭证和记账凭证统称为会计凭证。（　）

10. 本年度发现上年度错账，采用蓝字反方冲正法并更改决算报表。（　）

五、问答题

1. 什么是商业银行会计凭证？如何对其进行审查和传递？

2. 什么是账务组织？包括哪些内容？明细核算与综合核算之间的关系如何？

3. 现金科目日结单如何编制？

4. 银行错账冲正有哪些方法？各在什么情况下使用？

六、业务处理题

要求：编制下列经济业务的会计分录，并按发生额编制试算平衡表（见表 2－17），进行试算平衡。

资料：某商业银行支行2018年1月15日发生下列业务：

1. 开户单位甲公司提交现金缴款单一份，交存现金120 000元；

2. 本行向开户的人民银行提取现金800 000元；

3. 开户单位乙公司签发现金支票，提取现金230 000元，用于支付职工工资；

4. 开户单位丙公司签发转账支票一张，金额9 500元，支付开户单位甲公司购货款；

5. 开户单位乙公司到期归还银行短期贷款640 000元，并支付利息5 200元；

6. 开户单位丙公司送交转账支票及进账单一份，金额31 000元，系开户单位乙公司支付会议餐宿费。

表 2－17　　**试 算 平 衡 表**

年　月　日

科目代号	科目名称	上日余额		本日发生额		本日余额	
		借方	贷方	借方	贷方	借方	贷方
1001	库存现金	330 000					
1003	存放中央银行款项	909 000					
1301	贷款	760 000					
2012	吸收存款		1 970 000				
6011	利息收入		29 000				
合计		1 999 000	1 999 000				

第三章 存款业务的核算

【要点提示】

本章着重阐述商业银行存款业务的意义，存款账户的管理，单位存款与储蓄存款业务的核算。通过本章的学习，要求学生了解存款业务的意义和核算要求，掌握存款账户的管理要求，掌握单位存款支票户存取现金的核算，掌握个人储蓄存款存入与支取的会计核算，掌握活期与定期存款利息计算，掌握各种存取款凭证的使用与审查。

第一节 概述

一、存款的意义和种类

（一）存款的意义

商业银行最重要的资金来源是依靠吸收外来资金，其中主要是吸收存款，存款约占其资金来源的70%以上。存款为商业银行提供了大部分的资金来源，是银行业务发展的重要基础；存款的吸收，为商业银行各职能的实现如信用中介、支付中介和信用创造等创造了条件；存款是决定商业银行盈利水平的重要因素，同时，商业银行通过存款业务活动，也为其与社会各界的沟通提供了渠道。

（二）存款的种类

商业银行存款按不同的分类标准可分为不同的类别。

1. 按存款的资金性质分类

按存款的资金性质分为一般存款和财政性存款。一般存款是商业银行吸收的企事业单位、机关团体、部队及个人存入的，并可由其自行支配的资金形成的存款。财政性存款是商业银行经办的各级财政拨入的预算资金、应上交财政的各项资金以及财政安排的专项资金形成的存款。

商业银行吸收的一般存款，应计付利息，并且应当按照一定的比例，向人民银行缴存法定存款准备金；吸收的财政性存款，一般不计付利息，但应按规定全额就地缴存当地人民银行。

2. 按存款对象分类

按存款对象分为单位存款与储蓄存款。单位存款是商业银行吸收的企业、事业、机关、部队和社会团体等单位暂时闲置的资金形成的存款。储蓄存款是商业银行吸收的城乡居民个人生活节余或待用的资金形成的存款。国家对单位存款和储蓄存款分别采取不同的管理政策。任何单位和个人不得将公款以个人名义转为储蓄存款，任何个人也不得将私款以单位名义存入金融机构。

3. 按存款期限分类

按存款期限分为活期存款和定期存款。活期存款是存入时不约定存期，可随时存取，按结息期计算利息的存款，主要包括单位活期存款和活期储蓄存款。定期存款是在存入时约定存期，到期支取本息的存款，主要包括单位定期存款和定期储蓄存款。

活期存款与定期存款在流动性及资金成本上存在差异。活期存款流动性强，所提供的资金来源具有不稳定性，但由于其利率低，资金成本也低；定期存款流动性弱，所提供的资金来源具有较强的稳定性，但由于其利率高于活期存款利率，故其资金成本也较高。商业银行在经营管理中，应充分考虑活期存款与定期存款在流动性及资金成本上的差异，加强资产与负债期限的对应管理，保持贷款资产期限结构的合理性，正确处理好效益性、流动性和安全性三者之间的关系。

4. 按存款货币的记账单位分类

按存款货币的记账单位分类，可以分为本币存款和外币存款，我国商业银行目前开设了美元、港元、欧元、加拿大元、澳大利亚元等外币存款业务。

5. 按存款产生的来源分类

按存款产生的来源分为原始存款和派生存款。

原始存款，又称为现金存款或直接存款，是客户将现金或现金支票送存商业银行而形成的存款。派生存款，又称为转账存款或间接存款，是商业银行通过发放贷款、购买证券等资产业务而创造的存款。派生存款的增加，会导致全社会货币供应量的增加。商业银行派生存款的能力是建立在原始存款的基础上的。对商业银行来讲，派生存款具有提供支付手段、节约现金使用和加速资金周转的功能作用。

二、商业银行存款账户的设置

账户是在会计科目下按单位或存款种类进行具体分类的名称，是商业银行办理信贷、结算、现金出纳、储蓄业务，反映各单位、各部门经济活动的工具。商业银行的存款账户分为单位人民币结算账户和个人人民币结算账户。

（一）单位人民币结算账户

单位人民币结算账户是存款人以单位名称开立的银行结算账户。个体工商户凭营业执照，以字号或经营者姓名开立的银行结算账户，按规定纳入单位结算账户进行管理。单位人民币结算账户按用途又可分为基本存款账户、一般存款账户、专用存款账户和临时存款账户。

1. 基本存款户

基本存款户是存款人因办理日常转账结算和现金收付需要而在商业银行开立的结算账户。开户对象主要是实行独立经济核算或独立预算的会计单位，比如企业法人、非法人企业机关、事业单位、团级（含）以上军队、武警部队及分散执勤的专（分）队、社会团体、民办非企业组织、异地常设机构、外国驻华机构、个体工商户、居民委员会、村民委员会、社区委员会、单位设立的独立核算的附属机构及其他组织。其用途只能用于单位的生产周转及经费开支，不能用于基本建设和购买物资。存款人可以自由选择商业银行开户，但一个存款人只能在一个银行开立一个基本账户。

2. 一般存款账户

一般存款账户是存款人因借款、现金缴存或其他结算需要，在基本存款账户以外的其他商业银行开立的银行结算账户，该账户只能办理转账结算和现金缴存，不能办理现金支取。开立基本存款账户的存款人都可以开立一般存款账户。修订后的《账户管理办法》取消了开立一般存款账户的限制条件，只要存款人具有借款或其他结算需要，都可以申请开立一般存款账户，而且没有数量限制。

3. 专用存款账户

专用存款账户用于办理各项专用资金的收付。针对不同的专用资金，《账户管理办法》规定了不同的使用范围：

（1）单位银行卡账户资金必须由其基本账户转账存入。该账户不得办理现金收付业务。

（2）财政预算外资金，证券交易结算资金，期货交易保证金和信托基金专用账户，不得支取现金。

（3）基本建设资金，更新改造资金，政策性房地产开发资金、金融机构存放同业资金账户需要支取现金的，应在开户时报中国人民银行当地分支行批准。中国人民银行当地分支行应根据国家现金管理的规定审查批准。

（4）粮、棉、油收购资金，社会保障资金，住房基金和党、团、工会经费等专用账户支取现金的按现金管理规定办理。

（5）收入汇缴账户除向其基本存款账户或预算外资金财政专用存款户划缴款项外，只收不付，不得支取现金。业务支出账户除从其基本账户拨入款项外，只付不收，其现金支取按现金管理规定办理。

4. 临时存款账户

临时存款账户是存款人因临时经营活动需要而开立的银行结算账户。有下列情况的，存款人可以申请开立临时存款账户，如设立临时机构、异地临时经营活动及注册验资。

（1）存款人可以通过该账户办理转账结算和根据国家现金管理的规定办理现金收付，临时活动结束时注销该账户，临时存款账户的有效期不得超过两年。

（2）注册验资的临时存款账户在验资期间只收不付，注册验资资金的汇缴人应与出资人的名称一致。

（二）个人人民币结算账户

个人人民币结算账户用于办理个人转账收付和现金存取。个人人民币结算账户有以下三项功能：

（1）活期储蓄功能，可以通过个人结算账户存取存款本金和收付利息，该账户的利息按活期储蓄存款利率计息。

（2）普通转账结算功能，通过开立个人银行结算账户，可以办理以下业务：办理汇款；支付水、电、话、气等基本日常费用；代发工资；汇兑；委托收款；借记卡和定期借记；定期贷记和电子钱包（IC卡）等。

（3）通过个人银行结算账户使用支票、信用卡等信用支付工具。根据《账户管理办法》的规定，下列款项可以转入个人银行结算账户：工资、奖金收入；稿费、演出费等劳务收入；债券、期货、信托等投资的本金和收益；个人债权或产权转让收益；个人贷款转存；证券交易结算资金和期货交易保证金；继承、赠与款项；保险理赔、保费退还等款项；纳税退还；矿产品销售收入；其他合法款项。

三、存款账户的开立与管理

（一）存款账户的开立

存款人开立存款账户时应向商业银行提交开户申请书、相关的证明文件，以及盖有单位印章的印鉴卡片。对申请开立基本存款账户和临时存款账户的客户，应该向开户银行出示中国人民银行核发的开户许可证；申请开立一般存款账户的客户，应该向开户银行出具开立基本存款账户规定的证明文件、基本存款户登记证和借款合同证明之一；申请开立专用存款账户的，应该出具开立基本存款账户规定的证明、基本存款账号登记证和经有关部门批准立项的文件或批文；申请开立临时存款账号的客户，还应该出具工商行政管理部门核发的营业执照、临时执照或有关部门同意设立临时机构的批文。开户行审核以上文件无误，即可开户。对于开立支票存款户的，由商业银行向单位发售各种专用凭证；开立存折存款户的，在第一次存入款项开立账户时，发给存款人存折。

（二）存款账户的管理

存款账户一经开立，商业银行就必须加强对账户的管理，监督开户单位正确使用账户。各单位通过银行账户办理资金收付，必须遵守商业银行的有关规定：

（1）一个单位只能选择一家银行的一个营业机构开立一个基本存款账户，不允许在多家银行开立基本存款账户。

（2）开户实行双向选择。存款人可以自主选择银行，银行也可以自愿选择存款人开立账户。

（3）各单位的账户只供本单位业务经营范围内的资金收付使用，账户不准出租、出借及转让。不得利用银行结算账户进行偷逃税款、逃废债务、套取现金及其他违法犯罪活动。

（4）银行应对已开立的单位银行结算账户实行年检制度，检查开立的银行结算账户的合规性，核实开户资料的真实性。银行还应经常检查账户的使用情况，及时与存款人进行对账，在“先存后用，存大于支”的原则下为客户提供安全、快捷的金融服务。

（5）存款人开立基本存款账户、临时存款账户和预算单位开立专用存款账户实行核准制度，经中国人民银行核准后由开户银行核发开户登记证，但存款人因注册验资需要开立的临时存款账户除外。

（6）存款人开立单位银行结算账户，自正式开立之日起3个工作日后，方可办理付款业务，但注册验资的临时存款账户转为基本存款账户和因借款转存开立的一般存款账户除外。

四、存款业务会计科目的设置

商业银行办理存款业务，主要应设置“吸收存款”“利息支出”“应付利息”等科目进行核算。

（一）“吸收存款”科目

该科目为负债类科目，核算商业银行吸收的除同业存放款项以外的其他各种存款，包括单位存款（企业、事业、机关、社会团体等单位）、个人存款、信用卡存款、特种存款、转贷款资金和财政性存款等。该科目可按存款类别及存款单位，分设不同的二级科目。商业银行收到客户存入的款项时，应按实际收到的金额，借记“库存现金”等科目，贷记“吸收存款——××存款”科目。

（二）“利息支出”科目

该科目为损益类科目，核算商业银行发生的利息支出，包括吸收的各种存款（单位存款、个人存款、信用卡存款、特种存款、转贷款资金等）、与其他金融机构（中央银行、同业等）之间发生资金往来业务、卖出回购金融资产等产生的利息支出。该科目可按利息支出项目进行明细核算。

资产负债表日，商业银行应按摊余成本和实际利率计算确定的利息费用金额，借记“利息支出”科目，按合同利率计算确定的应付未付利息，贷记“应付利息”科目，按其差额，借记或贷记“吸收存款——利息调整”等科目。实际利率与合同利率差异较小的，也可以采用合同利率计算确定利息费用。期末，应将该科目余额转入“本年利润”科目，结转后该科目无余额。

（三）“应付利息”科目

该科目为负债类科目，核算商业银行按照合同约定应支付的利息，包括吸收存款、发行债券等应支付的利息。该科目可按存款人或债权人进行明细核算。资产负债表日，商业银行应按摊余成本和实际利率计算确定的利息费用，借记“利息支出”等科目，按合同利率计算确定的应付未付利息，贷记“应付利息”科目，按其差额，借记或贷记“吸收存款——利息调整”等科目。实际利率与合同利率差异较小的，也可以采用合同利率计算确定利息费用。实际支付利息时，借记“应付利息”科目，贷记“吸收存款”等科目。该科目期末贷方余额，反映商业银行应付未付的利息。

第二节 单位存款业务的核算

一、单位活期存款业务的核算

单位活期存款存取业务主要分为现金存取和转账存取两种形式。转账存取方式，主要是通过结算方式和信用支付工具来实现的，具体核算方法将在后面结算业务章节予以详细介绍，本节主要介绍现金存取业务的核算手续。现金存取业务可以分为支票户和存折户两种。

（一）存取现金的核算

1. 支票户的核算

支票户是单位在银行开立的凭支票、进账单等结算凭证办理款项存取的账户，适用于财务制度比较健全、存款金额大、经常发生存取款业务的单位。

（1）存入现金的核算。开户单位存入现金时，应填制一式两联的现金缴款单（见表3－1），连同现金一并交给银行。

表3－1 现 金 缴 款 单

年 月 日 字第 号

收款单位名称				开户银行								
				单位账号								
款项来源				金额								
				百	十	万	千	百	十	元	角	分
人民币（大写）												
票面	张数	金额	票面	张数	金额	票面	张数	金额				
壹佰元			贰元			伍分			会计分录（贷）：			
伍拾元			壹元			贰分			对方科目（借）：			
贰拾元			伍角			壹分						
拾元			贰角						（现金收讫章） 会计： 记账：			
伍元			壹角						复核： 出纳：			

银行柜员收到缴款单和现金，经审核凭证和清点现金无误后，加盖“现金收讫”章和经办员名章，登记现金收入日记簿。将第一联缴款单作回单退还给缴款单位，第二联作现金收入传票，据以登记单位分户账。其会计分录为：

借：库存现金

　　贷：吸收存款——单位活期存款（××存款人户）

【例3－1】2017年5月26日商品批发部填制现金缴款单给开户行工商银行自由大路支行，缴存现金5 000元。

借：库存现金　　5 000

　　贷：吸收存款——单位活期存款（商品批发部户）　　5 000

（2）支取现金的核算。开户单位支取现金时，应在账户存款余额内签发现金支票（见表3－2）。注明用途和支取的金额，并加盖预留银行的印鉴后将支票交银行的会计部门。

表3－2　　现金支票正面

××银行现金支票存根		××银行　现金支票（省别简称）　支票号码
支票号码 附加信息 出票日期　年　月　日 收款人： 金　额： 用　途： 单位主管　　会计	本支票付款期限十天	出票日期（大写）年　月　日　　付款行名称： 收款人：　　出票人账号： 人民币（大写）　　亿 千 百 十 万 千 百 十 元 角 分 用途__ 上列款项请从 我账户内支付 复核　　记账 出票人签章

规格：8×22.5cm　正联共17cm（底纹按行别分色，大写金额栏加红水纹）。

柜员审核现金支票必要记载事项有无欠缺、是否超过提示付款期、大小写金额是否一致、印鉴是否与预留印鉴相符、付款单位账户是否有足够的余额等。经审核无误后，以现金支票办理记账。其会计分录为：

借：吸收存款——单位活期存款（××存款人户）

　　贷：库存现金

办理记账手续后，柜员在支票上加盖名章及现金付讫章，凭支票进行配款，登记现金付出日记簿，将现金交取款人。

【例3－2】2017年7月16日欧亚商都签发现金支票给开户行工行人民广场支行，支取备用金2 000元。

借：吸收存款——单位活期存款（欧亚商都户）　　2 000

　　贷：库存现金　　2 000

2. 存折户的核算

存折户是存款人在商业银行开立的使用结算存折办理存取款项的账户。适用于存款金额较少、不经常发生存取款业务的单位。

（1）存入现金的核算。存款户存入现金时，应根据存款金额和款项来源填制存款凭条（见表 3－3），连同存折及现金一并交银行柜员。银行柜员审核凭证并核对存折无误后办理，其核算手续与支票户同。

表 3－3 **× ×银行存款凭条**

（结算存折专用） 年 月 日 字 第 号

单位全称	账号	款项来源	金额						
			万	千	百	十	元	角	分
人民币 （大写）									
备注会计分录： （借） （贷）									

（2）支取现金的核算。存折户来行支取现金时，应根据支取的金额和用途填制取款凭条（见表 3－4），加盖预留在商业银行的印鉴，连同存折一起交银行柜员。银行柜员除了按支票户取款手续进行账务处理外，还应登记存折。其余的处理手续与支票户同。

表 3－4 **× ×银行取款凭条**

年 月 日 字 第 号

<table>
<tr><td rowspan="3">付款单位</td><td>全　称</td><td></td><td>现金</td><td colspan="2">收款人</td><td colspan="6"></td></tr>
<tr><td>账号</td><td></td><td rowspan="2">转账</td><td colspan="2" rowspan="2">收款单位
名　称</td><td colspan="3" rowspan="2"></td><td colspan="2" rowspan="2">账号</td><td rowspan="2"></td></tr>
<tr><td>开户银行</td><td></td></tr>
<tr><td rowspan="2">取款
金额</td><td colspan="3" rowspan="2">人民币
（大写）</td><td>十</td><td>万</td><td>千</td><td>百</td><td>十</td><td>元</td><td>角</td><td>分</td></tr>
<tr><td></td><td></td><td></td><td></td><td></td><td></td><td></td><td></td></tr>
<tr><td>用途</td><td colspan="11"></td></tr>
<tr><td colspan="4">上列款项请付本单位账户。
此致× ×银行
（存款单位盖章）</td><td colspan="8">会计分录科目（借）：
对方科目（贷）：
会计：　出纳：　复核：　记账：</td></tr>
</table>

（二）单位活期存款利息的计算

商业银行吸收存款人资金，除财政性预算内存款以及有特殊规定的款项不计利息外，其余应按规定支付利息。

1. 资产负债表日利息计算与核算

资产负债表日，商业银行应按摊余成本和实际利率计算确定的利息费用金额，借记“利息支出”科目，按合同利率计算确定的应付未付利息，贷记“应付利息”科目，按其差额，借记或贷记“吸收存款—利息调整”等科目。实际利率与合同利率差异较小的，也可以采用合同利率计算确定利息费用。会计分录为：

借：利息支出——活（定）期存款利息支出

贷：应付利息——应付活（定）期存款利息

支取或结息时，按实际支付的利息冲减应付利息。

2. 结息日利息计算与核算

单位活期存款除非销户，一般均连续不间断发生存取款业务，因此，活期存款利息一般采取定期结息的做法，即按季结计利息，每季末月20日为结息日。具体方法是采用余额表或乙种账计算计息积数，对活期存款的存期按照实际天数计算，所谓实际天数就是按照日历天数，大月按三十一天计算，小月按三十天计算，平月按二十八天（或二十九天）计算。计算公式为：

利息 = 计息积数 × 日利率

上述公式中，利率是计息的标准，而计息积数是存款人计息期间每日存款余额之和，计息时可将计息积数看作是一天的存款，所以对应使用日利率。

利率表示：年利率%、月利率‰、日利率‱。

在运用利率时应注意相互关系：

年利率 ÷ 12 = 月利率

月利率 ÷ 30 = 日利率

采用积数法计息，利息的准确性取决于积数。目前，银行手工计算积数的方法分为使用余额表和分户账页两种。计算机进行账务处理的，单位活期存款会自动累加积数并计算利息。

（1）余额表计息。此方法主要用于对单位活期存款利息的计算。余额表是明细核算系统反映科目余额详细组成的专门表式，其数据是银行每日营业终了，根据各科目分户账余额抄录的。余额表中列示了10天小计、20天小计、月末合计等数额，计息时便可利用这些数额计算出一定时期的计息积数。若在日常核算中遇错账冲正，要调整积数，计算应加或应减积数。

结息日所计利息，于结息日次日入账。逐户编制存款利息通知单一式三联，第一联作贷方传票，第二联作借方传票（汇总编制利息支出科目传票的，此联作附件），第三联代收账通知交给各存款单位。会计分录为：

借：应付利息——应付活期存款利息

贷：吸收存款——单位活期存款（××单位存款户）

【例3-3】 君子兰公司3月21日至6月20日活期存款账户累计计息积数为33 917 000元，由于错账冲正应减积数12 200元，累计应计息积数为33 904 800元，月利率为0.6‰。计算利息并做出会计分录。

利息 = 33 904 800 ×（0.6‰ ÷ 30）= 678.10（元）

其转账的会计分录为：

借：应付利息——应付活期存款利息　　678.10

贷：吸收存款——单位活期存款（君子兰公司户）　　678.10

（2）分户账计息。此种方法适用于存取款次数不多的单位或个人的存款户。利用这种方法，商业银行在登记客户分户账结出存款余额时，就要计算该余额变动前的积数。该积数是以本次变动前的存款余额与该余额的存期相乘，因而计息前需将每次结出的余额存期（即日数）准确确定后，再计算各存款余额的计息积数。计息后，编制存款利息通知单，将利息记入该单位存款账户贷方，结出新的存款余额。

【例3-4】 君子兰公司11月1日至12月20日活期存款分户账如表3-5所示，月利率为0.6‰。计算总积数，据以计算利息并入账。

表3-5　　某工业企业分户账

账号：304010005

户名：君子兰公司　　利率：0.6‰

日期		摘要	借方	贷方	借或贷	余额	日数	积数	复核签章
1		开户		10 000	贷	10 000	17	170 000	
1	8	支取	2 000		贷	8 000	27	216 000	
2	5	存入		7 000	贷	15 000	6	90 000	
2	1	结息		9.52	贷	15 009.52			

总积数 = 170 000 + 216 000 + 90 000 = 476 000

利息 = 476 000 × 0.6‰ ÷ 30 = 9.52

借：应付利息——应付活期存款利息　　9.52

　　贷：吸收存款——单位活期存款（君子兰公司户）　　9.52

二、单位定期存款业务的核算

单位定期存款是指单位将其活期存款账户中暂时闲置的资金一次性转出，转存定期，按约定的期限，银行到期支付本息的存款方式。定期存款的期限可以分为3个月、6个月、1年、2年、3年、5年六个档次，单位定期存款最低存入金额为1万元。单位定期存款的本息只能转入其活期基本存款账户，不能直接支付现金。

（一）存入定期存款的核算

单位向银行办理定期存款时，应按存款金额签发转账支票，交商业银行会计部门。会计部门接到支票按照相关规定审核无误后，以转账支票代转账借方传票登记单位存款分户账，填写一式三联单位定期存款证实书（见表3-6），第一联作为定期存款转账贷方传票，第二联加盖业务公章和经办人签章后，作为定期存款证实书交给存款人，第三联代定期存款卡片账，银行据此按照先后顺序专夹留存。其会计分录如下：

借：吸收存款——单位活期存款（××单位户）

　　贷：吸收存款——单位定期存款（××单位户）

表 3-6　　　　　　××银行单位定期存款证实书

年　月　日　　　　　　　　No. 00000000

<table>
<tr><td colspan="2">存款人名称</td><td colspan="3"></td><td colspan="2">存款人账号</td><td colspan="8"></td></tr>
<tr><td colspan="2">存期</td><td></td><td>利率</td><td></td><td colspan="2">到期日</td><td colspan="8">年　月　日</td></tr>
<tr><td rowspan="2">金额</td><td colspan="4" rowspan="2">人民币
（大写）</td><td>千</td><td>百</td><td>十</td><td>万</td><td>千</td><td>百</td><td>十</td><td>元</td><td>角</td><td>分</td></tr>
<tr><td></td><td></td><td></td><td></td><td></td><td></td><td></td><td></td><td></td><td></td></tr>
<tr><td colspan="5">贵单位已在我行开立单位定期整存整取存款账户。
（银行业务公章）</td><td colspan="10">备注：
本证实书仅对存款人开户证实，不得作为质押的权利凭证。</td></tr>
</table>

【例3-5】欧亚商都2017年6月10日存入定期存款2万元，存期为一年，年利率为3.25%，做出相应会计处理。

借：吸收存款——单位活期存款（欧亚商都户）　　　　20 000

　　贷：吸收存款——单位定期存款（欧亚商都户）　　　　20 000

（二）到期全额支取的核算

定期存款到期，单位到银行支取款项时，应在单位定期存款证实书上加盖预留印鉴并送交银行。银行收到后，应抽出该账户定期卡片账，审核单位定期存款证实书是否与原留存的卡片账的户名、金额、印鉴等相符，审核无误后，按相关规定计算存款利息，填制利息清单。在定期存单上加盖“结清”戳记，作为借方记账凭证，卡片账作为附件。编制三联特种转账传票，一联代利息支出科目转账借方传票，一联代活期存款账户转账贷方传票，另一联代收账通知交给存款人，其会计分录如下：

借：吸收存款——单位定期存款（××单位户）

　　应付利息——应付定期存款利息

　　贷：吸收存款——单位活期存款（××单位户）

如果定期存款到期后，客户要求续存，可以按结清旧账户再重新开立新定期存款来办理。

（三）提前支取定期存款的核算

单位存入定期存款后，若有急需可提前支取。单位提前支取分为全额提前支取和部分提前支取两种。

对单位全额提前支取的，由于存款人违约，银行应按规定以支取日挂牌公告的活期利率计息。会计分录为：

借：吸收存款——单位定期存款（××单位户）

　　应付利息——应付定期存款利息

　　贷：吸收存款——单位活期存款（××单位户）（本息和）

对单位部分提前支取的，按照银行规定，若提前支取后所剩款项不低于起存金额时，则部分提前支取的金额，按当日挂牌公告的活期利率计息，并将剩余款项另开与起存日期相同的新存单；若提前支取后所剩款项低于起存金额时，银行则按当日挂牌公告的活期利率计息，并对该存款予以清户。

会计分录为：

借：吸收存款——单位定期存款（××单位户）（本金）

　　应付利息——应付定期存款利息（提前支取部分的利息）

　　　贷：吸收存款——单位活期存款（××单位户）（本息和）

借：吸收存款——单位活期存款（××单位户）（剩余本金）

　　　贷：吸收存款——单位定期存款（××单位户）（剩余本金）

（四）单位定期存款利息的核算

单位定期存款的利息计算采取利随本清的办法，即在存款到期日支取本金的同时一并计付利息。定期存款计算利息时，按照存期"算头不算尾"的方法，从存入日算至支取前一日为止。存期一般按对年、对月计算，对年按360天计算，对月按30天计算，不满月的零头天数按实际天数计算。

计息期为整年（月）的，计息公式为：利息＝本金×年（月）数×年（月）利率。

计息期既有整年（月）又有零头天数的，计息公式为：利息＝本金×年（月）数×年（月）利率＋本金×零头天数×日利率。

同时，银行可选择按计息期全部化为实际天数计算利息，即每年为365天（闰年为366天），每月为当月公历实际天数，计息公式为：利息＝本金×实际天数×日利率。

单位定期存款在存期内按存入日挂牌公告的利率计息，遇利率调整不分段计息；全部提前支取的，按支取日挂牌公告的活期存款利率计息；部分提前支取的，支取部分按支取日挂牌公告的活期存款利率计息；单位定期存款逾期支取，其逾期部分按支取日挂牌公告的活期利率计息。

【例3－6】2017年6月10日，欧亚商都的两年期定期存款到期，本金为2万元，银行约定利率为3.25%，试计算相应利息，并做出会计分录。

利息＝本金×利率×日期

利息＝20 000×3.25%×1＝650（元）

借：吸收存款——单位定期存款（欧亚商都户）	20 000
应付利息——应付定期存款利息	650
贷：吸收存款——单位活期存款（欧亚商都户）	20 650

【例3－7】2017年12月10日，欧亚商都将2017年6月10日存入的一年期定期存款2万元提前支取，计算相应利息，并做出会计分录。支取当日活期存款利率为0.35%。

利息＝20 000×0.35%÷12×6＝35（元）

借：吸收存款——单位定期存款（欧亚商都户）	20 000
应付利息——应付定期存款利息	35
贷：吸收存款——单位活期存款（欧亚商都户）（本息和）	20 035

【例3－8】2016年3月20日，吉林森工在工商银行自由支行存入一笔定期存款，金额为900 000元，定期一年，年利率为3%，该单位于2017年4月7日来行支取，支取日活期存款年利率为0.5%，其利息计算及会计分录如下：

到期利息＝900 000×1×3%＝27 000（元）

逾期利息＝900 000×18×（0.5%÷360）＝225（元）

借：吸收存款——单位定期存款（吉林森工定期存款户） 900 000
　　应付利息——应付定期存款利息 27 225
　　贷：吸收存款——单位活期存款（吉林森工活期存款户） 927 225

第三节 个人存款业务的核算

商业银行为居民办理个人储蓄存款业务，要坚持贯彻国家关于居民个人储蓄的政策，维护储户利益。应当遵循存款自愿、取款自由、存款有息、为储户保密的原则。2000 年 4 月 1 日，银行办理储蓄存款实行实名制，即以本人有效身份证件的姓名办理存入手续。对个人储蓄存款，银行有权拒绝任何单位或者个人查询、冻结、扣划，但法律另有规定的除外。

一、活期储蓄存款业务的核算

活期储蓄存款是指不规定存期，储户随存随取的储蓄存款。活期储蓄存款起存金额为 1 元，多存不限。活期储蓄存款具有存取方便、灵活、办理快捷的特点。

（一）开户与续存的会计核算

1. 开户的会计核算

申请开户时，储户应填写开户申请书（见表 3－7），连同现金及身份证一并交给银行柜员，银行柜员经审核无误并收妥款项后，登记现金收入日记簿和开销户登记簿，编列活期储蓄存款账号，开立活期储蓄分户账，登记活期储蓄存折，预留密码。其会计分录如下：

借：库存现金
　　贷：吸收存款——活期储蓄存款（××存款人户）

银行柜员复核存折和存款账上的各项记载内容无误后，复点现金与账款，在活期储蓄存款凭条（见表 3－8）上加盖现金收讫章及个人名章后留存，在存款账加盖复核名章后专夹保管，在存折上加盖业务公章和个人名章后交储户。

【例 3－9】 储户甲于 2017 年 4 月 18 日持本人有效身份证件，在某商业银行开立活期储蓄存款账户，并于当日存入款项 3 000 元。当日活期储蓄存款利率为 0.5%。做出相应会计分录：

借：库存现金 3 000
　　贷：吸收存款——活期储蓄存款（储户甲） 3 000

2. 续存的会计核算

储户到银行办理续存时，应填写存款凭条（或由银行柜员打印后由储户签字确认），并连同现金、存折一并交银行柜员。银行柜员应清点现金并审核账、折与密码。其会计处理手续与开户手续相同。

（二）支取与销户的会计核算

1. 支取的会计核算

储户支取存款时，应填写活期储蓄取款凭条，如表 3－9 所示（或由银行柜员打印后由储户签字确认），连同存折一并交给银行柜员，凭密码支取。银行柜员核对账、折及密码，审核无误后，根据取款凭条，登记现金付出日记簿、存折和分户账。以取款凭条代现金付出传票。其会计分录如下：

借：吸收存款——活期储蓄存款（××存款人户）

　　贷：库存现金

表 3-7 **开立个人银行结算账户申请书**

编号： 申请日期： 年 月 日 交易代码：

银行打印				
客户填写	姓名（中文）		姓名（英文或拼音）	
	身份证名称		证件号码	
	代理人证件名称		证件号码	
	联系地址			
	联系电话		邮政编码	
	备注			

××银行结算账户管理协议

为保证合法、规范使用个人银行结算账户，银行（甲方）与开户申请人（乙方）在平等自愿的基础上，根据中国人民银行《人民币银行结算账户管理办法》及相关法律、法规，签定本协议并共同遵守。

第一条　乙方自愿选择在甲方开立人民币个人银行结算账户，或自愿将本人已经开立的人民币活期储蓄账户转为个人银行结算账户。甲方同意为乙方开立个人银行结算账户，并为乙方提供个人银行结算账户服务。

第二条　乙方在甲方开立、使用和撤销个人银行结算账户应遵守《人民币银行结算账户管理办法》及相关法律、法规的规定。乙方使用在甲方开立的个人银行结算账户办理各项业务时，还应遵守甲方的相关制度规定。

第三条　乙方在甲方开立个人银行结算账户，需向甲方提交相应的证明文件，并接受甲方的审核。乙方承诺所提供的开户资料真实、有效，如有伪造、欺诈，应承担法律责任。

第四条　乙方不得利用在甲方开立个人银行结算账户进行偷逃税款、逃债务、套取现金、洗钱及其他违法犯罪活动。

第五条　乙方不得出租在甲方开立的个人银行结算账户，不得利用在甲方开立的个人银行结算账户套取银行信用。

第六条　乙方申请在甲方开立的个人银行结算账户时应填写开户申请书。符合甲方受理个人票据业务开办条件的客户，在申请办理票据业务时还要预留签章。甲方受理后，乙方应确认开立个人银行结算账户申请书中甲方填写（打印）的内容。

第七条　乙方须按支付结算法律法规使用支付结算工具，并按甲方有关规定支付服务费用。

第八条　乙方使用在甲方开立的个人银行结算账户办理个人转账收付和大额现金存取时要遵守《人民币银行结算账户管理办法》的有关规定。

第九条　乙方撤销在甲方开立的个人银行结算账户，必须与甲方核对该账户存款余额，并交回各种重要空白票据及结算凭证，甲方核对无误后方可办理销户手续。乙方因故未交回各种重要空白票据及结算凭证的，须出具书面证明，由此而造成的损失由乙方承担。

第十条　乙方发生开户资料变更的情况，应于5个工作日内到甲方开户行办理变更申请并提供有关证明。

第十一条　乙方须定期与甲方核对账务。

第十二条　如乙方违规使用个人银行结算账户，甲方有权停止其使用个人银行结算账户。

第十三条　乙方尚未清偿其在甲方债务的，不得申请撤销其在甲方开立的个人银行结算账户。

第十四条　本协议于乙方在甲方开立的个人银行结算账户存续期间有效，如乙方撤销在甲方开立的个人银行结算账户，自正式销户之日起，本协议自动终止。

甲方（开户银行）签章：　　　　乙方（开户申请人）签名：

事后监督：　　业务主管：　　复核：　　经办：

银行柜员复核账、折内容无误后配款，并在取款凭条上加盖“现金付讫”章及个人名章，在存折上加盖个人名章，将存折和现金交储户收存。

【例3－10】 储户乙于2017年5月18日，从其活期储蓄存款账户取出现金1 000元整。

借：吸收存款——活期储蓄存款（储户乙）　　1 000

　　贷：库存现金　　1 000

表3－8　　活期储蓄存款凭条

（贷）活期储蓄存款　　年　月　日　　账号：

<table>
<tr><td colspan="3">户　名</td><td colspan="8">金　额</td><td colspan="6" rowspan="3">附记：</td></tr>
<tr><td colspan="3" rowspan="2"></td><td>十</td><td>万</td><td>千</td><td>百</td><td>十</td><td>元</td><td>角</td><td>分</td></tr>
<tr><td></td><td></td><td></td><td></td><td></td><td></td><td></td><td></td></tr>
<tr><td colspan="17">以下由银行填写（收讫章）</td></tr>
<tr><td rowspan="2">存款
余额</td><td>十</td><td>万</td><td>千</td><td>百</td><td>十</td><td>元</td><td>角</td><td>分</td><td rowspan="2">积数
余额</td><td>十</td><td>万</td><td>千</td><td>百</td><td>十</td><td>元</td><td rowspan="2"></td></tr>
<tr><td></td><td></td><td></td><td></td><td></td><td></td><td></td><td></td><td></td><td></td><td></td><td></td><td></td><td></td></tr>
<tr><td colspan="9">月　日
事后监督</td><td colspan="8">复核
记账</td></tr>
</table>

表3－9　　活期储蓄取款凭条

（借）活期储蓄存款　　年　月　日　　账号：

<table>
<tr><td colspan="3">户　名</td><td colspan="8">金　额</td><td colspan="6" rowspan="3">附记：</td></tr>
<tr><td colspan="3" rowspan="2"></td><td>十</td><td>万</td><td>千</td><td>百</td><td>十</td><td>元</td><td>角</td><td>分</td></tr>
<tr><td></td><td></td><td></td><td></td><td></td><td></td><td></td><td></td></tr>
<tr><td colspan="17">以下由银行填写（付讫章）</td></tr>
<tr><td rowspan="2">存款
余额</td><td>十</td><td>万</td><td>千</td><td>百</td><td>十</td><td>元</td><td>角</td><td>分</td><td rowspan="2">积数
余额</td><td>十</td><td>万</td><td>千</td><td>百</td><td>十</td><td>元</td><td rowspan="2"></td></tr>
<tr><td></td><td></td><td></td><td></td><td></td><td></td><td></td><td></td><td></td><td></td><td></td><td></td><td></td><td></td></tr>
<tr><td colspan="9">月　日
事后监督</td><td colspan="8">复核
记账</td></tr>
</table>

2. 销户的会计核算

当储户要求取走全部款项时，称为销户。储户应根据存折上的最后余额填写取款凭条（或由银行柜员打印后由储户签字确认），银行柜员除按一般支取手续办理外，还应计算出利息。银行柜员在办理销户时填制两联利息清单，一联留存，于营业终了后，据以汇总编制“利息支出”科目传票，另一联连同本息交给储户。在取款凭条及账、折上加盖

“结清”戳记，存折作为取款凭条的附件，同时销记开销户登记簿，结清账页另行保管。其会计分录为：

借：吸收存款——活期储蓄存款（××存款人户）
　　应付利息——应付活期存款利息
　　贷：库存现金

（三）活期储蓄存款利息的核算

1. 资产负债表日利息计算与核算

资产负债表日，商业银行应按摊余成本和实际利率计算确定的利息费用金额，借记“利息支出”科目，按合同利率计算确定的应付未付利息，贷记“应付利息”科目，按其差额，借记或贷记“吸收存款——利息调整”等科目。实际利率与合同利率差异较小的，也可以采用合同利率计算确定利息费用。会计分录为：

借：利息支出——活（定）期存款利息支出
　　贷：应付利息——应付活（定）期存款利息

支取或结息时，按实际支付的利息冲减应付利息。

2. 结息日利息计算与核算

活期储蓄存款按季结息，每季末月 20 日为结息日，从上季末月 21 日至本季末月 20 日。银行按结息当日活期储蓄存款挂牌利率结计利息，未到结息日清户的，利息按销户日活期储蓄利率计算，算至销户前一日为止。

活期储蓄存款利息计算方法采用计息积数查算表法，按储户每次存取发生额，随时查出计息积数，结出积数余额。结息日或销户日，以积数余额乘以当日活期储蓄存款利率，即为储户应得利息。

【例 3－11】 储户甲于 2017 年 5 月 18 日来行办理活期储蓄存款销户业务，账户余额为 2 000 元，银行应付利息为 1.25 元，做出相应会计分录。

借：吸收存款——活期储蓄存款（储户甲）	2 000
应付利息——应付活期存款利息	1.25
贷：库存现金	2 001.25

二、定期储蓄存款业务的核算

定期储蓄存款是指在存款时约定存期，一次或分次存入本金，到期一次或分次支取本息的一种储蓄存款。定期储蓄存款根据存取方式的不同可以分为整存整取、零存整取、存本取息和整存零取四种类型。商业银行在“定期储蓄存款”科目下分别设置明细科目进行核算。

（一）整存整取的会计核算

整存整取是储户一次存入本金，到期一次支取本息的一种定期储蓄存款。50 元起存，多存不限。存期分为 3 个月、6 个月、1 年、2 年、3 年和 5 年 6 个档次。开户时由商业银行发给存单，到期凭存单支取本息。

1. 开户的核算

储户申请办理整存整取储蓄存款时，应填写开户申请书，同身份证及现金一起交给银行柜员。银行柜员收妥现金，审核开户申请书无误后，填制一式三联的“整存整取储蓄存款凭条”。凭条签妥后各联上应加盖名章，第一联代现金收入凭证办理收款，并加盖“现金收讫”章；第二联为存单，加盖业务公章后交给储户；第三联为卡片账，按到期日顺序专夹保管。其会计分录为：

借：库存现金

　　贷：吸收存款——整存整取定期储蓄存款（××户）

同时登记开销户登记簿，如储户要求凭印鉴支取存款，应在各联上加盖“凭印鉴支取”的戳记，并在第一联及第三联存单上预留储户印鉴，其余手续相同。

【例3-12】 储户甲于2016年3月15日存入1年期整存整取储蓄存款30 000元，存入日的一年期利率为3%。做出相应会计分录：

借：库存现金　　30 000

　　贷：吸收存款——整存整取定期储蓄存款（储户甲户）　　30 000

2. 到期支取和过期支取的核算

存款到期，储户持到期的整存整取存单来行支取存款，银行记账员抽出卡片账同存单核对，凭印鉴支取的，还要核对印鉴。经核对无误，按照规定计算应付利息，编制两联利息清单，并将付出利息和支取日期分别填在存单和卡片账上，登记开销户登记簿，以存单代现金付出凭证，连同一联利息清单以支付存款本息，另一联利息清单连同现金交储户。其会计分录为：

借：吸收存款——整存整取定期储蓄存款（××户）

　　应付利息——应付定期存款利息

　　贷：库存现金

当日营业结束后，根据利息清单汇总编制利息支出借方传票，结清的卡片账另行保管，并定期装订。

当储户持过期存单来商业银行取款时，除按存单上指定的利息支付以外，还应支付本金的过期利息，其余处理手续与到期支取相同。

3. 提前支取的核算

当储户要求全部提前支取时，应交验本人身份证件，银行柜员应审核存单及身份证件，并将身份证件的名称、号码、发证机关等内容摘录在存单上。如果是凭印鉴支取，则应在存单上同时加盖预留印鉴，然后在存单和卡片账上加盖“提前支取”的戳记。其他程序与到期支取相同，提前支取的利息按照支取当日活期储蓄存款利率计息。

当储户要求部分提前支取时，银行柜员首先应按原存单将本金全部付出，并按规定利率计付提前支取部分本金的利息，然后将剩余部分的本金，按照原存入日期、期限、利率和到期日另外开立新存单。其余处理手续与到期支取相同。

4. 利息计算

（1）到期支取。根据《储蓄管理条例》的规定，整存整取定期储蓄存款在原定存期内的利息，一律按存入日银行挂牌公告的利率计付利息，存期内遇利率调整，不分段计息；其应付利息计算公式如下：

应付利息＝本金×存期×利率

【例 3-13】储户甲于 2017 年 3 月 15 日到期支取整存整取一年期储蓄存款 30 000 元。存入日的一年期利率为 3%。

利息 = 30 000 × 1 × 3% = 900（元）

借：吸收存款——整存整取定期储蓄存款（储户甲户） 30 000

  应付利息——应付定期存款利息 900

  贷：库存现金 30 900

（2）提前支取。整存整取定期储蓄存款未到期，储户全部或部分提前支取的，提前支取部分按支取日活期储蓄存款利率计息，其余部分到期时，按原存入日挂牌公告的定期储蓄存款利率计息。

【例 3-14】储户甲某于 2015 年 6 月 8 日存入整存整取储蓄存款 50 000 元，存期 2 年，存入时 2 年期存款年利率为 2.79%，2016 年 8 月 16 日，甲某要求提前支取 20 000 元，当日活期储蓄存款年利率为 0.5%，计算利息并做出相应会计分录。

利息 = 20 000 × 428 × 0.5% ÷ 360 = 118.89（元）

借：吸收存款——整存整取定期储蓄存款（甲某户） 50 000

  应付利息——应付定期存款利息 118.89

  贷：库存现金 50 118.89

借：库存现金 30 000

  贷：吸收存款——整存整取定期储蓄存款（甲某户） 30 000

（3）过期支取。整存整取定期储蓄存款过期支取的，除约定自动转存的以外，其超过原定存期的部分，按支取日活期储蓄存款利率计息。

【例 3-15】储户孙力 2016 年 6 月 10 日存入整存整取定期储蓄存款 40 000 元，定期一年，年利率为 3.25%。该储户 2017 年 8 月 10 日过期支取。当日银行活期挂牌利率为 0.35%，其利息和会计分录如下：

到期利息 = 40 000 × 3.25% × 1 = 1 300（元）

逾期利息 = 40 000 × 0.35% ÷ 12 × 2 = 23.33（元）

借：吸收存款——整存整取定期储蓄存款（孙力户） 40 000

  应付利息——应付定期存款利息 1 323.33

  贷：库存现金 41 323.33

（二）零存整取的会计核算

零存整取定期储蓄存款是指按照约定存期，每月存入固定数额的款项，到期一次支取本息的储蓄存款。该存款起存点为 5 元，存期分为 1 年、3 年、5 年三个档次，存款金额由储户自定，每月存入一次，中途如有漏存，可在次月补齐，未补存者，到期支取时按实存金额和实际存期计算。

1. 开户

储户第一次存入款项时，应填写零存整取定期储蓄存款凭条，连同现金一起交银行柜员。银行柜员在审查存款凭条和现金无误后，登记定期储蓄存款开销户登记簿，开立零存整取分户账，并填写存折。如凭密码支取，应在分户账上预留密码。经复核无误后，存折加盖业务公章和柜员个人名章后交储户，存款凭条代现金收入传票办理转账。会计分录为：

借：库存现金

贷：吸收存款——零存整取定期储蓄存款（××户）

2. 续存

储户按照约定的数额续存时，应填写零存整取定期储蓄存款凭条，连同存折、现金一并交银行柜员，银行柜员应审核分户账与存折，清点现金，并登记分户账、存折，手续与开户相同。

3. 到期支取本金

储户到期支取时，应将存折交银行柜员，银行柜员审核无误后，计算应付利息，注销存折、登记分户账及销记定期储蓄存款开销户登记簿，将本息交储户，以存折代现金付出传票记账。其会计处理与整存整取到期支取相同。

4. 过期与提前支取本金

如果储户过期支取存款，除计算存期内的利息外，还要按照取款当日活期储蓄利率计算过期利息。若储户提前支取存款，应提供本人身份证件，银行柜员审核无误后，办理相关提前支取手续。提前支取时，必须全额支取本息，按活期利率计算利息。过期与提前支取的处理手续与整存整取过期与提前支取的处理手续相同。

5. 利息计算

零存整取定期储蓄存款常用的计息方式有固定基数法、月积数法和日积数法三种。

（1）固定基数计息法。固定基数法是指事先算出每元存款利息基数，到期乘以存款余额的计息方法。这种方法适用于存款逐月全存，到期支取的计息计算。其利息计算公式如下：

每元存款利息基数 = 1 ×（1 + 存款月数）÷ 2 × 月利率

应计付利息 = 每元存款利息基数 × 存款余额

【例3－16】 储户周某于2017年9月18日来商业银行办理零存整取定期储蓄存款，每月存入500元，存期为一年，年利率为2.85%。于次年9月18日支取。其利息计算如下：

每元存款利息基数 =（1 + 12）÷ 2 × 2.85% ÷ 12 = 0.015438（元）

应付利息 = 6 000 × 0.015438 = 92.63（元）

有关三年、五年期存款也可以按各档次利率，参照上述公式算出基数，乘以存款余额，计算应付利息。

（2）月积数计息法。月积数计息法是根据零存整取储蓄分户账每月存款余额乘以所存月数，计算出月积数，到期支取时，按月积数之和乘以同档月利率，即为应付利息数。

应付利息 = 累计月积数 × 月利率

【例3－17】 某储户零存整取定期储蓄存款分户账，如表3－10所示，若该储户于2017年9月10日到期支取，则利息计算为：

应付利息 = 7 700 × 3.1% ÷ 12 = 19.89（元）

表 3－10　　零存整取定期储蓄存款分户账

账号：2260120008　　户名：王琦

期限：一年　　利率：3.1%

日期	摘要	存入	余额	月数	月积数	累计月积数
2016.09.10	开户	100.00	100.00	1	100.00	100.00
2016.10.03	续存	100.00	200.00	1	200.00	300.00
2016.11.15	续存	100.00	300.00	1	300.00	600.00
2016.12.08	续存	100.00	400.00	1	400.00	1 000.00
2017.01.15	续存	100.00	500.00	1	500.00	1 500.00
2017.02.15	续存	100.00	600.00	2	1 200.00	2 700.00
2017.04.06	续存	200.00	800.00	1	800.00	3 500.00
2017.05.24	续存	100.00	900.00	1	900.00	4 400.00
2017.06.17	续存	100.00	1 000.00	1	1 000.00	5 400.00
2017.07.15	续存	100.00	1 100.00	1	1 100.00	6 500.00
2017.08.03	续存	100.00	1 200.00	1	1 200.00	7 700.00

（3）日积数计息法。即储户每次来存款时，根据存入发生额乘以业务发生日至存款到期日的天数（算头不算尾），取得计息积数，按“存加取减”的原则，结出积数余额。到期日，以积数余额乘以存入日约定利率即为应付利息数。如储户提前支取，则按“存加取减”的原则，从积数余额中扣除未存满约定存期所产生的积数（即提前支取金额乘以提前支取日算至到期日的天数），结出计息积数，乘以支取日银行挂牌公告的活期储蓄存款利率，即为应付利息数。

如储户过期支取，过期支取的应付利息为到期息与过期息之和。到期息按正常规定计算，过期息则按最后余额与过期月数及支取日挂牌公告的活期储蓄存款利率计息，提前支取可比照整存整取定期储蓄存款的计息办法计算利息，不满整月的零头天数不计利息。

（三）存本取息的会计核算

存本取息储蓄存款是约定期限一次存入本金，分期支取利息，到期归还本金的一种储蓄存款。起存金额为 5 000 元，存期有 1 年、3 年、5 年三个档次。利息凭存单分期支取，可以一个月或几个月取息一次。如到取息日未取息，以后可随时取息，但不计复利。

1. 开户

储户在开户时应向商业银行提交开户申请书，填写姓名、存期及每次取息的日期。银行柜员在审核无误后，开具一式三联的存本取息定期储蓄存款存单，第一联代收入传票，第二联作为储户的定期存单，第三联登记分户账，其余手续与整存整取相同。其会计分录为：

借：库存现金

　　贷：吸收存款——存本取息定期储蓄存款（××户）

2. 分期支取利息

储户按约定日期持存单来银行支取利息时，银行柜员应核对存单与账卡，按照应支取的利息填制存本取息定期储蓄取息凭条，凭此登记账卡、存单，将利息支付给储户，存单退还储户。会计分录为：

借：应付利息——应付定期存款利息

　　贷：库存现金

3. 到期支取本金

存单到期，储户来银行支取存款时，银行以存单代现金付出传票，同时计算最后一期的利息，其会计处理方法与整存整取到期支取手续相同。

4. 提前和过期支取本金

若储户要求提前支取本金，可凭有关身份证件来银行办理支取，且必须为全额提前支取，其利息按当日活期储蓄存款利率计算。对于已经支取的利息，用红字冲回，编制红字现金付出传票记账。

借：应付利息——应付定期存款利息（红字）

　　贷：库存现金（红字）

按提前支取计息规定计算应付的利息，与本金一并支付给储户。其会计分录为：

借：吸收存款——存本取息定期储蓄存款（××户）

　　应付利息——应付定期存款利息

　　贷：库存现金

冲回的已支付利息应从计算的应支付利息中扣除。如果红字冲回的已支付利息大于计算的提前支取利息，应从本金中扣除，然后办理付款手续。

5. 利息计算

存本取息每次支取利息数的计算公式如下：

每次支取利息数 =（本金 × 存款月数 × 月利率）÷ 支取利息次数

【例3-18】 储户郑某于2017年6月10日存入本金100 000元，存期为1年，年利率为3.1%，每3个月支取利息一次。其利息计算如下：

每次支取利息数 =（100 000 × 3.1%）÷ 4 = 775（元）

（四）整存零取的会计核算

整存零取定期储蓄存款是一次存入本金，在存期内分次、等额支取本金，到期一次交付利息的储蓄存款。起存金额为1 000元，存期有1年、3年、5年三个档次。储户凭存单分期支取本金，支取期分1个月、3个月、半年三种。

1. 开户

储户到银行开户时，银行柜员开具一式三联的整存零取定期储蓄存单，存单中填明储户姓名、存入金额、期限、支取的次数和间隔时间。以存单第一联代贷方传票；第二联为存单；第三联为卡片账。存入手续与整存整取相同。会计分录为：

借：库存现金

　　贷：吸收存款——整存零取定期储蓄存款（××户）

2. 分期支取本金

储户按约定的期限支取款项时，应填写定期整存零取储蓄取款凭条，连同存单交银行柜员，银行柜员审核无误后，登记存单和账户，以取款凭条代现金付出传票。会计分录为：

借：吸收存款——整存零取定期储蓄存款（××户）

　贷：库存现金

3. 提前支取本金

客户提前支取整存零取存款时，需要提供储户的身份证件方可办理。若全部提前支取，按照整存整取提前支取办理手续处理；若部分提前支取，按规定只能提前支取一至两次，并在以后期限内停取相应的提前支取次数，其处理手续与整存整取提前支取手续相同。

4. 到期支取本息

储户于存款期满最后一次取款时，除按分次取款手续办理外，还要计算利息，并在原存单上加盖“结清”戳记作为取款凭条附件。如是过期支取，按规定利率计付过期利息。

5. 利息计算

整存零取储蓄存款是一次存入，存款余额逐渐减少，而不是固定本金，到期计息可采用本金平均数法和月积数法。

本金平均数法的计息公式如下：

到期应付利息 =（全部本金 + 每次支取本金额）÷2×存期×利率

【例 3-19】 储户赵某存入一年期整存零取储蓄存款，本金 30 000 元，每月支取一次 2 500 元。利率为 3.1%，最后一次支取日期为到期日，连同利息一并支取。其利息如下：

到期应付利息 =（30 000 + 2 500）÷2×1×3.1% = 503.75（元）

储户在存期内若要求部分提前支取，可提前支取一至两次，但必须在以后月份内停取一至两次。剩余款项的支取日按原定日期不变。如果提前支取全部余额，则根据实存金额及实存日期，按规定的活期储蓄利率计息；过期支取，可比照零存整取储蓄存款原则办理。

三、其他储蓄存款业务的核算

（一）定活两便储蓄存款的核算

定活两便储蓄存款是指不约定存期，本金一次存入，由储蓄机构发给存单，凭存单可随时一次支取本息的储蓄存款，50 元起存。开户时，储户应填写定活两便存单，上面不必注明存期、利率，可以随时根据需要支取。

定活两便储蓄存款的利息，应在支取时根据其实际存期确定利率进行计算。具体为：自《储蓄管理条例》执行之日起（即 1993 年 3 月 1 日起）存入的定活两便储蓄存款，存期不满 3 个月的，按实存天数计付活期利息；存期 3 个月以上（含 3 个月）不满半年的，整个存期按支取日整存整取定期储蓄存款 3 个月期利率打六折计息；存期半年以上（含半年）不满一年的，整个存期按支取日整存整取定期储蓄存款半年期利率打六折计息；存期在 1 年以上（含 1 年），无论存期多长，整个存期一律按支取日整存整取定期储蓄存款一年期利率打六折计息。

（二）个人通知存款的核算

个人通知存款是指本金一次存入，可一次或分次支取。分次支取时，每次支取的金额应不低于个人通知存款的最低起存金额（人民币5万元）的储蓄存款。个人通知存款，按提前通知的期限，分为一天通知存款和七天通知存款两种。个人通知存款在预约提款日，如未及时支取，自预约提款日开始，支取部分不再计算通知存款利息；办理提款通知后，不支取或在预约提款日之前取消通知，则在通知期限内（一天或七天），不计算存款利息。储户如急需资金，可提前支取通知存款，提前支取部分按支取日挂牌公告的活期存款利率计付利息。

四、储蓄所的结账及事后监督

（一）储蓄所结账

储蓄所按账务设置情况分为并账和并表两种，采用并账和并表的储蓄机构结账的做法有一定区别。并表储蓄所账务设置完整，只将储蓄业务日报表的内容并入管辖行的日计表中统一平衡账务。并账储蓄所账务设置不完整，一般只设各种储蓄存款分户账，各种存、取款凭证交管辖行统一办理结账和平衡账务。以下以并账储蓄所结账的做法为主介绍储蓄所结账的处理。

1. 编制汇总传票

每日营业终了应根据各种储蓄存款的存、取款凭条以及利息清单分别科目进行合计编制汇总传票，并将存取款凭条及利息清单作汇总传票附件，报送管辖行，凭以记载明细账和总账。

2. 编制营业汇总日报表

营业汇总日报表（见表3-11）是综合反映储蓄所当天业务活动情况的报表，是轧平当日账务的工具。根据各种储蓄存款的存取款凭证及其他有关数字编制。

（1）根据当日汇总传票填列各项储蓄存款的本日发生额借方金额和贷方金额，并根据昨日报表中各项储蓄存款的结存数，结出本日余额，填入报表的本日余额栏中。

（2）根据当日利息支出科目汇总传票填列利息支出科目本日发生额。

（3）根据当日现金收付数，分别填列现金科目本日发生额的借方金额栏和贷方金额栏，结计应缴回现金或补领现金数，并根据昨日库存结计出今日库存。

（4）根据各种储蓄当日开销户凭证、记录，填列储蓄户数本日开户、销户栏，并结出本日结存户数。

（5）根据当日空白重要凭证的实际领用数和使用数，按储蓄存款种类分别填列空白重要凭证本日收进和本日支出栏，并结出本日结存数。

（6）根据当日实际传票张数，按储蓄存款种类分别填列传票张数本日数栏，并分别结出本月累计张数。

在并表方式下，由于储蓄所各科目都设有总账，账务体系完整，因此，每日营业终了，应按编制科目日结单、登记总账、编制营业汇总日报表的程序进行日结，并且所有业务处理凭证自行保存，只需将其中一份营业汇总日报表报送管辖行。

表 3－11 营业汇总日报表

年 月 日

<table>
<tr><td rowspan="3">业务种类</td><td colspan="2">本日发生额</td><td rowspan="2">余额</td><td colspan="12">储户户数</td></tr>
<tr><td>借方</td><td>贷方</td><td colspan="4" rowspan="2">本日开户</td><td colspan="4" rowspan="2">本日销户</td><td colspan="4" rowspan="2">结存户数</td></tr>
<tr><td>（位数）</td><td>（位数）</td><td>（位数）</td></tr>
<tr><td>整存整取</td><td></td><td></td><td></td><td colspan="4"></td><td colspan="4"></td><td colspan="4"></td></tr>
<tr><td>零存整取</td><td></td><td></td><td></td><td colspan="4"></td><td colspan="4"></td><td colspan="4"></td></tr>
<tr><td>整存零取</td><td></td><td></td><td></td><td colspan="4"></td><td colspan="4"></td><td colspan="4"></td></tr>
<tr><td>存本取息</td><td></td><td></td><td></td><td colspan="4"></td><td colspan="4"></td><td colspan="4"></td></tr>
<tr><td>小计</td><td></td><td></td><td></td><td colspan="4"></td><td colspan="4"></td><td colspan="4"></td></tr>
<tr><td>活期储蓄</td><td></td><td></td><td></td><td colspan="4"></td><td colspan="4"></td><td colspan="4"></td></tr>
<tr><td>储蓄合计</td><td></td><td></td><td></td><td colspan="4"></td><td colspan="4"></td><td colspan="4"></td></tr>
<tr><td>利息支出</td><td></td><td></td><td></td><td colspan="12"></td></tr>
<tr><td>现金</td><td></td><td></td><td></td><td colspan="12">空白重要凭证</td></tr>
<tr><td>合计</td><td></td><td></td><td></td><td colspan="3">种类</td><td colspan="3">本日收进</td><td colspan="3">本日支出</td><td colspan="3">本日结存</td></tr>
<tr><td>昨日库存</td><td></td><td></td><td></td><td colspan="3">整整存单</td><td colspan="3"></td><td colspan="3"></td><td colspan="3"></td></tr>
<tr><td>今日库存</td><td></td><td></td><td></td><td colspan="3">零整存折</td><td colspan="3"></td><td colspan="3"></td><td colspan="3"></td></tr>
<tr><td>传票</td><td></td><td></td><td></td><td colspan="3">整零存单</td><td colspan="3"></td><td colspan="3"></td><td colspan="3"></td></tr>
<tr><td>种类</td><td></td><td></td><td></td><td colspan="3">取息存单</td><td colspan="3"></td><td colspan="3"></td><td colspan="3"></td></tr>
<tr><td>整存整取</td><td></td><td></td><td></td><td colspan="3">活期存折</td><td colspan="3"></td><td colspan="3"></td><td colspan="3"></td></tr>
<tr><td>零存整取</td><td></td><td></td><td></td><td colspan="3"></td><td colspan="3"></td><td colspan="3"></td><td colspan="3"></td></tr>
<tr><td>整存零取</td><td></td><td></td><td></td><td colspan="3"></td><td colspan="3"></td><td colspan="3"></td><td colspan="3"></td></tr>
<tr><td>存本取息</td><td></td><td></td><td></td><td colspan="3"></td><td colspan="3"></td><td colspan="3"></td><td colspan="3"></td></tr>
<tr><td>活期储蓄</td><td></td><td></td><td></td><td colspan="3"></td><td colspan="3"></td><td colspan="3"></td><td colspan="3"></td></tr>
<tr><td>合计</td><td></td><td></td><td></td><td colspan="3"></td><td colspan="3"></td><td colspan="3"></td><td colspan="3"></td></tr>
</table>

（二）储蓄所的账务核对

账务核对是及时发现工作错误，保证记账正确无误，明确工作责任，保护各方当事人合法权益的必不可少的工作，储蓄所的账务核对工作主要包括：

（1）核对现金。储蓄所每日营业终了应该将库存现金的数量与营业日报表中的现金库存数核对相符。

（2）核对当日账务。储蓄业务繁杂，交易次数多，容易发生账务处理错误，因此，每日营业终了应认真核对账务，以保证账务处理的正确性。储蓄所的账务核对包括：将储户本日变动数量（增加为正数，减少为负数）加上昨日余额合计数，算出本日结存户数，该数应与营业日报表上的本日结存户数核对相符；然后将各种储蓄存款的昨日余额加上变动户本日余额，算出的数额应该与各储蓄科目的本日余额核对相符，同时还要与储蓄所营业日报表上的余额核对相符。

（3）核对开销户。新开户的账卡及结清的存单、存折，应与储蓄所营业日报表上的开销户数核对相符。

（4）核对空白的重要凭证。每日营业终了，储蓄所都应将空白的重要凭证的实有数量与营业汇总日报表上的记录数核对相符。

（5）定期将各种储蓄分户账上的余额与储蓄有关科目的余额核对相符，切实保证账务处理的正确性。

（三）管辖行事后监督

（1）审核凭证、报表。对各基层储蓄所报表的凭证、报表应认真审查，包括凭证内容是否完整，金额有无错误，账簿记载是否正确，利息计算有无错误，签章是否齐全等。

（2）逐笔事后复核监督。管辖行对储蓄所的各类储蓄存款应设立明细分户账进行监督。由于银行电算化的普及，各大小城市的储蓄所大多已采用微机进行事后监督。一般是对原始凭证进行二次记账，即在审查凭证、日报表无误的基础上，将各类凭证按新开户、续存、支取、销户等类型进行清分，然后将各种凭证输入微机，由微机进行逐户逐日核对监督。

本章小结

吸收存款是商业银行负债的重要组成部分，也是其信贷资金的主要来源。按照不同的分类标准，可将商业银行的吸收存款分为单位存款和储蓄存款；活期存款和定期存款；人民币存款和外币存款等。为了办理资金收付结算的需要，商业银行为存款人开立的人民币活期存款账户，称为银行结算账户。银行结算账户分为单位银行结算账户和个人银行结算账户。其中，单位银行结算账户按用途又可分为基本存款账户、一般存款账户、专用存款账户和临时存款账户。

单位活期存款分为支票户和存折户两种，其业务核算的具体内容包括存取现金的核算、利息的计算与核算、内外账务核对等；单位定期存款的核算包括存入的核算、到期支取和提前支取以及逾期支取的核算、利息的计算与核算等。

储蓄存款又称为个人存款，包括活期储蓄存款、定期储蓄存款、定活两便储蓄存款和个人通知储蓄存款等。其中，定期储蓄存款又分为整存整取、零存整取、整存零取和存本取息四种。其核算的具体内容主要包括开户、续存、支取、销户等核算，以及利息的计算与核算。

思考与应用

一、名词解释

1. 基本存款账户
2. 一般存款账户
3. 单位定期存款
4. 活期储蓄存款

二、单项选择题

1. 存款人能够办理日常转账结算和现金收付的账户是（　　）。

A. 基本存款账户　　B. 一般存款账户

C. 临时存款账户　　D. 专用存款账户

2. 活期储蓄存款的金额起点是（　　）元。

A. 100 元　　B. 10 元

C. 1 元　　D. 不限

3. 整存整取储蓄的存储起点为（　　）。

A. 5 元　　B. 50 元

C. 5 000 元　　D. 1 000 元

4. 本金一次存入，约定存期，分期支取利息，到期支取本金的储蓄存款是（　　）。

A. 整存整取　　B. 零存整取

C. 存本取息　　D. 整存零取

5. 活期储蓄存款的结息日为（　　）。

A. 每月 30 日　　B. 每季度末月的 20 日

C. 6 月 30 日　　D. 12 月 20 日

6. 定期储蓄存款提前支取的部分，按（　　）计息。

A. 开户日利率　　B. 到期日利率

C. 活期存款利率　　D. 原利率

7. 单位开立定期存款账户，一般由商业银行向客户签发（　　）。

A. 定期存单　　B. 存款开户证实书

C. 定期存款申请书　　D. 单位定期存单确认书

三、多项选择题

1. 定期储蓄存款，根据存取本息形式不同，可分为（　　）。

A. 整存整取　　B. 零存整取

C. 存本取息　　D. 整存零取

2. 储蓄存款的原则是（　　）。

A. 存款自愿　　B. 取款自由

C. 存款有息　　D. 为储户保密

3. 存款利息的计算公式为：利息 =（　　）。

A. 本金 × 存期 × 利率　　B. 积数 × 利率

C. 天数 × 利率　　D. 存款金额 × 利率

4. 商业银行单位存款账户包括（　　）。

A. 基本存款账户　　B. 一般存款账户

C. 临时存款账户　　D. 专用存款账户

5. 单位存入现金，商业银行记账为（　　）。

A. 借：库存现金　　　　　　　　　B. 贷：库存现金
C. 借：吸收存款——单位活期存款　D. 贷：吸收存款——单位活期存款

四、判断题

1. 开立基本存款账户的单位，可以是独立核算的单位，也可以是与基本存款账户的存款人不在同一地点的附属非独立核算单位。（　　）

2. 存款人可以自主选择银行，但银行不可以自主选择存款人开立账户。（　　）

3. 一般存款账户用于办理存款人借款转存、借款归还和其他结算的资金收付。该账户可以办理现金缴存，也可以办理现金支取。（　　）

4. 单位活期存款一般按季结息，每季末月21日为结息日，利息于当日列账。（　　）

5. 余额表计息法适用于存款余额变动不多的存款户。（　　）

6. 整存整取定期储蓄存款是指一次存入本金，约定存期，到期一次支取本息的一种定期储蓄存款。一般5 000元起存，多存不限。（　　）

五、问答题

1. 存款按照存款对象不同分为哪几类？

2. 单位人民币结算账户按照用途不同分为哪几类？

3. 我国的储蓄政策和原则是什么？

六、业务处理题

1. 繁荣公司存入销货收入现金52 600元。请做出会计分录。

2. 汇文公司签发现金支票，支取备用现金12 000元。请做出会计分录。

3. 亚泰公司由活期存款户转存定期存款200 000元。请做出会计分录。

4. 繁荣公司的一笔一年期定期存款150 000元，于本月到期，利息一并转入活期存款账户。1年期定期存款月利率为1.875‰。请计算利息并做出会计分录。

5. 繁荣公司在2017年9月10日将2013年6月10日存入的两年期定期存款20万元提前支取，支取当日活期存款利率为0.33%。请计算相应利息并作出会计分录。

6. 储户张月于2017年7月18日持本人有效身份证件，在工商银行人民广场支行开立活期储蓄存款账户，并于当日存入款项8 000元。当日活期储蓄存款利率为0.5%。请做出相应会计分录。

7. 储户李丽于2016年4月10日在某商业银行新开立储蓄存款账户，存入金额5 000元，2016年5月1日来行办理活期储蓄存款销户业务，账户余额为5 000元，销户当日活期存款利率为0.55%。请计算利息做出相应会计分录。

8. 储户王立2016年4月20日存入整存整取储蓄存款50 000元，存期两年，存入时约定利率2.7%，该储户于2016年7月10日要求提前支取20 000元，支取当日活期储蓄存款年利率0.72%，请计算利息并做出相关分录；2018年4月20日存款到期，王立支取存款本息。请计算利息并做出相关分录。

第四章　贷款与贴现业务的核算

【要点提示】

贷款是商业银行的传统业务之一，也是我国商业银行主要的资产业务。在贷款业务中，商业银行通过出让资金的使用权，获得利息收入；借款人通过支付利息而取得资金的使用权。贴现是商业银行以商业汇票为基础而向持票人提供的一项融资业务，是商业银行贷款的一种特殊形式。通过本章的学习，使学生掌握各种贷款发放、收回、计息的会计核算，商业汇票贴现到期、收回的会计核算，以及贷款损失准备的会计核算等。

第一节　概　述

一、贷款的意义

贷款是商业银行对借款人提供的按约定的利率和期限还本付息的货币资金。贷款业务是商业银行的主要资产业务。商业银行作为经营货币和货币资本的特殊企业，发放贷款是其重要的资金运用形式，也是商业银行取得收入的重要来源。商业银行通过发放贷款，可以支持生产发展和商品流通；通过调整贷款的投向和支持的重点，可以调节产业结构和产品结构，满足社会各方资金需求，促进经济发展。

二、贷款的种类

商业银行贷款种类可以从不同角度来划分，常见的分类方法主要有：

（一）按贷款期限分类

按贷款期限划分，商业银行贷款可以分为短期贷款、中期贷款、长期贷款。

短期贷款是指商业银行根据有关规定发放的，期限在1年以下（含1年）的各种贷款，多用于流动资金的贷款，其利率较高。

中期贷款是指商业银行发放的期限在1年以上5年以下的各种贷款，多数用于固定资产投资和重大设备改造，其利率比短期贷款利率低。

长期贷款是指商业银行发放的贷款期限在5年以上的贷款，主要用于大型工程、重点工程、对外援助等项目的投资，其利率在三种期限贷款的利率中最低。

（二）按贷款的保障条件分类

按贷款的保障条件划分，商业银行贷款可以分为信用贷款、担保贷款和票据贴现。

信用贷款是指商业银行完全凭借客户的信誉而无需提供抵押物或第三者保证而发放的贷款。这类贷款风险较大，因而商业银行要收取较高的利息，并且一般只向商业银行熟悉的大公司等借款人提供，对借款人的条件要求较高。

担保贷款是指用一定的财产或信用作还款保证的贷款。根据还款保证的不同，具体可分为抵押贷款、质押贷款和保证贷款。抵押贷款是指按《中华人民共和国担保法》规定的抵押方式以借款人或第三者的财产作为抵押发放的贷款。质押贷款是指按《中华人民共和国担保法》规定的质押方式以借款人或第三者的动产或权利作为质押物发放的贷款。保证贷款是指按《中华人民共和国担保法》规定的保证方式以第三人承诺在借款人不能偿还贷款时，按约定承担一般保证责任或者连带责任而发放的贷款。担保贷款由于有财产或第三者承诺作为还贷的保证，所以贷款风险相对较小。但是，担保贷款手续复杂，且需要花费抵押物（质押物）的评估、保管以及核保等费用，贷款的成本比较大。

票据贴现是指商业银行应客户的要求，以现款或活期存款买进客户持有的未到期商业票据的方式发放的贷款。票据贴现实行预扣利息，票据到期后，商业银行可向票据载明的付款人收取票款。如果票据合格，且有信誉良好的承兑人承兑，则该贷款的安全性和流动性都比较好。如果票据在期满时不能兑现，依照我国票据法的规定，商业银行享有对付款人和票据上记载的任何其他人行使追索的权力。

（三）按贷款用途分类

按照贷款用途划分，商业银行贷款可分为流动资金贷款和固定资产贷款。

流动资金贷款是指为满足生产经营过程中对短期资金的需求，保证生产经营活动正常进行而发放的贷款。

固定资产贷款是指银行向借款人发放的，主要用于固定资产项目的建设、购置、改造及相应配套设施建设的贷款。

（四）按商业银行发放贷款的自主程度分类

按商业银行发放贷款的自主程度划分，贷款可以分为自营贷款、委托贷款和特定贷款。

自营贷款是指商业银行以合法方式筹集的资金自主发放的贷款。这是商业银行最主要的贷款。由于是自主发放，因此，贷款风险及贷款本金和利息的回收责任都由商业银行自己承担。

委托贷款是指由政府部门、企事业单位及个人委托人提供资金，由商业银行（受托人）根据委托人确定的贷款对象、用途、金额、期限、利率等代为发放、监督使用并协助收回的贷款。这类贷款商业银行不承担风险，通常只收取委托人付给的手续费。

（五）按贷款的偿还方式分类

商业银行贷款按照其偿还方式不同，可以划分为一次性偿还贷款和分期偿还贷款两种方式。

一次性偿还贷款是指借款人在贷款到期日一次性还清贷款，其利息可以分期支付，也可以在归还本金时一次性付清。一般来说，短期的、临时的、周转性贷款都是采取一次性偿还方式。

分期偿还贷款是指借款人按规定的期限分次偿还本金和支付利息的贷款。这种贷款的期限通常按月、季、年确定，中长期贷款大都采用这种方式。

（六）按贷款的质量和风险程度分类

按照贷款的质量和风险程度划分，商业银行贷款可以分为正常贷款、关注贷款、次级贷款、可疑贷款和损失贷款。其中，次级贷款、可疑贷款和损失贷款又统称为不良贷款。

正常贷款是指借款人能够履行借款合同，有充分把握按时足额偿还本息的贷款。这类贷款的借款人财务状况良好，没有任何理由怀疑贷款本息的偿还会发生任何问题。

关注贷款是指贷款的本息偿还仍然正常，但是发生了一些可能会影响贷款偿还的不利因素。如果这些因素继续下去，则有可能影响贷款的偿还，因此需要对其进行关注，或对其进行监控。

次级贷款是指借款人依靠其正常的经营收入已经无法偿还贷款的本息，而不得不通过重新融资的办法来归还贷款，表明借款人的还款能力出现了明显的问题。

可疑贷款是指借款人无法足额偿还贷款本息，即使执行抵押或担保，也肯定要造成一部分损失。这类贷款具备了次级贷款的所有特征，但是程度更加严重。

损失贷款是指在采取了所有可能的措施和一切必要的法律程序之后，本息仍无法收回或只能收回极少部分。这类贷款商业银行已没有意义将其继续保留在资产账面上，应当在履行必要的内部程序之后立即冲销。

三、贷款业务的核算要求

商业银行发放贷款主要遵循安全性、流动性和盈利性原则。

（一）准确及时地办理各项贷款业务的核算手续

商业银行的会计部门根据信贷部门与借款人签订的借款合同，办理贷款的发放手续。定期计算并收取利息，按照权责发生制的原则核算贷款业务的利息收入，到期收回贷款，并对逾期贷款按照规定收取逾期利息。自营贷款和与委托贷款分别核算；应计贷款和非应计贷款分别核算，非应计贷款是指贷款本金或利息逾期 90 天没有收回的贷款，应计贷款是指非应计贷款以外的贷款。

（二）加强对贷款业务的会计监督

根据国家法律和法规的规定以及银行监管部门的要求对贷款业务进行全过程的监督，确保贷款符合法律法规的规定，保证借款人按照合同的约定使用借款资金，确保信贷资金的安全。

（三）提供监管所需要的贷款信息

银行监管部门为了了解金融运行的总体状况，需要商业银行提供有关贷款的信息，通过会计核算工作提供金融监管所需要的信息也是贷款会计核算的重要内容。

四、贷款业务会计科目的设置

商业银行办理贷款业务，主要应设置“贷款”“利息收入”“应收利息”“贷款损失准备”“资产减值损失”等科目进行核算。

（一）“贷款”科目

该科目为资产类科目，核算商业银行按规定发放的各种客户贷款，包括质押贷款、抵押贷款、保证贷款、信用贷款等。商业银行按规定发放的具有贷款性质的银团贷款、贸易融资、协议透支、信用卡透支、转贷款以及垫款等，在该科目核算；也可单设“银团贷款”“贸易融资”“协议透支”“信用卡透支”“转贷款”“垫款”等科目核算。商业银行接受企业委托向其他单位贷出的款项，应设置“委托贷款”科目核算。该科目可按贷款类别、客户，分“本金”“利息调整”“已减值”等项目进行明细核算。其具体核算将结合后面的具体业务加以介绍。

该科目期末余额在借方，反映商业银行按规定发放尚未收回贷款的摊余成本。

（二）“利息收入”科目

该科目为损益类科目，核算商业银行确认的利息收入，包括发放的各类贷款（银团贷款、贸易融资、贴现和转贴现融出资金、协议透支、信用卡透支、转贷款、垫款等）、与其他金融机构（中央银行、同业等）之间发生资金往来业务、买入返售金融资产等实现的利息收入。该科目可按业务类别进行明细核算。

资产负债表日，商业银行应按合同利率计算确定的应收未收利息，借记“应收利息”科目，按摊余成本和实际利率计算确定的利息收入，贷记“利息收入”科目，按其差额，借记或贷记“贷款——利息调整”等科目。实际利率与合同利率差异较小的，也可以采用合同利率计算确定利息收入。期末，应将该科目余额转入“本年利润”科目，结转后该科目无余额。

（三）“应收利息”科目

该科目为资产类科目，核算商业银行发放贷款、存放中央银行款项、交易性金融资产等应收取的利息。该科目可按借款人或被投资单位进行明细核算。

商业银行发放的贷款，应于资产负债表日按贷款的合同本金和合同利率计算确定的应收未收利息，借记“应收利息”科目，按贷款的摊余成本和实际利率计算确定的利息收入，贷记“利息收入”科目，按其差额，借记或贷记“贷款——利息调整”科目。

应收利息实际收到时，借记“存放中央银行款项”等科目，贷记“应收利息”科目。该科目期末余额在借方，反映商业银行尚未收回的利息。

（四）“贷款损失准备”科目

该科目为资产类科目，同时也是“贷款”科目的备抵科目，核算商业银行贷款的减值准备。该科目可按计提贷款损失准备的资产类别进行明细核算。

资产负债表日，贷款发生减值的，按应减记的金额，借记“资产减值损失”科目，贷记“贷款损失准备”科目。

对于确实无法收回的各项贷款，按管理权限报经批准后予以转销，借记“贷款损失准备”科目，贷记“贷款”“贴现资产”“拆出资金”等科目。

已计提贷款损失准备的贷款价值以后又得以恢复，应在原已计提的贷款损失准备金额内，按恢复增加的金额，借记“贷款损失准备”科目，贷记“资产减值损失”科目。

该科目期末余额在贷方，反映商业银行已计提但尚未转销的贷款损失准备。

（五）“资产减值损失”科目

该科目为损益类科目，核算商业银行计提各项资产减值准备所形成的损失。

该科目可按资产减值损失的项目进行明细核算。商业银行的贷款等资产发生减值的，按应减记的金额，借记“资产减值损失”科目，贷记“贷款损失准备”等科目。

已计提减值准备的相关资产价值又得以恢复的，应在原已计提的减值准备金额内，按恢复增加的金额，借记“贷款损失准备”等科目，贷记“资产减值损失”科目。

期末，应将该科目余额转入“本年利润”科目，结转后该科目无余额。

第二节 信用贷款的核算

信用贷款是指依据借款人的信誉，而不需要提供抵押物或第三者保证而发放的贷款。信用贷款适用于具有良好信用等级且具有法人资格的企业单位。由于信用贷款没有实物或有价证券做抵押，也没有第三人做担保，所以商业银行信用贷款属于银行的高风险资产，它的会计核算应该体现谨慎性原则。

其会计核算方式有逐笔核贷、存贷合一、定期调整和下贷上转四种。这里着重介绍逐笔核贷核算方式。

所谓逐笔核贷，是借款单位根据借款合同逐笔填写借据，经商业银行信贷部门逐笔审核，一次发放，约定期限，一次或分次归还的一种贷款核算方式。逐笔核贷是目前我国商业银行发放贷款最常用的核算方式。发放时，贷款应一次转入借款单位的结算存款账户后才能使用，不能在贷款账户中直接支付；收回时，由借款单位开具支票，从借款单位账户中归还或由商业银行从借款单位账户中直接扣收。贷款利息一般由商业银行按季计收，个别为利随本清。

一、贷款发放的核算

借款人向商业银行申请贷款时，应该填写并提交借款申请书和借款凭证。

借款人首先填写借款申请书（见表4-1）向商业银行提出申请，并向商业银行信贷部门提供相关资料。借款申请书的内容主要包括借款用途、偿还能力、还款方式等。经过调查评估和可行性论证后，商业银行信贷部门按照审贷分离、分级审批的要求进行贷款的审批，最后双方签订借款合同。借款合同中应该包含贷款用途、贷款金额、贷款利率、还款期限、还款方式和违约责任等事项。

借款合同签订后，借款人填写的借款凭证一式五联（见表4－2），第一联为借方传票，加盖借款单位公章、法定代表人章及预留银行印鉴；第二联为贷方传票；第三联为收账通知；第四联为放款记录；第五联为到期卡。

借款人将借款申请书和借款凭证一并送交会计部门凭以办理贷款的发放手续。会计部门收到申请书和一式五联的借款凭证以后，需要认真审查以下相关内容：借款凭证各栏填写是否正确完整；大小写金额是否一致；印章是否齐全、预留银行印鉴是否相符；印鉴与借款单位名称是否一致；有无信贷部门和有权审批人员的签章；以及借款的用途、利率、金额和归还日期等项，以便监督贷款的合理使用和按期归还。经审核无误后，以借款凭证第一联代借方传票，第二联代贷方传票，将存款转入借款单位存款账户。

商业银行发放贷款时，设立“贷款”科目进行核算，本科目可按贷款类别、客户、分别设置“本金”“利息调整”“已减值”等进行明细核算。其会计分录为：

借：贷款——信用贷款（借款单位贷款户）

　　贷：吸收存款——单位活期存款（借款单位存款户）

按其差额，借记或贷记“贷款——利息调整”。

转账后，将借款凭证第三联盖章后作为回单退给借款单位，第四联由信贷部门留存备查，第五联借款凭证代检查卡，按到期日顺序排列专夹保管。

根据会计制度规定，商业银行应于资产负债表日，对各项贷款的账面价值进行检查。如果有客观证据表明该贷款发生减值的，应当计提减值准备。

【例4－1】 2017年8月1日商业银行同意发放高登科技股份有限公司一笔3个月信用贷款，金额为2 000 000元，约定利率为5.025‰。双方签订借据。

借：贷款——信用贷款（高登科技股份有限公司贷款户）　　2 000 000

　　贷：吸收存款——单位活期存款（高登科技股份有限公司存款户）

　　　　2 000 000

二、贷款到期的核算

按时收回贷款是商业银行放款的一项重要原则，也是贷款业务核算的重要内容。商业银行会计部门应经常查看贷款借据的到期情况，在贷款快要到期时，与信贷部门联系，通常提前3天通知借款单位准备还款资金，以便到期时按期还款。收回贷款的核算主要分为贷款到期、贷款展期、贷款逾期等几种情况。

贷款到期一般分为借款单位主动还款和商业银行主动扣款两种情况。

（一）贷款到期，借款单位主动归还贷款

当借款单位主动归还贷款时，应签发转账支票及填制一式四联的还款凭证（见表4－3）办理还款手续。

商业银行会计部门收到借款人提交的还款凭证后，应同贷款账簿进行核对，按照借款单位所填的原借款凭证上的银行贷款编号，抽出留存的原到期卡，核对无误后，于贷款到期日办理收回贷款的转账手续。在到期日转账时，应认真核对支票的印鉴，查看借款单位存款账户是否有足够的余额等，以转账支票作为借方凭证，以还款凭证作为附件，以还款

表 4－1

借款合同申请书

年　　月　　日

<table>
<tr><td>借款人</td><td></td><td>账号</td><td></td><td>已借款金额</td><td></td></tr>
<tr><td>申请贷款金额</td><td></td><td>还款日期</td><td></td><td>借款利息（月息）</td><td></td></tr>
<tr><td>借款用途及理由</td><td colspan="5"></td></tr>
<tr><td colspan="2">借款方
借款单位（章）
负责人（章）
经办人（章）</td><td colspan="2">借款担保方
担保单位（章）
负责人（章）</td><td colspan="2">贷款方
贷款银行（章）
经办人（章）</td></tr>
<tr><td>银行审核意见</td><td colspan="5"></td></tr>
<tr><td colspan="6">上列贷款按银行核定金额，双方商定如下合同，共同遵守：
1. 贷款方应按核定的金额和用途，保证按计划提供贷款，否则应按规定付给借款方违约金。
2. 借款单位保证按规定的用途使用贷款，未经贷款方的同意，不得挪作他用，如转移贷款用途，贷款方有权进行处罚，收取罚息，提前收回贷款，停止发放新的贷款等信用制裁措施。
3. 上列条款，借款方应保证按期归还。如需延期使用，借款方最迟在贷款到期前 3 天提出延期使用申请，经贷款方同意办理延期使用手续。贷款方未同意延期或未办理延期使用手续的逾期贷款，按政策规定加收 20% ~50% 的罚息。
4. 贷款到期一个月后。如借款方未按期归还贷款本息，由担保单位负责为借款方偿还本息和逾期罚息。
5. 本合同一式三份，借款方、贷款方、担保方各持一份。</td></tr>
</table>

表 4－2

银行（贷款）借款凭证

单位编号：　　　　　　　　年　　月　　日　　　　　　　　银行编号：

<table>
<tr><td rowspan="3">收款单位</td><td>名　　称</td><td colspan="2"></td><td rowspan="3">借款单位</td><td>名　　称</td><td></td></tr>
<tr><td>往来户账号</td><td colspan="2"></td><td>放款户账号</td><td></td></tr>
<tr><td>开 户 银 行</td><td colspan="2"></td><td>开 户 银 行</td><td></td></tr>
<tr><td>借款期限</td><td></td><td colspan="2">利率</td><td></td><td>起息日</td><td></td></tr>
<tr><td>借款申请金额</td><td colspan="3">人民币
（大写）</td><td colspan="3">百 | 十 | 万 | 千 | 百 | 十 | 元 | 角 | 分</td></tr>
<tr><td>借款原因及用途</td><td colspan="2"></td><td>银行核定金额</td><td colspan="3">百 | 十 | 万 | 千 | 百 | 十 | 元 | 角 | 分</td></tr>
<tr><td colspan="4">银行审批
负责人
信贷部门主管
信贷员</td><td>期限</td><td>计划还款日期</td><td>计划还款金额</td></tr>
<tr><td colspan="4">兹根据你行贷款管理办法规定，申请办理上述借款，请核定贷给。
此致
银行
（借款单位往来户印鉴）</td><td colspan="3">会计分录
科目（借）
对方科目（贷）
会计：　　复核：　　记账：</td></tr>
</table>

表 4－3　　　　银行（贷款）还款凭证（借方凭证）

年　月　日　　　　合同编号：

<table>
<tr><td rowspan="3">借款单位</td><td>名　　称</td><td colspan="2"></td><td rowspan="3" colspan="3">付款单位</td><td colspan="3">名　　称</td><td colspan="3"></td></tr>
<tr><td>放款户账号</td><td colspan="2"></td><td colspan="3">往来户账号</td><td colspan="3"></td></tr>
<tr><td>开 户 银 行</td><td colspan="2"></td><td colspan="3">开 户 银 行</td><td colspan="3"></td></tr>
<tr><td>还款
日期</td><td colspan="3">年　月　日</td><td colspan="3">还款
次序</td><td colspan="6">第　次还款</td></tr>
<tr><td rowspan="2">还款
金额</td><td rowspan="2" colspan="3">人民币
（大写）</td><td>百</td><td>十</td><td>万</td><td>千</td><td>百</td><td>十</td><td>元</td><td>角</td><td>分</td></tr>
<tr><td></td><td></td><td></td><td></td><td></td><td></td><td></td><td></td><td></td></tr>
<tr><td colspan="3">由我单位往来划转归还上述借款
（借款单位预留往来账户印鉴）
（银行主动收贷时免盖）</td><td colspan="10">会计分录
科目（借）
对方科目（贷）
会计：　　复核：　　记账：</td></tr>
</table>

凭证第二联作为贷方凭证办理转账。第三联还款凭证转账后，由会计部门送信贷部门核销原放款记录。第四联由会计部门在办妥还款转账手续后，在回单上加盖公章，交还借款单位作为归还贷款的通知。如借款属分次归还，则应在原借据上做分次还款记录。

1. 未减值贷款的处理

资产负债表日，企业应按贷款的合同本金和合同约定的名义利率计算确定的应收利息的金额。作会计分录如下：

借：应收利息

　　贷：利息收入（按贷款的摊余成本和实际利率计算确定的利息收入的金额）

按其差额则借记或贷记“贷款——利息调整”。

合同利率与实际利率差异较小的，也可以来用合同利率计算确定收入。

收回未减值贷款时，应按客户归还的金额。

借：吸收存款——单位活期存款（借款单位户）

　　贷：应收利息

　　　　贷款——信用贷款（借款单位户）

如存在利息调整余额的，还应同时结转。

2. 减值贷款的处理

资产负债表日，对于减值贷款按应减计的金额。会计分录如下：

借：资产减值损失

　　贷：贷款损失准备

借：贷款——信用贷款（借款单位户）（已减值）

　　贷：贷款——信用贷款（借款单位户）（本金）

按其差额则借记或贷记“贷款——利息调整”。

同时，应按贷款的摊余成本和实际利率计算确定的利息收入金额。会计分录如下：

借：贷款损失准备

贷：利息收入

此外，还需将按合同本金和合同约定的名义利率计算确定的应收利息金额进行表外登记。

收回减值贷款时，会计分录如下：

借：吸收存款——单位活期存款（借款单位户）（实际收到的金额）

贷款损失准备（贷款损失准备余额）

贷：贷款——信用贷款（借款单位户）（已减值）

资产减值损失（差额）

（二）贷款到期，由商业银行主动扣收

贷款到期，借款人未能主动归还贷款，而其存款账户中的存款余额又足够还款的，会计部门可及时与信贷部门联系，征得同意后，由信贷部门填制贷款收回通知单，加盖信贷部门业务公章交会计部门。会计部门凭以填制三联特种转账传票，一联代借方传票，一联代贷方传票，一联代收账通知连同注销后的借据第一联一并交借款单位。会计分录同上。

三、贷款展期的核算

贷款到期，由于客观情况发生变化，借款人经过努力仍不能还清贷款的，短期贷款必须于到期日10日以前，中长期贷款必须于到期日一个月以前，由借款人向商业银行提出贷款展期的书面申请，写明展期的原因，商业银行信贷部门视具体情况决定是否展期。对同意展期的贷款，应在展期申请书上签署意见，然后将展期申请书交给会计部门。每一笔贷款只能展期一次，短期贷款展期不得超过原贷款期限，中长期贷款展期不得超过原贷款期限的一半，最长不得超过3年。

会计部门收到贷款展期申请书后，应主要审查以下内容：信贷部门是否批准、有无签章；展期贷款的金额与借款凭证上的金额是否一致；展期时间是否超过规定期限；展期利率的确定是否正确。审核无误后，在贷款分户账及到期卡上批注展期还款利率及还款日期，同时将一联贷款展期申请书加盖业务公章后交借款单位收执，另一联贷款展期申请书附在原借据后，按展期后的还款日期排列。贷款展期无需办理转账手续。

四、逾期贷款的核算

贷款到期，借款单位事先未向商业银行申请办理展期手续，或者申请展期未获得批准，或者已经办理展期，但展期到期日仍未能归还贷款的，即作为逾期贷款。商业银行应将贷款转入该单位的逾期贷款账户。商业银行会计部门与信贷部门联系后，根据原借据，分别编制特种转账借方传票和特种转账贷方传票各两联，凭特种转账借方和贷方传票各一联办理转账。其会计分录为：

借：贷款——逾期贷款（借款单位逾期贷款户）

贷：贷款——信用贷款（借款单位贷款户）

转账后，将另外各一联特种转账借、贷方传票作收、支款通知，加盖转讫章和经办人员章后交借款单位。同时，在原借据上批注“××××年×月×日转入逾期贷款”的字样后，另行保管。等借款单位存款账户有款支付时，一次或分次扣收，并从逾期之日起至款项还清前一日止，除按规定利率计息外，还应按实际逾期天数和中国人民银行规定的罚息率计收罚息。

五、非应计贷款的核算

按现行会计制度规定，当贷款本金或利息逾期90天仍未收回，应转入“非应计贷款”账户单独核算。会计部门根据经审核确认不良贷款的相关单证，填制特种转账凭证办理转账。其会计分录为：

借：贷款——非应计贷款（借款单位非应计贷款户）

　　贷：贷款——逾期贷款（借款单位逾期贷款户）

同时，应计利息停止计入当期利息收入，纳入表外核算。其会计分录为：

借：利息收入

　　贷：应收利息

收入：应收未收利息

收回非应计贷款利息时，其会计分录为：

付出：应收未收利息

再转入表内（即已计提），其会计分录为：

借：应收利息

　　贷：利息收入

收回非应计贷款时，其会计分录为：

借：吸收存款——单位活期存款（借款单位存款户）

　　贷：贷款——非应计贷款（借款单位非应计贷款户）

　　　　应收利息（按已计提利息）

　　　　利息收入（按其差额即利息调整余额）

第三节

担保贷款的核算

担保贷款是指商业银行为保证贷款的安全收回，而要求借款人按照《担保法》的规定，提供保证、抵押或质押担保作为前提而发放的贷款。它包括保证贷款、抵押贷款、质押贷款三种类型。担保贷款手续复杂，且需要花费抵押物的评估、保管以及核保等费用，贷款成本比较大。

一、保证贷款的核算

保证贷款是指依据我国的《担保法》规定的保证方式，以第三人承诺当借款人不能偿还贷款时，按约定承担一般的保证责任或连带责任而发放的贷款。

(一) 保证和保证人

保证，是指保证人和债权人约定，当债务人不履行债务时，保证人按照约定履行债务或者承担责任的行为。具有代为清偿债务能力的法人、其他组织或者公民，可以作为保证人。企业法人的分支机构有法人书面授权的，可以在授权范围内提供保证。

《担保法》规定下列群体不可以作为保证人：国家机关不得为保证人，但经国务院批准为使用外国政府或者国际经济组织贷款进行转贷的除外；学校、幼儿园、医院等以公益为目的的事业单位、社会团体不得为保证人；企业法人的分支机构、职能部门不得为保证人；任何单位和个人不得强令银行等金融机构或者企业为他人提供保证；银行等金融机构或者企业对强令其为他人提供保证的行为，有权拒绝。

同一债务有两个以上保证人的，保证人应当按照保证合同约定的保证份额，承担保证责任，没有约定保证份额的，保证人承担连带责任，债权人可以要求任何一个保证人承担全部保证责任，保证人都负有担保全部债权实现的义务。已经承担保证责任的保证人，有权向债务人追偿，或者要求承担连带责任的其他保证人清偿其应当承担的份额。

(二) 保证合同

保证人与债权人应当以书面形式订立保证合同。保证人与债权人可以就单个主合同分别订立保证合同，也可以协议在最高债权额限度内就一定期间连续发生的借款合同或者某项商品交易合同订立一个保证合同。

保证合同应当包括以下内容：被保证的主债权种类、数额；债务人履行债务的期限；保证的方式；保证担保的范围；保证的期间；双方认为需要约定的其他事项。保证合同不完全具备前款规定内容的，可以补正。

(三) 保证方式

保证贷款的保证方式一般分为两种：即一般保证和连带责任保证。

所谓一般保证，是指当事人在保证合同中约定，借款人不能履行债务时，由保证人承担保证责任。一般保证的保证人在主合同纠纷未经审判或者仲裁，并就债务人财产依法强制执行仍不能履行债务前，对债权人可以拒绝承担保证责任。

所谓连带责任保证，是指当事人在保证合同中约定保证人与债务人对债务承担连带责任。连带责任保证的债务人在主合同规定的债务履行期届满没有履行债务的，债权人可以要求借款人履行债务，也可以要求保证人在其保证范围内承担保证责任。

以上两种保证方式，其保证人所承担的保证责任不尽相同，一般保证属次级保证，它只能在强制执行借款人财产的前提下对债务未偿的不足部分负责清偿，而连带责任保证对银行债权而言属于主动保证行为，到期只要不能正常履行合同规定，银行可以同时追索借款人和保证人责任。这样对银行债权的及时清偿而言是非常有利的。所以，商业银行在采取保证方式时，一般只接受保证人提供的连带责任保证。

(四) 保证责任

保证担保的范围包括主债权及利息、违约金、损害赔偿金和实现债权的费用。保证合同另有约定的，按照约定。当事人对保证担保的范围没有约定或者约定不明确的，保证人应当对全部债务承担责任。保证期间，债权人依法将主债权转让给第三人的，保证人在原保证担保的范围内继续承担保证责任。保证合同另有约定的，按照约定。保证期间，债权人许可债务人转让债务的，应当取得保证人书面同意，保证人对未经其同意转让的债务，不再承担保证责任。债权人与债务人协议变更主合同的，应当取得保证人书面同意，未经保证人书面同意的，保证人不再承担保证责任。保证合同另有约定的，按照约定。

（五）保证贷款发放的会计核算

借款人向商业银行申请保证贷款时，提交保证贷款申请书，经商业银行信贷部门审查保证人的法人资格、营业执照、近几年的年终报表后，经法律公证后与借款人签订保证合同，填制借款凭证，并交给商业银行会计部门保管，会计部门凭以记账。其会计分录为：

借：贷款——保证贷款（借款单位贷款户）

　　贷：吸收存款——单位活期存款（借款单位存款户）

（六）保证贷款收回的会计核算

当保证贷款到期时，商业银行收回保证贷款，与信用贷款类似，也是通过由借款人主动归还，或者由商业银行主动扣收的方式来收回贷款。收回贷款时转账的会计分录为：

借：吸收存款——单位活期存款（借款单位存款户）

　　贷：贷款——保证贷款（借款单位贷款户）

　　　　应收利息

其余处理手续与信用贷款到期收回时的处理手续相同。保证贷款到期，借款人因客观原因无法按时偿还贷款时，也可以向商业银行申请办理展期，但是保证人需要向银行出示续保证明，经商业银行信贷部门审批。

如果借款人无力偿还，又没有办理展期或者展期申请未被商业银行批准，银行则向保证人收回贷款，保证人承担保证责任的期间为借款合同履行期届满但贷款本息尚未清偿之时起两年的时间。其会计分录为：

借：吸收存款——单位活期存款（保证人存款户）

　　贷：贷款——保证贷款（借款单位贷款户）

　　　　应收利息

二、抵押贷款的核算

抵押贷款是指以借款人或第三人的财产作为抵押物而发放的贷款。

（一）抵押和抵押物

抵押，是指债务人或者第三人不转移对财产的占有，将该财产作为债权的担保。债务人不履行债务时，债权人有权依照本法规定以该财产折价或者以拍卖、变卖该财产所得的价款优先受偿。规定的债务人或者第三人为抵押人，债权人为抵押权人，提供担保的财产为抵押物。

《担保法》规定下列财产可以作为抵押物：抵押人所有的房屋和其他地上定着物；抵押人所有的机器、交通运输工具和其他财产；抵押人依法有权处分的国有的土地使用权、房屋和其他地上定着物；抵押人依法有权处分的国有的机器、交通运输工具和其他财产；抵押人依法承包并经发包方同意抵押的荒山、荒沟、荒丘、荒滩等荒地的土地使用权；依法可以抵押的其他财产。

同时规定下列财产不得作为抵押物：土地所有权；耕地、宅基地、自留地、自留山等集体所有的土地使用权，《担保法》另有规定的除外；学校、幼儿园、医院等以公益为目的的事业单位、社会团体的教育设施、医疗卫生设施和其他社会公益设施；所有权、使用权不明或者有争议的财产；依法被查封、扣押、监管的财产；依法不得抵押的其他财产。

（二）抵押贷款额度的确定

《担保法》规定：抵押人所担保的债权不得超出其抵押物的价值。财产抵押后，该财产的价值大于所担保债权的余额部分，可以再次抵押，但不得超出其余额部分。抵押贷款额度的确定，以抵押物的现值为基数，按照双方抵押贷款合同中约定的抵押率计算，即：

抵押贷款额度 = 抵押物的现值 × 合同中约定的抵押率

（三）抵押贷款发放的会计核算

商业银行设置“抵押贷款”科目进行核算。“抵押贷款”是资产类账户，用以核算商业银行进行抵押贷款业务而贷出的款项。发放抵押贷款时，记入借方；收回抵押贷款或转为逾期贷款时，记入贷方；余额在借方，表示尚未收回抵押贷款的数额，该账户应按贷款单位设置明细分类账户。

借款人申请抵押贷款时，必须填写抵押贷款申请书，经商业银行信贷部门审批并办理相应登记手续后，与借款人签订抵押借款合同，并将抵押品或抵押品的产权证明及有关契约单证移交商业银行。审查无误后，签发抵押品保管证一式两联，一联作为代保管收据交借款人，另一联由银行留存，并据以登记贷款抵押品登记簿。

商业银行会计部门对保管的抵押物，按企业及财产类设置明细账户，并使用表外科目核算。其会计分录为：

收入：代保管有价值品——借款单位户

借款人填制一式五联的借款凭证，第一联回单联；第二联借方凭证；第三联贷方凭证；第四联借据联代分户卡片；第五联退业务部门留存。会计部门以第二、三联办理转账。其会计分录为：

借：贷款——抵押贷款（借款单位贷款户）

　　贷：吸收存款——单位活期存款（借款单位存款户）

（四）抵押贷款收回的会计核算

抵押贷款到期收回时，由借款人签发支票或由商业银行填制特种转账借、贷方传票办理转账。其会计分录为：

借：吸收存款——单位活期存款（借款单位存款户）

　　贷：贷款——抵押贷款（借款单位贷款户）

　　　　应收利息

然后，根据信贷部门书面通知办理抵押物、质物退还手续，销记表外科目并销记贷款抵押品登记簿，其会计分录为：

付出：代保管有价值品——借款单位户

（五）逾期抵押贷款的会计核算

抵押贷款到期，如果借款单位不能按期归还，商业银行应将抵押物、质物从“代保管有价值品”表外科目转入到“待处理抵押品”科目核算，其贷款转入“逾期贷款”账户，并按规定计收罚息，如果贷款逾期一个月以上，借款单位仍无法偿还贷款，经催收无效，商业银行有权依法处理抵押品。如出现下列情况之一：借款合同履行期满，借款人未按期偿还贷款本息，又未同商业银行签订贷款展期协议或申请展期未经批准的；抵押期间，借款人死亡、无继承人或受遗赠人的；借款人的继承人拒绝偿还贷款本息或继承人放弃继承的；借款人被解散、宣布破产或依法撤销的；其他可以依法处分抵押物的情形。

商业银行处理抵押品主要有两种方式：作价入账和出售。

《担保法》第53条规定，债务履行期届满抵押权人未受清偿的，可以与抵押人协议以抵押物折价或者以拍卖、变卖该抵押物所得的价款受偿；协议不成的，抵押权人可以向人民法院提起诉讼。商业银行实现抵押权的形式主要有三种，即拍卖、变卖抵押物或提起诉讼。

1. 将抵押品作价入账的核算

将抵押品作价入账时，应按抵押贷款本金及应收利息之和作价进行账务处理。其会计分录为：

借：固定资产

　　贷：贷款——逾期贷款（借款单位户）

　　　　应收利息

2. 出售抵押品的核算

商业银行按规定拍卖借款人的抵押品时，应以拍卖所得的净收入抵补抵押贷款本息。

（1）净收入高于贷款本息。根据《担保法》规定，若拍卖所得净收入高于贷款本息之和，其差额归抵押人所有。其会计分录为：

借：库存现金（或：××存款）

　　贷：贷款——逾期贷款（借款单位逾期贷款户）

　　　　应收利息

　　　　其他应付款——××抵押人

（2）拍卖或变卖净收入不足以清偿贷款本金。若拍卖所得净收入不足以抵偿贷款本息及处理费用，债务人应以其他资产拍卖或变卖偿还贷款本息。但抵押权人（商业银行）不再享有优先受偿权。如果债务人拍卖或变卖其他财产之后仍然无法清偿债务，对于符合规定的低于贷款本金不足部分，从贷款损失准备中核销，应收利息从坏账准备中核销。其会计分录为：

借：库存现金（或：××存款）

　　贷款损失准备

　　贷：贷款——逾期贷款（借款单位逾期贷款户）

同时，

借：坏账准备

　　贷：应收利息

（3）净收入高于贷款本金，但低于贷款本息之和时，则拍卖所得金额在全额补偿贷款本金和部分应收利息后，不足部分从坏账准备中核销。其会计分录为：

借：库存现金（或：××存款）

　　坏账准备

贷：贷款——逾期贷款（借款单位逾期贷款户）

应收利息

【例4-2】甲单位申请的抵押贷款本金200 000元和计算的应收利息11 600元，现因按期不能偿还本息，商业银行按规定处置其抵押物品，出售所得净收入为210 000元，立即入账。

借：库存现金	210 000	
坏账准备	1 600	
贷：贷款——逾期贷款（甲单位逾期贷款户）		200 000
应收利息		11 600

三、质押贷款的核算

质押贷款是指以借款人或第三人的财产或权利作为质物担保发放的贷款。

（一）动产质押

动产质押，是指债务人或者第三人将其动产移交债权人占有，将该动产作为债权的担保。债务人不履行债务时，债权人有权依照本法规定以该动产折价或者以拍卖、变卖该动产的价款优先受偿。债务人或者第三人为出质人，债权人为质权人，移交的动产为质物。

出质人和质权人应当以书面形式订立质押合同。质押合同应当包括以下内容：被担保的主债权种类、数额；债务人履行债务的期限；质物的名称、数量、质量、状况；质押担保的范围；质物移交的时间；当事人认为需要约定的其他事项。质押合同不完全具备前款规定内容的，可以补正。

质押合同自质物移交于质权人占有时生效。出质人和质权人在合同中不得约定在债务履行期届满质权人未受清偿时，质物的所有权转移为质权人所有。

质押担保的范围包括：主债权及利息、违约金、损害赔偿金、质物保管费用和实现质权的费用。质押担保的范围，也可以由当事人约定。如果没有约定或约定不明时，应当适用担保法关于法定质押担保的范围。当事人约定质押担保范围的，可以小于法定担保范围，也可以不限于法定担保范围，只要约定的质押担保范围不超过主债务范围，而又不违反平等、自愿、公平、诚实信用的原则，就是有效的，受法律保护的。

质权人负有妥善保管质物的义务。因保管不善致使质物灭失或者毁损的，质权人应当承担民事责任。质权人不能妥善保管质物可能致使其灭失或者毁损的，出质人可以要求质权人将质物提存，或者要求提前清偿债权而返还质物。

债务履行期届满质权人未受清偿的，可以与出质人协议以质物折价，也可以依法拍卖、变卖质物。质物折价或者拍卖、变卖后，其价款超过债权数额的部分归出质人所有，不足部分由债务人清偿。

动产质押贷款与抵押贷款相比，主要存在两个优点：一是办理质押贷款时，商业银行可以直接占有质押物，可以有效防止质物的损坏或灭失；二是只要质物转移给质权人占有，质押合同即刻生效。当同一财产法定登记的抵押权与质押权并存时，抵押权人优先于质权人受偿。

（二）权利质押

可以办理质押的权利主要包括：汇票、支票、本票、债券、存款单、仓单、提单；依法可以转让的股份、股票；依法可以转让的商标权、专利权、著作权中的财产权；依法可以质押的其他权利。

以汇票、支票、本票、债券、存款单、仓单、提单出质的，应当在合同约定期限内将权利凭证交付质权人。质押合同自权利凭证交付之日起生效。以载明兑现或提货日期的汇票、支票、本票、债券、存款单、仓单、提单出质的，汇票、支票、本票、债券、存款单、仓单、提单兑现或提货日期先于债务履行期的，质权人可以在债务履行期届满前兑现或者提货，并与出质人协议将兑现的价款或者提取的货物用于提前清偿所担保的债权或者向与出质人约定的第三人提存。如果兑现或提货日期后于所担保债权清偿期的，质权人可以于担保债权清偿期届满时，直接向债务人请求给付，但以出质人担保的债权为限。

以依法可以转让的股票出质的，出质人与质权人应当订立书面合同，并向证券登记机构办理出质登记，质押合同自登记之日起生效。股票出质后不得转让，但经出质人与质权人协商同意的可以转让。

以有限责任公司的股份出质的，适用《公司法》股份转让的有关规定。质押合同自股份出质记载于股东名册之日起生效。

以依法可以转让的商标专用权、专利权、著作权中的财产权出质的，出质人与质权人应当订立书面合同，并向有关管理部门办理出质登记，质押合同自登记之日起生效，不得转让的票据不得质押。

（三）质押贷款发放与收回的会计核算

质押贷款发放与收回的会计核算与抵押贷款大同小异，当贷款到期，借款人因意外原因无法归还时，向商业银行提出展期，其处理程序与保证贷款基本相同，经过展期以后，借款人仍然无法归还贷款本息，商业银行可以与借款人协议，以所得质押物的价款归还本息，其会计核算程序与抵押贷款基本相同。

第四节 贴现业务的核算

一、票据贴现概述

票据贴现是指票据持有人在票据到期以前，为获得资金而向商业银行贴付一定的利息所做的票据转让。对于商业银行来说，就是以购买借款人未到期票据的方式发放的贷款。它是银行信用和商业信用相结合的一种融资手段。

目前，商业银行办理贴现业务的票据主要是商业汇票。商业汇票按承兑人的不同可以分为商业承兑汇票和银行承兑汇票。商业汇票一律记名，允许背书转让，期限最长不超过6个月。

票据贴现业务严格讲属于贷款的一种，但贴现同一般贷款相比，既有共同之处又有不同点。共同之处主要是：两者都是商业银行的资产业务，是借款人的融资方式，商业银行都要计收利息。不同点主要体现在以下几个方面：

1. 资金投放的对象不同

贴现贷款以持票人（债权人）为放款对象；一般贷款以借款人（债务人）为放款对象。

2. 体现的信用关系不同

贴现贷款体现的是商业银行与持票人、出票人、承兑人及背书人之间的信用关系；一般贷款体现的是商业银行与借款人、担保人之间的信用关系。

3. 计息的时间不同

贴现贷款在放款时就扣收利息；一般贷款则是在贷款到期时或定期计收利息。

4. 放款期限不同

贴现贷款通常为短期贷款，期限最长不超过 6 个月；一般贷款则分为短期和中长期贷款。

5. 资金的流动性不同

贴现贷款可以通过再贴现和转贴现提前收回资金；一般贷款只有到期才可能收回资金。

二、票据贴现的会计科目

商业银行办理票据贴现业务，应设置“贴现资产”科目进行核算。

“贴现资产”为资产类科目，核算商业银行办理商业票据的贴现、转贴现等业务所融出的资金。该科目可按贴现类别和贴现申请人，分“面值”“利息调整”项目进行明细核算。

商业银行办理贴现时，按贴现票面金额，借记“贴现资产——面值”科目，按实际支付的金额，贷记“吸收存款”等科目，按其差额，贷记“贴现资产——利息调整”科目。资产负债表日，商业银行按计算确定的贴现利息收入，借记“贴现资产——利息调整”科目，贷记“利息收入”科目。贴现票据到期，应按实际收到的金额，借记“吸收存款”等科目，按贴现的票面金额，贷记“贴现资产——面值”科目。

该科目期末余额在借方，反映商业银行办理的贴现、转贴现等业务融出的资金。

三、商业汇票贴现的核算

持票人持有未到期的商业汇票到开户行申请贴现时，首先填制一式五联的贴现凭证（见表 4 - 4），第一联为贴现借方凭证；第二联为持票人账户贷方凭证；第三联为贴现利息贷方凭证；第四联为银行给持票人的回单；第五联为贴现到期卡。贴现申请人在第一联凭证上按规定签章后，将凭证及商业汇票一并送交银行信贷部门。信贷部门根据信贷管理办法及结算规定进行贴现审查后，填写《××汇票贴现审批书》，提出审查意见，按照贷款审批权限，报经相关部门审批。贷款决策部门审查同意后，应在《××汇票贴现审批书》上签署决策意见，在贴现凭证的“银行审核”栏签注“同意”字样并加盖有关人员名章后，送交会计部门。

会计部门接到贴现凭证及商业汇票后，按照规定的贴现率，计算出贴现利息并予以扣收。贴现利息的计算方法如下：

贴现利息 = 汇票金额 × 贴现天数 ×（月贴现率 ÷ 30）

实付贴现金额 = 汇票金额 − 贴现利息

公式中的“贴现天数”一般按实际天数计算，从贴现之日起算至汇票到期的前一日止。

将按规定贴现率计算出来的贴现利息、实付贴现金额填在贴现凭证有关栏内，办理转账手续。商业银行通过“贴现资产”科目核算办理商业票据的贴现、转贴现和再贴现业务的款项。该科目应按贴现种类和贴现申请人进行明细核算，期末为借方余额，反映商业银行办理的贴现款项。其会计分录为：

借：贴现资产——商业承兑汇票或银行承兑汇票（面值）

　　贷：吸收存款——单位活期存款（贴现申请人户）

　　　　贴现资产——利息调整

资产负债表日，应按实际利率计算确定的贴现利息收入的金额。其会计分录为：

借：贴现资产——利息调整

　　贷：利息收入

实际利率与合同约定的名义利率差异不大的，也可以采用合同约定的名义利率计算确定的利息收入。

表 4－4　　贴现凭证（代申请书）

申请日期　　　　年　月　日　　　　第　号

<table>
<tr><td rowspan="3">贴现汇票</td><td>种　类</td><td colspan="3"></td><td>号码</td><td colspan="3"></td><td rowspan="3">持票人</td><td colspan="2">名　称</td><td colspan="6"></td></tr>
<tr><td>出票日</td><td colspan="7">年　月　日</td><td colspan="2">账　号</td><td colspan="6"></td></tr>
<tr><td>到票日</td><td colspan="7">年　月　日</td><td colspan="2">开户银行</td><td colspan="6"></td></tr>
<tr><td colspan="2">汇票承兑人（或银行）</td><td>名称</td><td colspan="6"></td><td>账号</td><td colspan="2"></td><td colspan="3">开户银行</td><td colspan="3"></td></tr>
<tr><td rowspan="2" colspan="2">汇票金额</td><td rowspan="2" colspan="7">人民币（大写）</td><td>百</td><td>十</td><td>万</td><td>千</td><td>百</td><td>十</td><td>元</td><td>角</td><td>分</td></tr>
<tr><td></td><td></td><td></td><td></td><td></td><td></td><td></td><td></td><td></td></tr>
</table>

<table>
<tr><td rowspan="2">贴现率</td><td rowspan="2">%</td><td rowspan="2">贴现利息</td><td>百</td><td>十</td><td>万</td><td>千</td><td>百</td><td>十</td><td>元</td><td>角</td><td>分</td><td rowspan="2">实付贴现金额</td><td>百</td><td>十</td><td>万</td><td>千</td><td>百</td><td>十</td><td>元</td><td>角</td><td>分</td></tr>
<tr><td></td><td></td><td></td><td></td><td></td><td></td><td></td><td></td><td></td><td></td><td></td><td></td><td></td><td></td><td></td><td></td><td></td><td></td></tr>
<tr><td colspan="6">附送承兑汇票申请贴现，请审核

持票人签字</td><td colspan="6">银行审核</td><td colspan="5">负责人
信贷员</td><td colspan="5">科目：贷
对方科目：借

复核记账</td></tr>
</table>

【**例 4－3**】轻工机械厂 4 月 1 日向开户银行提交银行承兑汇票及贴现凭证，该汇票 2 月 10 日签发并经本省某系统内银行承兑，到期日为 5 月 10 日，票面金额 300 000 元，经审查同意办理贴现，假设贴现率为月 4.5‰。

贴现利息 = 300 000 × 39 × 4.5‰ ÷ 30 = 1 755（元）

实付贴现金额 = 300 000 - 1 755 = 298 245（元）

借：贴现资产——商业承兑汇票 300 000

　　贷：吸收存款——单位活期存款（轻工机械厂） 298 245

　　　　贴现资产——利息调整 1 755

4 月 30 日资产负债表日：

300 000 × 30 × 4.5‰ ÷ 30 = 1 350（元）

借：贴现资产——利息调整 1 350

　　贷：利息收入 1 350

四、贴现汇票到期收回的核算

贴现银行应经常查看已贴现汇票的到期情况。对于已到期的贴现汇票，应及时收回票款。

（一）商业承兑汇票贴现款到期收回的核算

商业承兑汇票贴现款的收回是通过委托收款方式进行的。贴现银行作为收款人，应于汇票到期前，匡算邮程，以汇票作为收款依据，提前填制委托收款凭证向付款人收取票款。在“委托收款凭证名称栏”注明“商业承兑汇票”及其汇票号码连同汇票向付款人办理收款，将第五联贴现凭证作为第二联委托收款凭证的附件存放，并在表外科目发出委托收款登记簿中进行登记。

当贴现银行收到付款人开户行划回票款时，其会计分录为：

借：清算资金往来——某清算行户

　　贷：贴现资产——商业承兑汇票（面值）

借：贴现资产——利息调整

　　贷：利息收入

同时，销记发出委托收款登记簿。

如果贴现银行收到付款人开户行退回委托收款凭证、汇票和拒付理由书或付款人未付票款通知书时，对于贴现申请人在本行开户的，可以从贴现申请人账户收取。填制两联特种转账借方凭证，在“转账原因栏”注明“未收到 × × 号汇票款，贴现款已从你账户收取”。一联作为借方凭证，另外一联特种转账借方凭证加盖转讫章，作为支款通知，随同汇票和拒绝付款理由书或付款人未付票款通知书交给贴现申请人，第五联贴现凭证作为贴现科目贷方凭证，办理转账手续。其会计分录为：

借：吸收存款——单位活期存款（贴现申请人存款户）

　　贷：贴现资产——商业承兑汇票

借：贴现资产——利息调整

　　贷：利息收入

若贴现申请人账户余额不足时，则不足部分转作逾期贷款，其会计分录为：

借：吸收存款——单位活期存款（贴现申请人存款户）

　　贷款——逾期贷款（贴现申请人逾期贷款户）

　　贷：贴现资产——商业承兑汇票

借：贴现资产——利息调整

　　贷：利息收入

（二）银行承兑汇票贴现款到期收回的核算

银行承兑汇票的承兑人是付款人开户银行，信用可靠，不会发生退票情况，贴现银行在汇票到期前，以自己为收款人，填制委托收款凭证，向对方银行收取贴现款。等收到对方银行的联行报单及划回的款项时，其会计分录为：

借：清算资金往来——某清算行户

　　贷：贴现资产——银行承兑汇票

借：贴现资产——利息调整

　　贷：利息收入

期末，应对贴现进行全面检查，并合理计提贷款损失准备。对于不能收回的贴现应查明原因。确实无法收回的，经批准作为呆账损失的，应冲销提取的贷款损失准备，其会计分录为：

借：贷款损失准备

　　贷：贴现资产——商业承兑汇票或银行承兑汇票

【例4-4】 接上例，该汇票到期前，贴现银行匡算邮程，填制委托收款凭证，向异省某系统内银行收取贴现票款，票款按期划回。

5月10日收到划回贴现款：

300 000 × 9 × 4.5‰ ÷ 30 = 405（元）

借：清算资金往来——某清算行户	300 000	
贷：贴现资产——商业承兑汇票		300 000
借：贴现资产——利息调整	405	
贷：利息收入——贴现利息收入		405

第五节 个人消费贷款的核算

一、个人消费贷款概述

个人消费贷款是指商业银行对个人发放的用于个人消费的担保贷款。贷款可以依照不同标准进行划分。有以下几种划分方式：

（一）按用途划分，可分为汽车贷款、住房贷款、教育助学贷款、旅游贷款、耐用消费品贷款等

（二）按其偿还方式划分，可分为分期偿还贷款、一次性偿还贷款和循环贷款

（1）分期偿还贷款就是借款人用于购买汽车、住房、耐用消费品等，按月分期偿还本息的贷款。分期偿还贷款在商业银行的消费贷款中占很大的比重。当消费者直接从零售商店购买金额较大的耐用消费品，然后按照购货契约向销售企业分期付款，而销售企业资金又不足时，可向商业银行取得贷款。商业银行也可直接对消费者发放分期偿还的消费贷款和一次性偿还的消费贷款。

（2）所谓一次性偿还贷款就是借款人一次还清本金和利息的消费贷款。这种借款一般是临时性的，通常用于购买价值不大的商品或劳务。发放这种贷款要以借款人在还款期内十分确定的现金收入作为到期的还款保证。

（3）信用卡贷款，即持卡人在发卡商业银行确定的信贷额度内，以信用卡购买商品或劳务。持卡人可以一次或多次取得贷款，归还时也可一次或分几次还款。此时，持卡人可以凭本人身份证或护照在商业银行直接透支，在取款单上签字，或者在销售单上签字，销售者持此单交给发卡银行，银行扣除手续费予以全部支付，然后将销售单寄给持卡人对账。存取款手续费和贷款利息是商业银行信用卡业务的主要收入。

（三）按期限长短划分，可分为短期消费贷款、中期消费贷款和长期消费贷款

短期消费贷款，如旅游贷款、信用卡贷款、支票贷款计划；中期消费贷款，如汽车贷款、耐用消费品贷款；长期消费贷款，如住房贷款、教育助学贷款。

用于办理个人消费贷款的质押物有实物国库券、金融债券、定期储蓄存单等。

二、个人定期储蓄存单小额抵押贷款

（一）发放贷款的核算

个人定期储蓄存单小额抵押贷款是以未到期的定期储蓄存款存单作抵押、从储蓄机构取得一定金额的贷款，到期归还贷款本息的一种存贷结合业务。这种贷款只对中国境内的居民开办。作为抵押品的定期储蓄存单仅限于未到期的整存整取、存本取息、华侨人民币、大额可转让定期存单（记名）和外币定期储蓄存单。凡所有权有争议、已作担保、挂失、失效或依法止付的存单不得作为抵押品。借款人申请定期储蓄存单抵押贷款须向其存单开户银行提出申请，经审核批准后，由借贷双方签订抵押贷款合同，抵押存单交储蓄机构保管，储蓄机构出具保管收据。

商业银行会计部门根据借款人出具的储蓄存单及贷款凭证，办理转账。该业务的会计分录为：

借：贷款——小额抵押贷款（借款人定期储蓄存单户）

　　贷：吸收存款——活期储蓄存款（借款人户）

同时，根据抵押定期存单保管收据：

收：代保管有价值品——借款人户

（二）归还贷款的核算

贷款到期时，借款人归还贷款，应填写贷款归还凭证，商业银行信贷部门审核无误后，交会计部门办理还款手续。该业务的会计分录为：

借：吸收存款——活期储蓄存款（借款人户）

　　贷：贷款——小额抵押贷款（借款人定期储蓄存单户）

同时，销记表外科目账：

付：代保管有价值品——借款人户

（三）贷款逾期的处理

贷款到期，借款人因故不能按期归还贷款时，商业银行应将此抵押贷款转入逾期贷款科目。贷款逾期1个月后，商业银行有权处理抵押存单用于偿还贷款本息。如果抵押存单尚未到期，则按提前支取处理。如果存单金额偿还贷款本息有余，则商业银行按原抵押存款利率及期限优先扣除贷款本息，并重新开立存单，办理转账。

三、个人住房贷款

（一）个人住房贷款的含义和条件

个人住房贷款是指商业银行向借款人发放的用于购买自用普通住房的贷款。借款人申请个人住房贷款时必须提供担保。目前，个人住房贷款主要有委托贷款、自营贷款和组合贷款三种。

个人住房委托贷款全称是个人住房担保委托贷款，它是指住房资金管理中心运用住房公积金委托商业性银行发放的个人住房贷款。住房公积金贷款是政策性的个人住房贷款，一方面是它的利率低；另一方面主要是为中低收入的公积金缴存职工提供这种贷款。但是由于住房公积金贷款和商业贷款的利息相差1%有余，因而目前无论是投资者还是购房自住的老百姓都比较偏向于选择住房公积金贷款购买住房。

个人住房自营贷款是以商业银行信贷资金为来源向购房者个人发放的贷款。也称商业性个人住房贷款，各商业银行的贷款名称也不一样，建设银行称为个人住房贷款，工商银行和农业银行称为个人住房担保贷款。

个人住房组合贷款指以住房公积金存款和信贷资金为来源向同一借款人发放的用于购买自用普通住房的贷款，是个人住房委托贷款和自营贷款的组合。此外，还有住房储蓄贷款和按揭贷款等。

商业银行发放个人住房贷款时，借款人必须提供担保。贷款的对象应是具有完全民事行为能力的自然人。借款人须同时具备以下条件：①具有城镇常住户口或有效居留身份；②具有稳定的职业和收入，信用良好，有偿还贷款本息的能力；③具有购买住房的合同或协议；④无住房补贴的以不低于所购住房全部价款的30%作为购房的首期付款，有住房补贴的以个人承担部分的30%作为购房的首期付款；⑤放款人认可的资产作为抵押或质押，或有足够代偿能力的单位或个人作为保证人；⑥放款人规定的其他条件。

（二）发放贷款的核算

借款人向商业银行申请个人住房贷款时，应向商业银行提供相关资料，并填写个人住房贷款支付凭证。经商业银行信贷部门审核无误后，信贷部门填制一式四联的贷款通知书连同借款合同副本及借款人填写的个人住房贷款支付凭证一并转交会计部门，办理转账。该业务的会计分录为：

借：贷款——个人住房贷款（借款人户）

　　贷：吸收存款——单位活期存款（售房单位户）

同时，根据贷款抵押物担保合同登记表外科目账：

收：代保管有价值品——借款人户

（三）归还贷款的核算

贷款到期借款人归还贷款时，主要有柜台归还和委托扣款两种方式。商业银行会计部门根据借款人填写的贷款归还凭证、办理转账。该业务的会计分录为：

借：吸收存款——活期储蓄存款（借款人户）

　　贷：贷款——个人住房贷款（借款人户）

　　　　利息收入

等借款人全部还清贷款时：

付：代保管有价值品——借款人户

第六节 贷款损失准备的核算

贷款损失准备是商业银行按贷款余额一定比例提取的，用于补偿贷款损失的准备金。贷款损失准备金制度的确定是为增强商业银行的风险意识，提高抵御风险的能力，从而确保信贷资金的完整性。

一、贷款损失准备的提取

金融企业通过“贷款损失准备”科目核算按照规定提取的贷款损失准备。本科目应按照单项贷款损失准备和组合贷款损失准备等分别设置明细科目进行核算。

贷款损失准备的资产包括客户贷款、拆出资金、贴现资产、银团贷款、贸易融资、协议透支、信用卡透支、转贷款和垫款等，企业（保险）的保户质押贷款计提的减值准备，也在本科目核算。本科目期末为贷方余额，反映银行已计提贷款损失准备金的余额。

银行不承担风险的受托贷款等不计提贷款损失准备。

期末，银行应根据借款人的还款能力、还款意愿、贷款本息的偿还情况、抵押品的市价、担保人的支持力度和银行内部信贷管理等因素，分析其风险程度和回收的可能性，以判断其是否发生减值。如有客观证据表明其发生了减值，应对其计提贷款损失准备。

银行计算的当期应计提的贷款损失准备，为期末该贷款的账面价值与其预计未来可收回金额的现值之间的差额。在计算贷款的预计未来现金流量现值时，应遵循以下原则：①对于存在减值客观证据的各项重要贷款，银行应逐项计算预计未来现金流量现值（按各项重要贷款的原始实际利率折现，如某项贷款的利率是变动利率则按依合同确定的当前实际利率折现。下同）。②对于存在减值客观证据的各项非重要贷款，银行可逐项也可对其组合计算预计未来现金流量现值。③对于不存在减值客户证据的各项贷款，无论其是否属于重要贷款，均应按类似信用风险特征进行组合，以判断其是否发生减值。如对该组合存在减值的客观证据，应对其组合计算预计未来现金流量现值。以单项或组合计提贷款损失准备的贷款，不应再包括在此类贷款组合中进行减值测试。

二、贷款损失准备的核算

商业银行对于计提的贷款减值通过“贷款损失准备”科目进行核算，该科目可按贷款损失准备的资产类别进行明细核算。

（一）贷款损失准备提取的核算

（1）资产负债表日，商业银行确定贷款发生减值的，按应减记的金额作以下会计分录：

借：资产减值损失

　　贷：贷款损失准备

本期应计提的贷款损失准备大于其账面余额的，应按其差额计提；应计提的金额小于其账面余额的差额则做相反的会计分录。

同时，应将贷款（本金、利息调整）余额转入贷款（已减值），其会计分录为：

借：贷款——已减值

　　贷：贷款——本金

　　　　　　——利息调整

（2）资产负债表日，应按贷款的摊余成本和实际利率计算确定的利息收入做以下会计分录：

借：贷款损失准备

　　贷：利息收入

同时，将按合同本金和合同利率计算确定的应收利息金额进行表外登记，其会计分录为：

收入：应收未收利息——××户

（二）贷款损失准备收回的核算

（1）收回减值贷款时，其会计分录为：

借：吸收存款（实际收到的金额）

　　贷款损失准备（相关贷款损失准备余额）

　　贷：贷款——已减值（相关贷款余额）

　　　　资产减值损失（差额）

同时，销记表外登记的应收未收利息，其会计分录为：

付出：应收未收利息——××户

（2）已计提贷款损失准备的贷款，以后又得以恢复，应在原已计提的贷款损失准备金额内，按恢复增加的金额作会计分录：

借：贷款损失准备

　　贷：资产减值损失

（3）对于确实无法收回的各项贷款，商业银行应按规定的条件和管理权限报经批准后，作为呆账予以转销。凡符合下列条件之一的，造成商业银行不能按期收回的贷款，可以被确认为呆账：①借款人和担保人依法被宣告破产，经法定清偿后仍未还清的贷款；②借款人死亡，或依照《中华人民共和国民法通则》的规定，宣告失踪或死亡，以其财产或遗产清偿后未能还清的贷款；③借款人遭受重大自然灾害或意外事故，损失巨大且不能获得保险赔款，确实不能偿还的部分或全部贷款，或经保险赔偿清偿后未能还清的贷款；④借款人依法处置抵押物所得价款不足以补偿的贷款部分；⑤经国务院专案批准核销的贷款。

各级商业银行机构对借款人有经济偿还能力，但因某些原因不能按期偿还贷款，不得列作呆账，应积极组织催收。商业银行工作人员因渎职或其他违法行为造成贷款无法收回的，不得列作呆账，除追究有关责任人的责任外，应在商业银行的利润留成中逐年冲销。对于需要转销的呆账贷款，商业银行要按规定的程序办理，申请转销呆账贷款时，应填报核销呆账损失申报表并附详细说明，按规定的转销权限逐级报上级行审查。上级行收到核销呆账损失申报表后，应组织信贷、法规、会计、稽核部门进行审查并签署意见。如符合规定条件，就可以冲减贷款损失准备。

按法定程序核销呆账损失时，会计分录为：

借：贷款损失准备

　　贷：贷款——××贷款（××户）（已减值）

按管理权限报经批准后转销表外应收未收利息，减少表外“应收未收利息”科目金额。其会计分录为：

付出：应收未收利息

（4）已确认并转销的贷款以后又收回的，按原转销的已减值贷款余额调增贷款损失准备。其会计分录为：

借：贷款——××贷款（××户）（已减值）

　　贷：贷款损失准备

按实际收到的金额作会计分录：

借：吸收存款（或：存放中央银行款项）

　　贷：贷款——××贷款（××户）（已减值）

　　　　资产减值损失

第七节　贷款利息的核算

商业银行发放的各种贷款，除国家有特殊规定和财政补贴外，均应按规定计收利息。

一、贷款利息计算的有关规定

商业银行发放的贷款，应按照规定计收利息。其利息计算的有关规定为：

（1）商业银行发放贷款的合同利率，应当根据人民银行规定的利率及浮动幅度加以确定。

（2）商业银行发放的贷款，期限在1年以内的，贷款期内按合同利率计息，若遇利率调整，不分段计息。

（3）商业银行发放的贷款，期限在 1 年以上的，若遇利率调整，应从新年度开始按调整后的利率计息。

（4）商业银行发放的贷款，到期日为节假日的，若在节假日前一日归还，应扣除归还日至到期日的天数后，按前述规定的利率计算利息；节假日后第一个工作日归还，应加收到期日至归还日的天数，按前述规定的利率计算利息；节假日后第一个工作日未归还，应从节假日后第一个工作日开始按逾期贷款利率计算利息。逾期贷款利率一般是在合同利率基础上加收一定比例的罚息。

二、贷款利息的计提

资产负债表日，商业银行应按贷款的合同本金与合同利率计算确定的应收未收利息，借记“应收利息”科目，按贷款的摊余成本与实际利率计算确定的利息收入，贷记“利息收入”科目，按其差额，借记或贷记“贷款——利息调整”科目。合同利率与实际利率差异较小的，也可以采用合同利率计算确定利息收入。其会计分录为：

借：应收利息

借或贷：贷款——利息调整

　　贷：利息收入

对已确定发生减值损失的贷款，在资产负债表日，应按减值贷款的摊余成本和实际利率计算确定的利息收入，借记“贷款损失准备”科目，贷记“利息收入”科目。同时，将按合同本金和合同利率计算确定的应收利息金额进行表外登记。

三、贷款利息的计算方法

商业银行对贷款利息的计算，按照结计利息的时间不同，分为定期结息和利随本清两种方法。以下分别加以介绍。

（一）定期结息的核算

对于定期结息的贷款，商业银行于每季度末月 20 日营业终了时，利用余额表或分户账页计算累计计息积数，计算利息的公式如下：

应收利息 = 计息日积数 ×（月利率 ÷ 30）

商业银行通过“应收利息”科目核算发放贷款、存放同业、拆出资金等生息资产当期应收的利息。科目应按贷款和垫款种类、拆出资金单位等设置明细账。本科目期末为借方余额，反映银行表内核算的已计提尚未收回的贷款利息、存放同业利息、拆出资金利息等。

企业应按照本金、表内应收利息、表外应收利息的顺序收回贷款本金及贷款产生的应收利息。按期计提贷款应收利息时，商业银行编制计收利息清单一式三联，其中第一联为借方凭证；第二联为支款通知；第三联为贷方凭证。其会计分录为：

借：应收利息

　　贷：利息收入

收到利息时。其会计分录为：

借：吸收存款——单位活期存款（借款单位户）

　　贷：应收利息

【例4-5】商业银行于2015年5月12日给化工厂发放了一笔三年期借款，金额为50万元，年利率为5.04%，规定按季结息，利息计算为：

6月20日应计利息（5月12日~6月20日）为：

500 000×40×5.04%÷360=2 800（元）

6月21日

借：应收利息	2 800	
贷：利息收入		2 800

商业银行收到利息时，其会计分录为：

借：吸收存款——单位活期存款（化工厂存款户）	2 800	
贷：应收利息		2 800

当贷款成为非应计贷款时，应将已入账但尚未收取的利息收入和应收利息予以冲销；其后发生的应计利息，应纳入表外核算。贷款成为非应计贷款后，在收到该笔贷款的还款时，首先应冲减本金；本金全部收回后，再收到的还款则确认为当期利息收入。已转入表外核算的应收利息以后收到时，应按以下原则处理。

（1）本金未逾期，且有客观证据表明借款人将会履行未来还款义务的，应将收到的该部分利息确认为利息收入。收到该部分利息时，按收到的金额做会计分录：

借：吸收存款——单位活期存款（单位存款户）

　　贷：利息收入

（2）本金未逾期或逾期未超过90天，且无客观证据表明借款人将会履行未来还款义务的，以及本金已逾期的，应将收到的该部分利息确认为贷款本金的收回。收到该部分利息时，按收到的金额作会计分录：

借：吸收存款——单位活期存款（单位存款户）

　　贷：贷款——××贷款（借款单位贷款户）

当拆出资金到期（含展期，下同）90天后仍未收回的，或者拆出资金尚未到期而已计提应收利息逾期90天后仍未收回的，应将原已计入损益的利息收入转入表外核算，其后发生的应计利息纳入表外核算。

（二）利随本清结计贷款利息的核算

利随本清又称逐笔结息，是指按规定的贷款期限，在收回贷款的同时逐笔计收利息。贷款的起讫时间、算头不算尾。计息期为整年（月）的，计息公式为：利息=本金×年（月）数×年（月）利率。计息期既有整年（月）又有零头天数的，不满月的零头天数按实际天数计算。计息公式为：

利息=本金×年（月）数×年（月）利率+本金×零头天数×日利率

同时，商业银行可选择将计息期全部化为实际天数计算利息，即每年为365天（闰年366天）。每月为当月公历实际天数。计息公式为：

利息=本金×实际天数×日利率

银行计算出利息后，应编制利息计算清单，再根据转账支票或还款凭证进行转账。其会计分录为：

借：吸收存款——单位活期存款（借款单位存款户）

　　贷：贷款——××贷款（借款单位贷款户）

　　　　利息收入

对逾期贷款，在利息计算上，首先应按合同利率计算到期利息，然后按逾期天数和规定的逾期贷款利率计算逾期贷款利息。

逾期贷款利息＝逾期贷款本金×逾期期限×规定的利率×(1＋加息率)

【例4－6】 商业银行于2015年3月12日向电器厂发放一笔短期贷款，金额为50万元，期限为3个月，年利率为5.04%，该企业于7月2日归还，逾期加息率为40%。其利息计算为：

(1) 3月12日～6月11日的利息；

利息＝500 000×3×5.04% ÷12＝6 300（元）

(2) 6月12日～7月2日的利息：

利息＝(500 000＋6 300)×20×5.04% ×(1＋40%)÷360＝1 984.70（元）

该笔贷款总利息为8 284.70元。

7月2日会计分录为：

借：吸收存款——单位活期存款（电器厂户）	508 284.70
贷：贷款——短期贷款（电器厂户）	500 000
利息收入	8 284.70

本章小结

贷款与贴现业务是商业银行主要的资产业务，通过本章的学习，应掌握贷款的含义及种类、信用贷款和抵押贷款的核算方法、贷款减值的核算方法、贷款利息的核算方法以及商业汇票贴现的核算方法，了解贷款业务对商业银行经营的重要性。

贷款是指商业银行将其所吸收的资金，按一定的利率贷给客户，并约定一定期限归还贷款本息的经济行为。按照不同的标准，贷款可分为流动资金贷款和固定资产贷款；短期贷款、中期贷款和长期贷款；信用贷款和担保贷款；正常贷款、关注贷款、次级贷款、可疑贷款和损失贷款等。贷款的核算主要包括贷款的发放、到期收回的核算；贷款逾期、贷款展期、贷款减值的核算；贷款的转销及已转销贷款又收回的核算；贷款利息的计算与核算等。其中，贷款利息的核算有定期结息和逐笔结息两种方法。

票据贴现是商业汇票的持票人在票据到期前，为取得资金，向商业银行贴付利息而将票据转让给银行，以此融通资金的行为。贴现贷款与一般贷款虽然都是商业银行的资产业务，商业银行都要计收利息，但两者又存在着明显的区别。票据贴现的核算主要包括贴现银行办理贴现的核算，以及贴现汇票到期贴现银行收回票款的核算两个方面。

思考与应用

一、名词解释

1. 正常贷款
2. 关注贷款
3. 次级贷款
4. 可疑贷款
5. 损失贷款
6. 贴现

二、单项选择题

1. 按现行会计制度规定，当贷款本金和利息逾期（　　）天，仍未收回，应转入“非应计贷款”账户单独核算。

A. 30 天　　B. 60 天
C. 90 天　　D. 120 天

2. 商业汇票一律记名，允许背书转让，期限最长不超过（　　）。

A. 3 个月　　B. 6 个月
C. 9 个月　　D. 12 个月

3. 下列不计提贷款损失准备的贷款是（　　）。

A. 信用贷款　　B. 担保贷款
C. 拆除资金　　D. 委托贷款

三、多项选择题

1. 按照贷款的保障条件划分，商业银行贷款可以分为（　　　）。

A. 信用贷款　　B. 担保贷款
C. 抵押贷款　　D. 票据贴现

2. 按照商业银行发放贷款的自主程度，贷款可以分为（　　　）。

A. 自营贷款　　B. 委托贷款
C. 抵押贷款　　D. 特定贴现

3. 保证贷款的保证方式一般分为（　　　）。

A. 保证合同　　B. 一般保证
C. 连带责任保证　　D. 保证范围

四、判断题

1. 借款人向商业银行申请贷款时，应该填写并提交借款申请书和借款凭证。（　　）

2. 当借款单位主动还款时，应签发转账支票及填制一式五联的还款凭证办理还款手续。（　）

3. 汇票的贴现利息＝汇票金额×贴现天数×月贴现率。（　）

4. 目前可以办理贴现的票据主要有商业汇票和银行汇票。（　）

5. 银行承兑汇票到期，如承兑申请人存款账户余额不足支付，则将不足部分转入其贷款户。（　）

6. 票据贴现是指持票人在票据到期前为获得资金而向商业银行贴付一定利息后所作的票据转让。（　）

五、问答题

1. 贷款业务的核算要求。
2. 贷款与贴现的区别和联系。

六、业务处理题

1. 某科技公司申请一笔一年期信用贷款，金额为200 000元，约定利率为5.5%，双方签订借据。

2. 某印刷厂以楼房作抵押向商业银行申请办理抵押贷款300 000元，计算应收利息15 000元，到期因故不能按期偿还本息，商业银行按规定处置其抵押物品，出售所得净收入310 000元，立即入账。

3. 某纺织公司于8月4日向银行提交银行承兑汇票申请办理贴现，票面金额为350 000元，汇票到期日为9月20日，经信贷部门审查后予以办理，贴现率为月6‰。该汇票到期时，票款按期划回。

要求：根据上述经济业务，编制会计分录。

第五章 支付结算业务的核算

【要点提示】

本章主要介绍支付结算业务的意义、支付结算原则与纪律、支付结算种类，并具体阐述支票、银行汇票、商业汇票、本票、汇兑、委托收款、托收承付的核算规定和具体的核算过程；银行信用卡的基本规定和信用卡发卡、付款的处理手续。通过本章的学习，要求在熟悉结算业务有关基本知识基础上，掌握各种票据及支付结算的概念、核算规定以及具体的账务处理过程。

第一节 概　述

一、支付结算的意义

支付结算是指单位、个人在社会经济活动中使用票据、信用卡和汇兑、托收承付、委托收款等结算方式进行货币给付及资金清算的行为。

随着经济的发展，社会经济生活中的经济往来包括商品交易、劳务供应和资金调拨等呈现出广泛性、多样性、复杂性等特点，但不论何种经济往来关系，都必然伴随货币的给付与清偿，这就是货币结算。在市场经济条件下，货币结算可分为现金结算和转账结算两种。现金结算是收、付款双方直接以现金进行清算，是货币作为流通手段的表现；而转账结算则是通过银行将款项从付款单位账户划转到收款单位账户的货币收付行为，表现为各存款账户之间的资金转移。由于转账结算是在存款的基础上进行的，因而，结算的过程也就体现为存款货币的流通过程。

随着商品经济和货币信用的不断发展，支付结算已成为我国主要的结算形式。各企事业单位之间经济往来的款项，除少数按照国家现金管理制度的规定可以使用现金结算外，其余都必须通过银行办理转账结算。这不仅有利于企业提高资金使用效益，促进各项经济活动的开展，而且有利于银行集聚资金，稳定和扩大信贷资金来源，充分发挥其作为支付中介、资金清算中介和“社会簿记”的职能。此外，银行有效地组织支付结算，在节约现金的使用、减少货币发行、调节货币流通等方面也有着重要的意义。

二、支付结算原则

支付结算原则是银行和客户在办理结算时应共同遵守的基本准则。为促进商品经济的发展，强化各单位的信用观念和承担资金清算责任，单位和个人办理支付结算以及银行会计部门在组织支付结算业务核算时，必须认真贯彻执行以下支付结算原则，以保证资金清算的顺利进行。

（一）恪守信用，履约付款

银行支付结算是建立在信用之上的货币收付活动。因此，参与结算的各方必须遵守信用，按照经济合同或事先的承诺履行各自的义务。银行在办理支付结算业务时，必须严格遵守支付结算制度，恪守信用，依照客户的委托履约付款。收付款单位在经济往来中也应严格按合同发货、付款，任何一方违反合同规定，都要承担经济和法律责任。

（二）谁的钱进谁的账，由谁支配

这是维护存款人权益的原则在支付结算过程中的体现。银行作为办理支付结算的中介，接受客户的委托，把资金划入有关存款账户，银行要把尊重维护客户的利益放在重要位置上，属于谁的钱，应进谁的账户。此外，银行还应按规定充分保障存款人的合法自主支配权，为存户保密，并有权拒绝任何单位或个人查询、冻结、扣划款项（但法律、行政法规另有规定的除外）。

（三）银行不垫款

银行在支付结算活动中处于中介人地位，只负责将结算款项从付款人账户划转到收款人账户，银行不承担垫款的责任。为此，在支付结算过程中，银行必须先借记付款人账户，后贷记收款人账户。付款人只能在其存款余额之内使用款项，收款人也只能在款项收妥进账后才能抵用，银行会计部门必须严格遵守这一规定。只有这样才能划清银行资金与存款人资金的界限，保证银行资金安全。

三、支付结算纪律与责任

支付结算纪律是国家财经纪律的重要组成部分，对维护社会经济秩序、正确处理各部门、各单位经济关系具有重要意义，也是支付结算业务正常进行的保证。它包括客户应遵守的结算纪律和银行应遵守的结算纪律两个方面。

（一）单位和个人办理支付结算必须遵守以下纪律

单位和个人不准签发没有资金保证的票据或远期支票，套取银行信用；不准签发、取得和转让没有真实交易和债权债务的票据，套取银行和他人资金；不准无理拒绝付款，任意占用他人资金；不准违反规定开立和使用账户；不准出租出借账户或转让他人使用；不准利用多头开户转移资金以逃避支付结算的债务。

（二）银行办理支付结算应遵守以下纪律

银行不准以任何理由压票、任意退票、截留挪用客户和他行资金；不准无理拒绝支付应由银行支付的票据款项；不准受理无理拒付、不扣少扣滞纳金；不准违章签发、承兑、贴现票据，套取银行资金；不准签发空头银行汇票、银行本票和办理空头汇款；不准在支付结算制度之外规定附加条件，影响汇路畅通；不准违反规定为单位和个人开立账户；不准拒绝受理、拒绝代理他行正常结算业务；不准放弃对企事业单位、个人违反结算纪律的制裁；不准逃避向中国人民银行转汇大额汇划款项。

（三）支付结算责任

在支付结算过程中，凡结算当事人（包括出票人、背书人、承兑人、保证人、持票人、付款人、收款人、银行及邮政部门等）未按票据法规等有关法规、办法的规定处理而影响他人利益的，均应相应承担票据责任、民事责任、行政责任、刑事责任。

1. 单位和个人办理支付结算的责任

（1）自负责任。单位和个人在办理支付结算时，因填错凭证、印章保管不善造成丢失、付款人或代理付款人以恶意或重大过失付款的，应当自行承担责任。

（2）连带责任。允许背书转让的票据，由于付款人拒绝付款退回票据，持票人对出票人、背书人和其他债务人进行追索时，出票人、背书人和其他债务人（如保证人）要负连带责任。

（3）经济处罚和行政处罚。主要有：存款人签发空头支票、签章与预留银行印章不符或支付密码错误的支票，由开户行处以票面金额5%但不低于1 000元的罚款；持票人有权要求出票人赔偿支票金额2%的赔偿金；银行承兑汇票到期，承兑人未能足额交存票款的，对尚未扣回的承兑金额按每天0.5‰计收罚息；收款人对同一付款单位发出托收累计3次收不回货款的，收款人开户行应暂停其向外办理托收；付款人对托收逾期付款的，按逾期付款金额每天万分之五计收赔偿金等。

2. 银行办理支付结算的责任

银行办理支付结算违反规定，除银行承担有关责任外，还必须追究有关人员的责任。主要包括以下几点：

（1）违反《支付结算办法》规定故意压票、退票、拖延支付，受理无理拒付、擅自拒付退票、有款不扣，不扣、少扣赔偿金，截留挪用结算资金，影响客户和他行资金使用的，要按规定承担赔偿责任，因重大过失错付或被冒领的，要负责资金赔偿，同时按规定承担行政责任。

（2）银行作为票据的付款人对见票即付或到期的票据，故意压票、拖延支付的，中国人民银行处以压票、拖延支付期间内每日票据金额万分之七的罚款，对直接负责的主管人员和其他直接责任人员给予警告、记过、撤职或者开除的处分。

（3）办理支付结算，因工作差错发生延误，影响客户和他行资金使用的，按中国人民银行规定的同档次流动资金贷款利率计付赔偿金。

（4）违反《银行账户管理办法》开立和管理账户的，应按规定承担行政责任。

（5）违反规定签发空头银行汇票、银行本票和办理空头汇款的，应按规定承担行政责任。

（6）未按规定通过人民银行办理大额汇划的，应按规定承担行政责任。

（7）违反规定将支付结算的款项转入储蓄和信用卡账户的，应按规定承担行政责任。

（8）银行以恶意或重大过失付款的，应当自行承担责任，银行承兑汇票的承兑人在到期前付款的，由其自行承担所产生的责任。

（9）银行拒绝承兑或拒绝付款，未按规定出具拒绝证明或者出具退票理由书的，应当承担由此产生的民事责任。由此导致持票人不能出示拒绝证明、退票理由书或者未按规定提供其他合法证明丧失对其前手追索权的，应由银行对持票人承担责任。

（10）持卡人办理挂失后，被冒用造成的损失，有关责任人按照信用卡章程的规定承担责任。

（11）发卡银行未按规定时间将支付名单发至特约单位的，应由其承担因此造成的资金损失。

四、支付结算的种类

我国目前的支付结算方式按使用的支付结算工具不同分为票据、结算凭证和信用卡三类，称为“三票三式一卡”。“三票”是指支票、汇票和银行本票三种票据，其中汇票又分为银行汇票和商业汇票；“三式”是指汇兑、托收承付和委托收款三种结算方式；“一卡”是指信用卡。支付结算方式按使用的区域范围不同分为同城使用的结算方式、异地使用的结算方式、同城异地均可使用的结算方式三种。同城使用的结算方式包括支票和银行本票；异地使用的结算方式包括银行汇票、汇兑和托收承付；同城异地均可使用的结算方式包括商业汇票、委托收款和信用卡。

第二节 结算方式的核算

结算方式是指单位或个人填写结算凭证，直接提交银行委托收款或付款的结算手段。《支付结算办法》所称的结算方式是指汇兑、托收承付和委托收款。

一、汇兑业务的核算

汇兑是汇款人委托银行将款项汇给异地收款人的结算方式。汇兑结算适用范围广泛，便于汇款人向异地收款人主动付款，适用于单位、个体经济户和个人汇拨各种款项。汇兑按凭证传递方式的不同，分为信汇和电汇两种，由汇款人选择使用。

（一）汇兑的基本规定

（1）汇款人和收款人均为个人，需要在汇入行支取现金的，应在信汇、电汇凭证的“汇款金额”大写栏，先填写“现金”字样，后填写汇款金额。未填明“现金”字样而需要支取现金的，由汇入行按照国家现金管理的有关规定审查支付。

（2）汇兑款项可以直接转入收款人账户，也可留行待取、分次支取或转汇。留行待取的，应在信汇凭证各联的“收款人账号或住址”栏注明“留行待取”字样；分次支取的，应以收款人的姓名开立“应解汇款”账户，该账户为临时存款账户，只付不收，付完清户，不计利息；转汇的，办理解付后，应委托汇入行重新办理汇兑结算，转汇的收款人和用途必须是原收款人和用途，汇入行应在汇兑凭证上加盖“转汇”戳记。汇款人确定不得转汇的，应在汇兑凭证备注栏注明“不得转汇”字样。

（3）汇款人对汇出行尚未汇出的款项可以申请撤销，对已经汇出的款项可以申请退汇，退汇应经汇入行核实，若确未支付，方可办理。汇入行对收款人拒收的汇款，以及自发出取款通知后两个月无法交付的汇款，应主动办理退汇。

（二）信汇的处理手续

1. 汇出行的处理手续

汇款人委托银行办理信汇时，应向银行填制一式四联信汇凭证（见表5－1）：第一联为回单；第二联为借方凭证；第三联为贷方凭证；第四联为收账通知或代取款收据。汇款人派人到汇入行领取汇款的，应在信汇凭证各联的“收款人账号或住址”栏注明“留行待取”字样；汇款人和收款人均为个人需要在汇入行支取现金，汇款人应在信汇凭证“汇款金额”大写栏，先填写“现金”字样，后填写汇款金额。汇出行受理信汇凭证时，按有关规定认真审核：

表5－1　　　　××银行　信汇凭证（借方凭证）　　2

委托日期　　年　　月　　日

<table>
<tr><td rowspan="3">汇款人</td><td>全　称</td><td></td><td rowspan="3">收款人</td><td>全　称</td><td colspan="11"></td></tr>
<tr><td>账　号</td><td></td><td>账　号</td><td colspan="11"></td></tr>
<tr><td>汇出地点</td><td>省　　市/县</td><td>汇入地点</td><td colspan="11">省　　市/县</td></tr>
<tr><td colspan="2">汇出行名称</td><td></td><td colspan="2">汇入行名称</td><td colspan="11"></td></tr>
<tr><td rowspan="2">金额</td><td colspan="4" rowspan="2">人民币
（大写）</td><td>亿</td><td>千</td><td>百</td><td>十</td><td>万</td><td>千</td><td>百</td><td>十</td><td>元</td><td>角</td><td>分</td></tr>
<tr><td colspan="11"></td></tr>
<tr><td colspan="3" rowspan="2">此汇款支付给收款人。

汇款人签章</td><td colspan="2">支付密码</td><td colspan="11"></td></tr>
<tr><td colspan="13">附加信息及用途：

复核：　　记账：</td></tr>
</table>

此联汇出行作借方凭证

规格：8.5×17.5cm（白纸蓝油墨）

（1）信汇凭证必须记载事项是否齐全，金额大小写是否一致。

（2）委托日期是否为受理当日，金额、委托日期、收款人名称是否更改，更改其他记载事项的，是否有原记载人签章证明。

（3）信汇凭证第二联上的签章与预留的银行印鉴是否一致。

（4）填明“现金”字样的信汇凭证，汇款人和收款人是否均为个人。

审查无误后，第一联信汇凭证加盖转讫章退给汇款人。汇款人转账交付的，第二联信汇凭证作借方传票，会计分录为：

借：吸收存款——单位活期存款（汇款人户）

　　贷：清算资金往来——某清算行户（或有关科目）

现金交付的，填制一联现金收入传票，第二联信汇凭证作借方凭证，会计分录为：

借：库存现金

　　贷：吸收存款——应解汇款（汇款人户）

借：吸收存款——应解汇款（汇款人户）

　　贷：清算资金往来——某清算行户（或有关科目）

转账后，采用“信汇付款指令”方式的汇兑业务，应复印信汇凭证第三、四联，并经主管审批后作发报依据；第三联信汇凭证加盖结算专用章与第四联邮寄汇入行。

【例5-1】 开户单位华联商厦提交信汇凭证一份，金额为85 000元，要求汇往异地系统内某行开户的嘉禾服装加工厂，经审核无误予以办理。

借：吸收存款——单位活期存款（华联商厦户）　　85 000

　　贷：清算资金往来——某清算行户（或有关科目）　　85 000

2. 汇入行的处理手续

汇入行收到汇出行发来的信汇付款指令，先进行账务处理，其会计分录为：

借：清算资金往来——某清算行户（或有关科目）

　　贷：其他应付款——待处理汇划款项户

待收到汇出行邮寄来的第三、四联信汇凭证，经核对相符后，再按不同情况分别处理如下：

（1）汇款直接入账的。以第三联信汇凭证作贷方传票，会计分录为：

借：其他应付款——待处理汇划款项户

　　贷：吸收存款——单位活期存款（收款人户）

第四联信汇凭证加盖转讫章作收账通知交给收款人。

【例5-2】 接［例5-1］，异地系统内某行接到汇兑信息，收款人为在银行开户的嘉禾服装加工厂，金额为85 000元，经审核无误予以办理。

借：其他应付款——待处理汇划款项户　　85 000

　　贷：吸收存款——单位活期存款（嘉禾服装加工厂户）　　85 000

（2）汇款不直接入账的。以第三联信汇凭证作贷方传票，会计分录为：

借：其他应付款——待处理汇划款项户

　　贷：吸收存款——应解汇款（收款人户）

然后登记应解汇款登记簿。在信汇凭证上编列应解汇款序号，第四联信汇凭证留存保管，另以便条通知收款人来行办理取款手续。

收款人持便条来行办理取款，应抽出第四联信汇凭证，按有关规定审核无误后，办理付款手续。

①需要支取现金的，信汇凭证上填明“现金”字样的，应一次办理现金支付手续；未注明“现金”字样，由汇入行按照现金管理规定审查支付，另填制一联现金付出传票，第四联信汇凭证作借方凭证附件。其会计分录为：

借：吸收存款——应解汇款（收款人户）

　　贷：库存现金

【例5-3】收到异地系统内某行的汇兑信息，收款人为王明，金额为5 000元，并注明“现金”字样，通知王明当日来行支取现金，经审核无误予以办理。

借：其他应付款——待处理汇划款项户　　5 000

　　贷：吸收存款——应解汇款（王明户）　　5 000

借：吸收存款——应解汇款（王明户）　　5 000

　　贷：库存现金　　5 000

②需要分次支取的，应凭第四联信汇凭证注销应解汇款登记簿中的该笔汇款并如数转入应解汇款科目分户账内（不通过分录，以丁种账页代替）。银行审核收款人填制的支款凭证，其预留签章和收款人身份证件无误后，办理分次支付手续。待最后结清时，将第四联信汇凭证作借方凭证附件。

③需要转汇的，应重新办理汇款手续，其收款人与汇款用途必须是原汇款的收款人和用途，并在第三联信汇凭证加盖“转汇”戳记。会计分录如下：

借：吸收存款——应解汇款（收款人户）

　　贷：清算资金往来——某清算行户（或有关科目）

（三）电汇的处理手续

1. 汇出行的处理手续

汇款人委托银行办理电汇时，应填制一式三联的电汇凭证。汇出行受理电汇凭证时，按有关规定审核无误后，第一联电汇凭证加盖转讫章退给汇款人，第二联作借方凭证，其分录与信汇相同，并以第三联电汇凭证作资金汇划发报凭证。电汇凭证上填明“现金”字样的，应在电报的金额前加拍“现金”字样。其余手续均与信汇相同。

2. 汇入行的处理手续

汇入行收到汇出行通过资金汇划系统汇来的款项，经审核无误后，应打印资金汇划贷方补充凭证，进行账务处理，除不再采用“其他应付款——待处理汇划款项户”进行核算外，其余手续均与信汇相同。

（四）退汇的处理手续

退汇是指银行将汇出的汇款退还原汇款人。退汇的原因主要有：汇款人因故退汇、收款人拒收汇款以及超过规定的期限无法解付的汇款。

1. 汇款人要求退汇的处理

按规定，汇款人要求退汇，只限于不直接入账的汇款。汇款人因故要求退汇时，应备函或本人身份证，连同原汇兑凭证回单联交汇出行。汇出行收到后，先以电报或电话方式通知汇入行，经汇入行证实汇款确未被支付方可受理。

汇出行受理退汇后，应填制四联退汇通知书，并在第一联通知书上批注“×月×日申请退汇，待款项退回后再办理退款手续”字样后，加盖业务公章退交汇款人；第二、三联寄交汇入行。第四联与公函和回单一起保管。如汇款人要求以电报通知退汇时，只填两联退汇通知书，一联为回单，一联备查，另以电报通知汇入行。

汇入行收到第二、三联退汇通知书或通知退汇的电报后，应先查明款项是否已解付。

对已转入“吸收存款——应解汇款”科目尚未解付的汇款，办理时应向收款人联系索回便条，并以第二联退汇通知书代转账借方传票进行转账。会计分录为：

借：吸收存款——应解汇款（收款人户）

　　贷：清算资金往来——某清算行户（或有关科目）

转账后，通过资金汇划系统向汇出行划款，并把第三联退汇通知书寄交原汇出行。

汇出行收到汇入行通过资金汇划系统划来的退汇款和收到的第三联退汇通知书，与原留存的第四联退汇通知书进行核对，以第三联通知书和资金汇划补充凭证办理转账，会计分录为：

借：清算资金往来——某清算行户（或有关科目）

　　贷：吸收存款——单位活期存款（原汇款人户）

转账后，在原第二联汇款凭证上注明“汇款已于×月×日退汇”字样，并在退汇通知书第四联上注明“汇款退回，已代进账”字样，加盖业务公章后，作为收账通知交原汇款人。

如汇款人未在银行开立账户，应另填制一联现金付出传票凭以支付现金。其会计分录为：

借：清算资金往来——某清算行户（或有关科目）

　　贷：其他应付款——原汇款人户

借：其他应付款——原汇款人户

　　贷：库存现金

【例5-4】 5月16日收到异地系统内某银行发回的退汇款，金额为7 500元，原汇款申请人刘丽未在本行开户，银行当日发出通知，次日，刘丽来行领取现金。

5月16日，会计分录如下：

借：清算资金往来——某清算行户（或有关科目）　　7 500

　　贷：其他应付款——刘丽户　　7 500

5月17日，会计分录如下：

借：其他应付款——刘丽户　　7 500

　　贷：库存现金　　7 500

2. 汇入行主动退汇的处理

汇款汇入后，超过两个月无人领取时，汇入行可以办理退汇。退汇时，由汇入行填写转账传票，通过资金汇划系统办理返汇手续，会计分录同上。

二、托收承付业务的核算

托收承付是收款人根据购销合同发货后，委托银行向异地付款人收取款项，付款人验单或验货后，向银行确认付款的结算方式。托收承付按款项划回方式的不同，分为邮划和电划；按承付货款的方式不同，分为验单付款和验货付款，由收付款双方协商选用。

（一）托收承付的基本规定

（1）使用托收承付结算方式的收付款单位，必须是国有企业、供销合作社，以及经营管理较好并经开户银行审查同意的城乡集体所有制工业企业。

（2）办理托收承付结算的款项，必须是商品交易，以及因商品交易而产生的劳务供应的款项。代销、寄销、赊销商品的款项，不得办理托收承付结算。

（3）收付双方使用托收承付结算必须签有符合《合同法》的购销合同，并在合同上订明使用托收承付结算方式。

（4）托收承付结算每笔金额起点为 1 万元。新华书店系统每笔金额起点为 1 000 元。

（5）收款人办理托收，必须具有商品确已发运的证件，没有发运证件的，应按规定凭其他有关证件办理托收。

（6）收款人对同一付款单位发出托收累计 3 次收不回货款的，收款人开户行应暂停其向外办理托收；付款人累计 3 次提出无理拒付的，付款人开户行应暂停其向外办理托收。

（二）托收承付的核算

1. 收款人开户行受理托收承付的处理

收款人办理托收，应填制一式五联邮划或电划托收承付凭证（见表 5－2），第一联回单，第二联贷方凭证，第三联借方凭证，第四联收账通知（电划第四联为发电依据），第五联承付通知。收款人在第二联托收凭证上加盖单位印章后，将托收凭证和有关单证提交开户银行。

表 5－2　　　　**托收凭证（汇款依据或收账通知）**　　**4**

委托日期　　年　　月　　日　　付款期限　　年　　月　　日

业务类型	委托收款（□邮划、□电划）　　托收承付（□邮划、□电划）					
付款人	全称		收款人	全称		
	账号			账号		
	地址	省　市县　开户行		地址	省　市县　开户行	
金额	人民币（大写）				亿 千 百 十 万 千 百 十 元 角 分	
款项内容		托收凭据名称		附寄单证张数		
商品发运情况		合同名称号码				
备注： 复核　　记账		上列款项已划回收入你方账户内。 收款人开户银行签章 年　月　日				

此联付款人开户行凭以汇款或收款人开户银行作收账通知

规格：10×17.5cm（白纸紫油墨）

收款人开户行收到上述凭证后，应按规定认真进行审查：托收的款项是否符合托收承付结算规定的范围、条件、金额起点以及其他有关规定；有无商品确已发运的证件，无证件的，是否符合托收承付结算办法规定的其他特殊条件；托收凭证各栏是否填写齐全、正确；托收凭证记载的附件张数与所附单证的张数是否相符；托收凭证第二联是否加盖收款人印章等。必要时还要查验交易双方签订的购销合同。银行审查的时间最长不得超过次日。经审查无误后，将第一联凭证加盖业务公章后退给收款人。第二联托收凭证由银行专夹保管，并登记发出托收结算凭证登记簿。然后在第三联托收凭证上加盖结算专用章，连同第四、第五联凭证及交易单证一起寄交付款人开户行。

2. 付款人开户行通知付款及划款的处理

付款人开户行接到收款人开户行寄来的第三、第四、第五联托收凭证及交易单证时，应严格审查无误后，在凭证上填注收到日期和承付期。然后根据第三、第四联托收凭证登记定期代收结算凭证登记簿后，专夹保管，第五联托收凭证加盖业务公章后，连同交易单证一并及时送交付款人。

付款人承付货款分为验单付款和验货付款两种。验单付款的承付期为3天，从付款人开户行发出承付通知的次日算起（承付期内遇法定休假日顺延）。验货付款的承付期为10天，从运输部门向付款人发出提货通知的次日算起，对收付双方在合同中明确规定，并在托收凭证上注明验货付款期限的，银行从其规定。

付款人收到提货通知后，应即向银行交验提货通知。付款人在银行发出承付通知后（次日算起）的10天内，如未收到提货通知，应在第10天将货物尚未到达的情况通知银行，如不通知，银行即视作已经验货，于10天期满的次日上午银行开始营业时，将款项划给收款人。在第10天，付款人通知银行货物未到，而以后收到提货通知没有及时送交银行的，银行仍按10天期满的次日作为划款日期，并按超过的天数，计扣逾期付款赔偿金。

在承付期内，付款人应认真审查凭证或检验货物，并积极筹措资金，如有异议或其他要求，应在承付期内通知银行，否则银行视为同意付款。

（1）全额付款的处理。付款人在承付期内没有任何异议，并且其在承付期满日营业终了前银行存款账户上有足够金额，银行便视作同意全额付款，开户行于承付期满日次日（遇例假日顺延）上午开始营业时，主动将款项从付款人账户内划出，按收款人指定的划款方式划给收款人，以第三联托收凭证作借方传票办理转账。其会计分录为：

借：吸收存款——单位活期存款（付款人户）

　　贷：清算资金往来——某清算行户（或有关科目）

转账后销记定期代收结算凭证登记簿，并将第四联托收凭证寄收款人开户行。

【例5－5】 承付期满日，开户单位远足鞋业公司全额承付异地系统内某行托收承付货款，金额17 000元，审查无误立即办理。

借：吸收存款——单位活期存款（远足鞋业公司户）　　17 000

　　贷：清算资金往来——某清算行户（或有关科目）　　17 000

（2）提前承付的处理。付款人在承付期满前通知银行提前付款，银行划款的手续同全额付款，但应在托收凭证和登记簿备注栏分别注明“提前承付”字样。

（3）多承付的处理。付款人因商品的价格、数量或金额变动的原因，要求对本笔托收多承付的款项一并划回时，付款人应填四联多承付理由书（以托收承付拒绝付款理由书改用）提交开户行，银行审查后，在托收凭证和登记簿备注栏注明多承付的金额，以第二联多承付理由书代借方凭证，第三联托收凭证作附件办理转账。其会计分录为：

借：吸收存款——单位活期存款（付款人户）

　　贷：清算资金往来——某清算行户（或有关科目）

然后将第一联多承付理由书加盖转讫章作支款通知交给付款人，第三、第四联多承付理由书寄收款人开户行。

（4）部分付款的处理。付款人在承付期满日开户行营业终了前，账户只能部分支付的，付款人开户行应在托收凭证上注明当天可以扣收的金额；同时，填制两联特种转账借方凭证，并注明原托收号码及金额，以一联特种转账借方凭证作借方传票。其会计分录为：

借：吸收存款——单位活期存款（付款人户）（部分支付金额）

　　贷：清算资金往来——某清算行户（或有关科目）（部分支付金额）

转账后，另一联特种转账借方凭证加盖转讫章作支款通知交给付款人，并在登记簿备注栏分别注明已承付和未承付金额，并批注“部分付款”字样。第三、第四联托收凭证按付款人及先后日期单独保管。

待付款人账户有款时，再及时将未承付部分款项一次或分次划转收款人开户行，同时逐次扣收逾期付款赔偿金。

（5）逾期付款的处理。付款人在承付期满日银行营业终了时，如无足够资金支付货款，其不足部分，即为逾期付款。付款人开户银行对逾期支付的款项，应当根据逾期付款金额和逾期天数，每天按万分之五计算逾期付款赔偿金。

付款人开户行应在托收凭证和登记簿备注栏分别注明“逾期付款”字样，并填制三联托收承付结算到期未收通知书，将第一、第二联通知书寄收款人开户行，第三联通知书与第三、第四联托收凭证一并保管。等到付款人账户有款可以一次或分次扣款时，比照上面“部分付款”的有关手续办理，将逾期付款的款项和赔偿金一并划给收款人。赔偿金的计算公式为：

赔偿金金额 = 逾期支付金额 × 逾期天数 × 赔偿金率

逾期付款天数从承付期满日算起。承付期满日银行营业终了时，付款人如无足够资金支付，其不足部分，应当算作逾期一天；在承付期满的次日（如遇例假日顺延，但以后遇例假日照算逾期天数）银行营业终了时，仍无足够资金支付，其不足部分，应当算作逾期两天，依此类推。

托收款项逾期如遇跨月时，应在月末单独计算赔偿金，于次月 3 日内划给收款人。在月内有部分付款的，其赔偿金从当月 1 日起计算并随同部分支付的款项划给收款人，对尚未支付的款项，月末再计算赔偿金，于次月 3 日内划给收款人。赔偿金的扣付列为企业销货收入扣款顺序的首位，如付款人账户余额不足以全额支付时，应排列在工资之前，并对该账户采取“只收不付”的控制办法，待一次足额扣付赔偿金后，才准予办理其他款项的支付。

【例 5－6】收到上海市支行寄来异地托收承付凭证一份，金额为 48 000 元，8 月 14 日（周三）承付期满，因付款单位贸易公司账户资金不足，8 月 15 日上午营业时，只能支付 20 000 元，8 月 21 日支付 10 000 元，9 月 11 日全部付清。应计收的赔偿金为：

8月21日：

赔偿金 = 10 000 × 7 × 0.5‰ = 35（元）

8月31日：

赔偿金 = 18 000 × 18 × 0.5‰ = 162（元）

9月11日：

赔偿金 = 18 000 × 10 × 0.5‰ = 90（元）

每月单独扣付赔偿金时，付款人开户行应填制特种转账借方传票两联，并注明原托收号码及金额，在转账原因栏注明付款的金额及相应扣付赔偿金的金额。以一联特种转账借方传票作借方凭证，其会计分录为：

借：吸收存款——单位活期存款（付款人户）

　　贷：清算资金往来——某清算行户（或有关科目）

付款人开户行对逾期未付的托收凭证，负责进行扣款的期限为3个月（从承付期满日算起）。3个月期满时，付款人仍无足够资金支付尚未付清的欠款，银行应于次日通知付款人将有关交易单证（单证已作账务处理或已部分支付的，可以填制应付款项证明单）在2天内退回银行（到期日遇例假日顺延）；付款人逾期不退回单证的，银行于发出通知的第3天起，按照尚未付清欠款金额，每天处以万分之五但不低于50元的罚款，并暂停其向外办理结算业务，直至退回单证时止。付款人开户行收到付款人退回的单证，经审核无误后，在托收凭证和登记簿备注栏注明单证退回日期和“无法支付”的字样，并填制三联应付款项证明单，将一联证明单和第三联托收凭证一并留存备查，将两联证明单连同第四、第五联托收凭证及有关单证一并寄收款人开户行。

付款人开户行在退回托收凭证和单证时，需将应付的赔偿金一并划给收款人。付款人逾期不退回单证的，开户行按前述规定予以罚款作为银行营业外收入处理。

（6）全部拒绝付款的处理。付款人在承付期内提出全部拒付的，应填制四联全部拒付理由书（见表5-3），连同有关的拒付证明、第五联托收凭证及所附单证送交开户行。银行严格审核，不同意拒付的，实行强制扣款，对无理拒付而增加银行审查时间的，银行应按规定扣收赔偿金。

对符合规定同意拒付的，经银行主管部门审批后，在托收凭证和登记簿备注栏注明“全部拒付”字样，然后将第一联拒付理由书加盖业务公章退给付款人，将第二联拒付理由书连同第三联托收凭证留存备查，其余所有单证一并寄给收款人开户行。

（7）部分拒绝付款的处理。付款人在承付期内提出部分拒绝付款，经银行审查同意办理的，依照全部拒付审查手续办理，并在托收凭证和登记簿备注栏注明“部分拒付”字样及部分拒付的金额，对同意承付部分，以第二联拒付理由书代借方凭证（第三联托收凭证作附件）。其会计分录为：

借：吸收存款——单位活期存款（付款人户）（同意承付金额）

　　贷：清算资金往来——某清算行户（或有关科目）（同意承付金额）

然后将第一联拒付理由书加盖转讫章交付款人，其余单证，如第三、第四联部分拒付理由书连同拒付部分的商品清单和有关证明邮寄收款人开户行。

表 5－3 **托收承付结算拒绝付款理由书（借方凭证）** 2

拒付日期 年 月 日

原托收号码：

<table>
<tr><td rowspan="3">付款人</td><td>全称</td><td colspan="3"></td><td rowspan="3">收款人</td><td>全称</td><td colspan="3"></td></tr>
<tr><td>账号</td><td colspan="3"></td><td>账号</td><td colspan="3"></td></tr>
<tr><td>开户行</td><td></td><td>行号</td><td></td><td>开户行</td><td></td><td>行号</td><td></td></tr>
<tr><td>托收金额</td><td></td><td>拒付金额</td><td></td><td>部分付款金额</td><td colspan="5">千 百 十 万 千 百 十 元 角 分</td></tr>
<tr><td>附寄单证张数</td><td colspan="3"></td><td colspan="6">部分付款金额大写</td></tr>
<tr><td colspan="6">拒付理由
（付款单位盖章）</td><td colspan="4">科目（贷）
贷方科目（借）
转账日期 年 月 日
复核： 记账：</td></tr>
</table>

此联付款单位开户行作借方凭证

3. 收款人开户行收款的处理

（1）全额划回的处理。收款人开户行收到付款人开户行寄来的联行报单及第四联托收凭证后，与留存的第二联托收凭证核对无误后，在第二联托收凭证上注明转账日期，办理转账。其会计分录为：

借：清算资金往来——某清算行户（或有关科目）

　　贷：吸收存款——单位活期存款（收款人户）

在第四联托收凭证上加盖转讫章作收账通知交收款人，并销记登记簿。

（2）多承付款划回的处理。收款人开户行收到付款人开户行划来多承付款项及第三、第四联多承付理由书后，在第二联托收凭证和登记簿备注栏注明多承付金额，为收款人及时入账，并将一联多承付理由书交收款人，其余手续与全额划回相同。

（3）部分划回的处理。银行收到付款人开户行部分划回的款项，在第二联托收凭证和登记簿上注明部分划回的金额，为收款人及时入账。其余手续与全额划回相同。

（4）逾期划回、单独划回赔偿金及无款支付退回凭证的处理。收款人开户行收到第一、第二联到期未收通知书后，应在第二联托收凭证上注明“逾期付款”字样及日期，然后将第二联通知书交收款人，第一联通知书、第二联托收凭证一并保管。待接到一次、分次划款或单独划回的赔偿金时，比照部分划回的有关手续处理。

收款人开户行在逾期付款期满后接到第四、第五联托收凭证（部分无款支付是第四联托收凭证）及两联无款支付通知书和有关单证，核对无误后，抽出第二联托收凭证注明“无款支付”字样，销记登记簿，然后将其余托收凭证及无款支付通知书及有关单证退交收款人。

（5）拒绝付款的处理。收款人开户行收到付款人开户行寄来的托收凭证、拒付理由书、拒付证明及有关单证后，抽出第二联托收凭证，在备注栏注明“全部拒付”或“部分拒付××元”字样，并销记登记簿，同时将托收凭证、拒付理由书及有关单证退回收款人。部分拒付的，对划回款项还要办理收款入账手续。

三、委托收款业务的核算

委托收款是收款人委托银行向付款人收取款项的结算方式。这种结算方式主要是便利收款人主动收取款项，不受金额起点限制，同城、异地均可使用。异地委托收款结算的款项划回方式有邮划和电划两种，由收款人选用。

（一）委托收款的基本规定

（1）委托收款适用于单位和个人凭已承兑的商业汇票、债券、存单等付款人的债务证明而委托银行收取款项，以及同城公用事业费的收取。

（2）在同城范围内，公用事业费采用委托收款结算的，收付双方必须事先签订经济合同，由付款人向开户银行授权，经开户银行同意，并报当地人民银行批准才能办理，因此，称为同城特约委托收款。

（二）委托收款的核算

1. 收款人开户行受理委托收款的处理

收款人办理委托收款应向银行提交委托收款凭证和有关债务证明。邮划（电划）委托收款凭证一式五联：第一联回单，第二联贷方凭证，第三联借方凭证，第四联收账通知（电划时为发电依据），第五联付款通知。收款人在第二联凭证上签章后，将有关委托收款凭证和债务证明提交开户银行。

收款人开户行收到上述凭证后，按有关规定认真审核无误后，第一联凭证加盖业务公章退给收款人，第二联凭证专夹保管并登记发出委托收款凭证登记簿，第三联凭证加盖结算专用章，连同第四、第五联凭证及有关债务证明，一并寄交付款人开户行。

2. 付款人开户行收到委托收款凭证的处理

付款人开户行收到收款人开户行寄来的第三、第四、第五联委托收款凭证及有关债务证明，审查无误后办理付款。其中以银行为付款人的，付款人开户行应当在当日主动将款项划给收款人；以单位为付款人的，付款人开户行应及时通知付款人，并将有关债务证明交给付款人并签收。付款人应于接到通知当日书面通知银行付款，若付款人在接到通知的次日起3日内未通知银行付款的，视同付款人同意付款，银行应于付款人接到通知日的次日起第4日上午开始营业时，将款项划给收款人；若付款人提前收到由其付款的债务证明，并同意付款的，则银行应于债务证明的到期日付款。

付款人开户行应在凭证上填注收到日期，根据第三、第四联凭证逐笔登记收到委托收款凭证登记簿后，专夹保管，并分情况进行处理。

（1）付款人有款支付的处理。

①付款人为银行的，以第三联委托收款凭证作借方凭证，有关债务证明作其附件。其会计分录为：

借：吸收存款——应解汇款（××人户）

　　贷：清算资金往来——某清算行户（或有关科目）

转账后，银行销记收到委托收款凭证登记簿，并以第四联委托收款凭证寄收款人开户行。电划时，凭第四联委托收款凭证向收款人开户行拍发电报。

②付款人为单位的，银行将第五联委托收款凭证加盖业务公章，连同有关债务证明及时交给付款人，并由其签收。付款人应于接到通知的次日起 3 天内（期内遇例假日顺延）通知银行付款，付款期内未提出异议的，视同同意付款。银行应于付款期满次日上午开始营业时将款项划给收款人，第三联凭证作借方凭证。其会计分录为：

借：吸收存款——单位活期存款（付款人户）

　　贷：清算资金往来——××清算行户（或有关科目）

其余手续同付款人为银行的处理。

【例 5-7】 银行收到异地系统内某银行发来的委托收款凭证及相关债务证明，付款人为本行开户单位新光电器厂，金额为 15 000 元，银行发出付款通知，付款人同意付款。

借：吸收存款——单位活期存款（新光电器厂户）　　15 000

　　贷：清算资金往来——××清算行户（或有关科目）　　15 000

（2）付款人无款支付的处理。银行在办理划款时，付款人账户不足支付全部款项的，应通过收款人开户行向收款人发出未付款项通知书，连同有关债务证明一起交收款人。银行在委托收款凭证和收到委托收款凭证登记簿上注明退回日期和“无款支付”字样，并填制三联付款人未付款项通知书（用异地结算通知书代），将一联通知书和第三联委托收款凭证留存备查，将第二、第三联通知书连同第四联委托收款凭证邮寄收款人开户行，留存债务证明的，其债务证明一并邮寄收款人开户行。

（3）付款人拒绝付款的处理。付款人若办理拒绝付款的，应在接到付款通知的次日起 3 天内填制四联拒绝付款理由书，连同债务证明及第五联委托收款凭证一并交给开户银行，银行审核无误后，在委托收款凭证和收到委托收款凭证登记簿上注明“拒绝付款”字样，然后将第一联拒付理由书加盖业务公章退还付款人，第二联拒付理由书连同第三联委托收款凭证一并留存备查，第三、第四联拒付理由书连同债务证明和第四、第五联委托收款凭证一并寄收款人开户行。

3. 收款人开户行收到划回款项或退回凭证的处理

（1）付款人有款支付的处理。收款人开户行收到付款人开户行寄来的第四联委托收款凭证和联行报单，应与留存的第二联委托收款凭证核对无误后，办理转账。其会计分录为：

借：清算资金往来——××清算行户（或有关科目）

　　贷：吸收存款——单位活期存款（收款人户）

转账后，通知收款人，并销记发出委托收款凭证登记簿。

【例 5-8】 银行收到异地系统内某银行发来的款项汇划信息，金额为 15 000 元，系本行开户单位棉纺厂的委托划回款，银行审核无误，予以入账。

借：清算资金往来——××清算行户（或有关科目）　　15 000

　　贷：吸收存款——单位活期存款（棉纺厂户）　　15 000

（2）付款人无款支付的处理。若收到无款支付而退回的委托收款凭证及有关单据时，应抽出第二联委托收款凭证，并在该联凭证备注栏注明“无款支付”字样，销记发出委托收款凭证登记簿，然后将第四联委托收款凭证、一联未付款项通知书及债务凭证退给收款人。收款人在未付款项通知书上签收后，收款人开户行将一联未付款项通知书及第二联委托收款凭证一并保管备查。

（3）付款人拒绝付款的处理。若收款人开户行收到第四、第五联委托收款凭证及有关债务证明和第三、第四联拒付理由书，应抽出第二联委托收款凭证核对无误后，在该委托收款凭证上注明“拒绝付款”字样，销记发出委托收款凭证登记簿。然后将第四、第五联委托收款凭证、有关债务证明和第三、第四联拒付理由书一并退给收款人。收款人在第三联拒付理由书上签收后，收款人开户行将第三联拒付理由书连同第二联委托收款凭证一并保管备查。

第三节

票据业务的核算

票据是出票人签发由出票人自己或委托他人在见票时，或在票据到期日无条件支付确定金额给收款人或持票人的有价证券。广义的票据包括各种有价证券和商业凭证。我国《票据法》规定的是狭义票据，主要是指支票、银行本票、银行汇票和商业汇票。

一、支票业务的核算

（一）支票的概念及分类

支票是出票人签发的、委托办理支票存款业务的银行在见票时无条件支付确定的金额给收款人或者持票人的票据。

支票分为现金支票、转账支票、普通支票三种。票面上印有“现金”字样的为现金支票，现金支票只能用于支取现金；票面上印有“转账”字样的为转账支票，转账支票只能用于转账；票面上未印有“现金”或“转账”字样的为普通支票，普通支票可以用于支取现金，也可以用于转账。在普通支票左上角斜画两条平行线的，为划线支票。划线支票只能用于转账，不得支取现金。

（二）支票的基本规定

（1）支票适用于单位之间在同一票据交换区域的各种款项的结算。2007年6月，中国人民银行建成全国支票影像系统，个人支票实现全国互连使用，为防范支付风险，异地使用单笔上限为50万元。

（2）支票的出票人，为在经中国人民银行当地分支行批准办理支票业务的银行机构开立可以使用支票存款账户的单位和个人。支票的付款行为支票上记载的出票人开户银行。

（3）签发支票必须记载下列事项：表明“支票”字样，无条件支付的委托，确定的金额，付款人名称，出票日期，出票人签章。欠缺记载上列事项之一的，支票无效。

（4）支票的金额、收款人名称，可以由出票人授权补记，未补记前不得转让和提示付款。

（5）签发支票应使用碳素墨水或墨汁填写，大小写金额、日期和收款人不能更改，否则支票无效，对于票据上记载的其他事项，原记载人可以更改，但必须签章证明。

（6）支票金额无起点限制，提示付款期为 10 天，自出票之日算起，到期日遇例假日顺延。

（7）出票人签发空头支票、签章与预留银行签章不符的支票、使用支付密码地区，支付密码错误的支票，银行应予以退票，并按票面金额处以 5% 但不低于 1 000 元的罚款；持票人有权要求出票人赔偿支票金额 2% 的赔偿金。对屡次签发的，银行应停止其签发支票。

（8）持票人可以委托开户银行收款或直接向付款人提示付款。用于支取现金的支票仅限于收款人向付款人提示付款。持票人委托开户银行收款时，应作委托收款背书。银行应通过票据交换系统收妥后入账。

（9）转账支票可背书转让。

有关现金支票的核算手续，已在本书第三章作了叙述，这里只将转账支票的核算手续予以阐明。

（三）转账支票的核算

1. 持票人、出票人在同一银行机构开户的处理

银行接到持票人送来支票（见表 5－4）和两联进账单时，应认真审查：支票是否是统一印制的凭证，支票是否真实，提示付款期限是否超过；支票填明的持票人是否在本行开户；持票人的名称是否为该持票人、与进账单上的名称是否一致；出票人账户是否有足够支付的款项；出票人的签章是否符合规定，与预留银行的签章是否相符，使用支付密码的，其密码是否正确；支票的大小写金额是否一致，与进账单的金额是否相符；支票必须记载的事项是否齐全，出票金额、出票日期、收款人名称是否更改；其他记载事项的更改是否由原记载人签章证明；背书转让的支票是否按规定的范围转让，其背书是否连续，签章是否符合规定，背书使用粘单的是否按规定在粘接处签章；持票人是否在支票的背面作委托收款背书。经审核无误后，支票作借方凭证、第二联进账单作贷方凭证记账。其会计分录如下：

借：吸收存款——单位活期存款（出票人户）

　　贷：吸收存款——单位活期存款（持票人户）

第一联进账单加盖转讫章作收账通知交给持票人。

如为出票人向银行送交支票，则应填制三联进账单，银行受理后第一联进账单加盖转讫章作回单交给出票人，第三联进账单加盖转讫章作收账通知交给收款人，第二联进账单作贷方凭证与支票办理转账，会计分录同上。

【例 5－9】 收到开户单位第一制造厂签发的转账支票及进账单，金额为 2 000 元，用以支付同在本行开户的煤炭工业部货款。银行审查无误，办理转账。

借：吸收存款——单位活期存款（第一制造厂户）　　2 000

　　贷：吸收存款——单位活期存款（煤炭工业部户）　　2 000

2. 持票人、出票人不在同一银行机构开户的处理

（1）持票人开户行受理持票人送交支票的处理。

①持票人开户行的处理。持票人开户行接到持票人送交的支票和两联进账单时，应按有关规定认真审查无误后，在进账单上按票据交换场次加盖“收妥后入账”的戳记，将第一联交给持票人。支票按照票据交换的规定及时提出交换。提出支票时，做会计分录：

表 5－4

××银行转账支票存根

支票号码

附加信息

出票日期　　年　　月　　日

收款人：

金　额：

用　途：

单位主管　　　会计

本支票付款期限十天

××银行　**转账支票**　（省别简称）　支票号码

出票日期（大写）　　年　　月　　日　　付款行名称：

收款人：　　出票人账号：

人民币（大写）	亿	千	百	十	万	千	百	十	元	角	分

用途__________

上列款项请从

我账户内支付

出票人签章

复核　　记账

（使用清分机的，此区域供打印磁性字码）

规格：8×22.5cm 正联共 17cm（底纹按行别分色，大写金额栏加红水纹）。

借：清算资金往来——同城票据清算

　　贷：其他应付款

待退票时间过后，以第二联进账单作贷方凭证入账。其会计分录为：

借：其他应付款

　　贷：吸收存款——单位活期存款（持票人户）

对提出的支票，若在规定的退票时间内，接到对方银行退票通知，则将“其他应付款”和“清算资金往来”账户对转冲销。会计分录为：

借：其他应付款

　　贷：清算资金往来——同城票据清算

同时，在进账单第二联上注明退票原因，盖章后连同支票一起退还收款人。交易纠纷由双方单位自行解决。

②出票人开户行的处理。出票人开户行收到交换提入的支票，按有关规定认真审查无误后，不予退票的，支票作借方凭证，办理转账。其会计分录为：

借：吸收存款——单位活期存款（出票人户）

　　贷：清算资金往来——同城票据清算

支票发生退票时，出票人开户行应在票据交换结束后1小时内用电话通知持票人开户行，同时编制特种转账借方、贷方传票各一张，以其中一联特种转账借方传票作为“其他应收款”账户记账传票。其会计分录为：

借：其他应收款

　　贷：清算资金往来——同城票据清算

待下场交换时，出票人开户行将支票提出交换，退还给持票人开户行，再以另一联特种转账贷方传票作为记账凭证，冲销“其他应收款”账户。其会计分录为：

借：清算资金往来——同城票据清算

　　贷：其他应收款

出票人开户行对于因出票人签发空头支票或签章与预留银行印鉴不符的支票，除办理退票外，同时还应按规定向出票人扣收罚金作为营业外收入。其会计分录为：

借：吸收存款——单位活期存款（出票人户）

　　贷：营业外收入——结算罚金收入

【例 5－10】 收到开户单位变压器厂提交的两联进账单和房产公司签发的支票，金额为 268 000 元，银行将支票提出交换，经票据交换时间过后，按正常手续入账。

本行处理：

借：清算资金往来——同城票据清算	268 000	
贷：其他应付款		268 000
借：其他应付款	268 000	
贷：吸收存款——单位活期存款（变压器厂户）		268 000

提入行处理：

借：吸收存款——单位活期存款（房产公司户）	268 000	
贷：清算资金往来——同城票据清算		268 000

（2）出票人开户行受理出票人送交支票的处理。

①出票人开户行的处理。出票人开户行接到出票人交来的支票和三联进账单时，按有关规定认真审查无误后，支票作借方凭证入账。其会计分录为：

借：吸收存款——单位活期存款（出票人户）

　　贷：清算资金往来——同城票据清算

第一联进账单加盖转讫章作回单交给出票人，第二联进账单加盖业务公章连同第三联进账单按票据交换的规定及时提出交换。

②收款人开户行的处理。收款人开户行收到交换提入的第二、第三联进账单，经审查无误后，第二联进账单作贷方凭证，办理转账。其会计分录为：

借：清算资金往来——同城票据清算

　　贷：吸收存款——单位活期存款（收款人户）

第三联进账单加盖转讫章作收账通知交给收款人。

如收款人不在本行开户或进账单上的账号、户名不符，应通过“其他应付款”科目核算，然后将第二、第三联进账单通过票据交换退回出票人开户行。

二、银行本票业务的核算

（一）银行本票的概念

银行本票是银行签发的、承诺自己在见票时无条件支付确定的金额给收款人或者持票人的票据。

（二）银行本票的基本规定

（1）单位和个人在同一票据交换区域需要支付各种款项，均可以使用银行本票。

（2）银行本票的出票人，为经中国人民银行当地分支行批准办理银行本票业务的银行机构。代理付款人为代理出票银行审核支付银行本票款项的银行。

（3）签发银行本票必须记载下列事项：注明“银行本票”的字样，无条件支付的承诺，确定的金额，收款人名称，出票日期，出票人签章。欠缺记载上列事项之一的，银行本票无效。

（4）银行本票的提示付款期限自出票日起最长不得超过两个月，否则代理付款人不予受理。

（5）申请人或收款人为单位的，不得申请签发现金银行本票。

（6）出票银行受理银行本票应先收妥款项后签发银行本票。用于转账的，在银行本票上划去“现金”字样；申请人和收款人均为个人需要支取现金的，在银行本票上划去“转账”字样，用压数机压印出票金额。出票银行在银行本票上签章后交给申请人。

（7）银行本票无金额起点，注明“转账”字样银行本票可以背书转让。

（8）银行本票见票即付，但注明“现金”字样的银行本票持票人只能到出票银行支取现金。

（9）银行本票丧失，失票人可以凭人民法院出具的其享有票据权利的证明，向出票银行请求付款或退款。

（三）银行本票的处理手续

1. 出票行签发银行本票的处理

申请人使用银行本票，应向银行填写银行本票申请书，申请书一式三联，第一联为存根，第二联为借方凭证，第三联为贷方凭证。交现金办理本票的，第二联注销。申请书上应填明收款人名称、申请人名称、支付金额、申请日期等事项并签章。申请人和收款人均为个人需要支取现金的，应在“支付金额”栏先填写“现金”字样，后填写支付金额；申请人或收款人为单位的，不得申请签发现金银行本票。

出票银行受理银行本票申请书，应认真审查其填写的内容是否齐全、清晰；申请书填明“现金”字样的，还应审查申请人和收款人是否均为个人。

经审核无误后，收妥款项签发银行本票（见表5-5）。银行本票一式二联，第一联卡片，第二联本票。出票银行在银行本票第二联上签章后交给申请人。

申请人转账交存票款时，其会计分录为：

借：吸收存款——单位活期存款（申请人户）

　　贷：本票

申请人以现金交存票款时，其会计分录为：

借：库存现金

　　贷：本票

2. 银行本票付款的处理

（1）代理付款行兑付银行本票的核算。代理付款行接到在本行开立账户的持票人交来的本票和二联进账单时，应认真审核本票是否真实、是否超过提示付款期、与进账单上内容是否相符等有关规定内容无误后，第二联进账单作贷方凭证入账。其会计分录为：

表 5－5 银 行 本 票

× × 银 行

付款期限 × 个 月	本 票 2	地名 本票号码
	出票日期（大写） 年 月 日	

收款人：		申请人：	
凭票即付 人民币（大写）			
转账	现金		
备注：	出票行签章	出纳 复核 记账	此联出票行结清本票时作借方凭证

（使用清分机的，此区域供打印磁性字码）

规格：8×17cm（专用水印纸蓝油墨）

借：清算资金往来——同城票据清算

　　贷：吸收存款——单位活期存款（持票人户）

第一联进账单加盖转讫章作收账通知交给持票人。本票加盖转讫章，通过票据交换向出票行提出交换。

（2）出票行兑付本行签发的银行本票的核算。

①出票行兑付本行签发的“转账”字样本票的核算。出票行受理本行签发的“转账”字样本票时，除不通过票据交换外，审核等手续同上。经审核无误后，办理转账的会计分录为：

借：本票

　　贷：吸收存款——单位活期存款（持票人户）

【例 5－11】 开户单位远足鞋业公司持本行签发的本票一张，金额为 15 000 元，随进账单要求入账。

借：本票　　15 000

　　贷：吸收存款——单位活期存款（持票人户）　　15 000

②出票行兑付本行签发的“现金”字样本票的核算。按规定，现金本票提示付款只能到出票行办理。出票行接到收款人交来的注明“现金”字样的本票时，应抽出专夹保管的本票卡片，核对是否属本行签发，同时审核本票上填写申请人和收款人是否均为个人，查验收款人身份证件并留下复印件。审核无误后，以本票作借方凭证，本票卡片联作附件，办理付款手续。其会计分录为：

借：本票

贷：库存现金

出票行兑付本行签发的银行本票，其处理手续亦即结清银行本票。

3. 银行本票结清的处理

对于本行签发他行付款的银行本票，出票行在收到票据交换提入的本票时，应抽出专夹保管的本票卡片进行核对。经核对相符确属本行出票的，以本票作借方凭证，本票卡片作附件办理转账。其会计分录为：

借：本票

贷：清算资金往来——同城票据清算

4. 银行本票退款和超过提示付款期付款的处理手续

（1）银行本票退款的处理。申请人因银行本票超过付款期限或其他原因要求退款时，应将本票提交出票行。申请人为单位的，应出具该单位证明；申请人为个人的，应出具本人的身份证明。按规定出票行对在本行开立存款账户的申请人，其退款只能将本票款转入原申请人账户；对于现金本票和未在本行开户的申请人，才能退付现金。

申请人来行办理退款时，应根据本票金额填写一式两联进账单，连同本票及有关证明提交出票银行。如个人申请现金本票退款的，则免填进账单。银行受理后，认真按规定审核，并与原本票卡片核对无误后，在本票上注明“未用退回”字样，以进账单作贷方传票，本票作借方传票，本票卡片联作附件，办理退款。

转账退付时，会计分录为：

借：本票

贷：吸收存款——单位活期存款（原申请人户）

进账单第一联加盖转讫章后退交申请人。

退付现金时，会计分录为：

借：本票

贷：库存现金

记账后将现款支付给申请人。

（2）超过提示付款期付款的处理。持票人超过提示付款期不获付款的，在票据权利时效内请求付款时，应向出票行说明原因，并将本票交出票行。持票人为个人的，应交验本人的身份证件。出票行收到本票经与原存本票卡片或存根核对无误后，即在本票上注明“逾期付款”字样，办理付款手续。

持票人在本行开立账户的，应填制一式两联进账单，连同本票交出票行。出票行审核无误后，以进账单作贷方传票，本票作借方传票，本票卡片或存根联作附件，办理付款。

转账付款时，会计分录为：

借：本票

贷：吸收存款——单位活期存款（持票人户）

转账后，将进账单回单联加盖转讫章后退交持票人。

如持票人以现金本票要求付款的，免填进账单。支付现金时，会计分录为：

借：本票

贷：库存现金

记账后将现款交持票人。

持票人未在本行开户的，应根据本票填写一式三联进账单，连同本票交出票行。出票行经核对无误后，办理付款。其会计分录为：

借：本票

　　贷：清算资金往来——同城票据清算

转账后进账单第一联加盖转讫章后退交持票人，进账单第二、第三联通过票据交换转交持票人开户行。

持票人开户行收到票据交换转来的进账单，以进账单第二联作贷方传票，办理收账。其会计分录为：

借：清算资金往来——同城票据清算

　　贷：吸收存款——单位活期存款（持票人户）

收账后将进账单第三联加盖转讫章后，作为收账通知交持票人。

三、银行汇票业务的核算

（一）银行汇票的概念

银行汇票是出票银行签发的、由其在见票时，按照实际结算金额无条件支付给收款人或者持票人的票据。

银行汇票适用范围广泛，单位和个人需要在异地支付的各种款项均可使用；汇票使用灵活，票随人到，持票人可直接到兑付地的银行取款，也可持票到指定单位购物结算，还可以在兑付行办理转汇；汇票兑现性较强，余款自动退回，是目前使用最为广泛的票据结算工具。

（二）银行汇票的基本规定

（1）单位和个人需要在异地支付的各种款项均可以使用银行汇票。

（2）签发银行汇票必须记载下列事项：表明“银行汇票”的字样，无条件支付的承诺，出票金额，付款人名称，收款人名称，出票日期，出票人签章。欠缺记载上列事项之一的，银行汇票无效。

（3）银行汇票的提示付款期限自出票日起1个月，持票人超过付款期限提示付款的，代理付款行不予受理。

（4）银行汇票的实际结算金额不得更改，否则银行汇票无效。

（5）现金汇票的签发，申请人和收款人必须均为个人，银行不得为单位签发现金银行汇票。

（6）银行汇票允许背书转让，但仅限于转账银行汇票。

（7）银行汇票丧失，失票人可凭人民法院出具的其享有票据权利的证明，向出票银行请求付款或退款。填明“现金”字样及代理付款行的汇票丧失，失票人可到代理付款行或出票行申请挂失。

（三）银行汇票的处理手续

1. 银行汇票出票的处理手续

申请人需要使用银行汇票，应向银行填写汇票申请书（见表5-6），申请书一式三联，第一联存根，第二联借方凭证，第三联贷方凭证。交现金办理汇票的，第二联注销。

表5－6　　××银行汇票申请书（借方凭证）　2

申请日期：　年　月　日

<table>
<tr><td colspan="2">申　请　人</td><td></td><td colspan="5">收　款　人</td><td colspan="5"></td></tr>
<tr><td colspan="2">账号或住址</td><td></td><td colspan="5">账号或住址</td><td colspan="5"></td></tr>
<tr><td colspan="2">汇 款 用 途</td><td></td><td colspan="5">代理付款行</td><td colspan="5"></td></tr>
<tr><td rowspan="2">汇款
金额</td><td colspan="2" rowspan="2">人民币
（大写）</td><td>千</td><td>百</td><td>十</td><td>万</td><td>千</td><td>百</td><td>十</td><td>元</td><td>角</td><td>分</td></tr>
<tr><td></td><td></td><td></td><td></td><td></td><td></td><td></td><td></td><td></td><td></td></tr>
<tr><td colspan="3">上列款项请在
我账户内支付

申请人签章</td><td colspan="10">科目（借）________
对方科目（贷）________
转账日期　年　月　日
复核　记账</td></tr>
</table>

8.5×17.5公分（白纸蓝油墨）

出票行受理申请人提交的第二、第三联申请书时，应认真审查其内容是否填写齐全、清晰；其签章是否为预留银行的签章；申请书填明“现金”字样的，申请人和收款人是否均为个人并交存现金。经审查无误后，才能受理其签发银行汇票的申请。

转账交付的，以第二联申请书作借方凭证，第三联申请书作贷方凭证，其会计分录为：

借：吸收存款——单位活期存款（申请人户）

　　贷：汇出汇款

现金交付的，以第三联申请书作贷方凭证，其会计分录为：

借：库存现金

　　贷：汇出汇款

出票行在办好转账或收妥现金后，签发银行汇票（见表5－7）。银行汇票一式四联，第一联卡片，第二联汇票联，第三联解讫通知，第四联多余款收账通知。填写的汇票经复核无误后，第二联上加盖汇票专用章并由授权的经办人签名或盖章，签章必须清晰；在实际结算金额栏的小写金额上端用总行统一制作的压数机压印出票金额。然后连同第三联一并交给申请人。第一联上加盖经办、复核名章，在逐笔登记汇出汇款账并注明汇票号码后，连同第四联一并专夹保管。同时编制表外科目付出传票，登记表外科目明细账，并登记重要空白凭证登记簿。

付出：重要空白凭证——银行汇票

【例5－12】 宏大公司填写银行汇票申请书，申请签发银行汇票，金额为300 000元，持往异地购货，银行审查无误，签发汇票。

借：吸收存款——单位活期存款（宏大公司户）　　300 000

　　贷：汇出汇款　　300 000

付出：重要空白凭证——银行汇票　　1

2. 银行汇票付款的处理手续

（1）持票人在代理付款行开有账户的核算。代理付款行接到在本行开立账户的持票人直接交来的汇票联、解讫通知联和两联进账单时，应认真审查汇票是否真实；是否超过

表 5－7　　　　　　　　　　银行汇票格式

付款期限
壹个月

××银行

银行汇票　　2

汇票号码

第　　号

出票日期

（大写）　　年　月　日

代理付款行：				行号：						
收款人：	账号：									
出票金额 人民币（大写）										
实际结算金额 人民币（大写）	千	百	十	万	千	百	十	元	角	分

此联代理付款行付款后作联行往账借方凭证附件

申请人：________　　　　　　账号或住址：________

出票行：______　行号：______

备　注：________

凭票付款

出票行签章

多余金额										科目（借）________
千	百	十	万	千	百	十	元	角	分	对方科目（贷）________
										转账日期　年　月　日
										复核　　记账

注：汇票号码前加印省别代号。

提示付款期；汇票联和解讫通知联是否齐全；与进账单有关内容是否一致；使用密押的密押是否正确；压数机压印的金额同大写出票金额是否一致；汇票多余金额结计是否正确等。内容审核无误后，汇票作借方凭证附件，第二联进账单作贷方凭证办理转账，会计分录为：

借：清算资金往来——××清算行户（或有关科目）

　　贷：吸收存款——单位活期存款（持票人户）

第一联进账单加盖转讫章作收账通知交给持票人，解讫通知连同资金汇划单证一并交出票行。

【例 5－13】开户单位美饰公司提交进账单，附浙江省宁波市支行签发的银行汇票一份办理转账，实际结算金额为 9 000 元，多余金额为 1 000 元。

借：清算资金往来——××清算行户（或有关科目）　　9 000

　　贷：吸收存款——单位活期存款（美饰公司户）　　9 000

（2）持票人未在代理付款行开立账户的核算。代理付款行接到未在本行开户的持票人为个人交来的汇票和解讫通知及两联进账单时，除按上述有关规定认真审查外，还必须认真审查持票人的身份证件，并将身份证复印件留存备查。对现金汇票持票人委托他人向代理付款行提示付款的，代理付款行必须查验持票人和被委托人的身份证件，在汇票背面是否作委托收款背书，以及是否注明持票人和被委托人身份证件名称、号码及发证机关，并要求提交持票人和被委托人身份证件复印件留存备查。审查无误后，以持票人姓名开立应解汇款账户，并在该分户账上填明汇票号码以备查考，第二联进账单作贷方凭证，办理转账。其会计分录为：

借：清算资金往来——××清算行户（或有关科目）

　　贷：吸收存款——应解汇款（持票人户）

①持票人需要一次或分次办理转账支付的，应由其填制支付凭证，并向银行交验本人身份证件。其会计分录为：

借：吸收存款——应解汇款（持票人户）

　　贷：××科目——××户

②持票人需支取现金的，代理付款行经审查汇票上填写的申请人和收款人确为个人并按规定填明“现金”字样，以及填写的代理付款行名称确为本行的，可一次办理现金支付手续；未填明“现金”字样，需要支取现金的，由代理付款行按照现金管理规定审查支付，另填制一联现金付出传票，其会计分录为：

借：吸收存款——应解汇款（持票人户）

　　贷：库存现金

【例5-14】 收款人李丽持系统内某银行签发的现金银行汇票一份，金额为80 000元，经审核无误立即办理。

借：清算资金往来——××清算行户（或有关科目）	80 000	
贷：吸收存款——应解汇款（李丽户）		80 000
借：吸收存款——应解汇款（李丽户）	80 000	
贷：库存现金		80 000

③持票人需要转汇时，在办理解付后，可以委托代理付款银行办理信、电汇结算或重新签发银行汇票。

3. 银行汇票结清的处理手续

出票行接到代理付款行寄来的解讫通知及资金汇划单证。抽出原专夹保管的汇票卡片，经核对确属本行出票，分情况处理如下：

（1）汇票全额付款的，应在汇票卡片的实际结算金额栏填入全部金额，在多余款收账通知的多余金额栏填写“-0-”，汇票卡片作借方凭证，多余款收账通知作借方凭证的附件。其会计分录如下：

借：汇出汇款

　　贷：清算资金往来——某清算行户（或有关科目）

同时销记汇出汇款账。

（2）汇票有多余款的，应在汇票卡片和多余款收账通知上填写实际结算金额，结出多余金额，汇票卡片作借方凭证。其会计分录为：

借：汇出汇款

　　贷：清算资金往来——××清算行户（或有关科目）

　　　　吸收存款——单位活期存款（申请人户）

同时销记汇出汇款账，在多余款收账通知上加盖转讫章，通知申请人。

（3）申请人不在银行开立账户的，多余金额应先转入其他应付款科目。其会计分录为：

借：汇出汇款

贷：清算资金往来——××清算行户（或有关科目）

其他应付款——原申请人户

同时销记汇出汇款账，并通知申请人持申请书存根及本人身份证件来行办理领取手续。领取时以多余款项收账通知代其他应付款科目借方凭证。会计分录为：

借：其他应付款——原申请人户

贷：库存现金

【例5-15】 收到异地发来邮划借方报单及银行汇票第三联，汇票金额为70 000元，报单金额为67 000元，该汇票申请人为本行开户单位钟表眼镜公司。银行核对无误，办理转账。

借：汇出汇款 70 000

贷：清算资金往来——××清算行户（或有关科目） 67 000

吸收存款——单位活期存款（钟表眼镜公司户） 3 000

4. 银行汇票退款和超过提示付款期付款的处理

（1）退款的处理。申请人因银行汇票超过提示付款期或其他原因要求退款时，应将银行汇票联和解讫通知联同时提交出票银行办理，并按规定提交证明或身份证件。缺少解讫通知联要求退款的，出票银行应于银行汇票提示付款期满一个月后办理。出票行经与原保管的汇票卡片核对无误，即在汇票和解讫通知的实际结算金额大写栏内注明“未用退回”字样，以汇票第一联作借方传票，汇票作附件，解讫通知作贷方传票（若退付现金，则作为借方凭证附件），办理退款。

转账退付时，会计分录为：

借：汇出汇款

贷：吸收存款——单位活期存款（申请人户）

退付现金时，会计分录为：

借：汇出汇款

贷：库存现金

同时销记汇出汇款登记簿，多余款收账通知的多余金额栏注明原汇票金额，加盖银行专用章后交申请人。

（2）超过提示付款期限付款的处理。持票人超过提示付款期不获付款的，在票据权利时效内请求付款，应向出票银行说明原因，并交回汇票和解讫通知。持票人为个人的还应交验本人身份证件。出票人经与原保管的汇票卡片核对无误后，即在汇票和解讫通知的备注栏填写“逾期付款”字样，一律通过“吸收存款——应解汇款”科目核算，并分情况进行处理。

①汇票全额付款的处理。在汇票卡片和多余款收账通知联上注明实际金额，余额处注明“-0-”，以汇票卡片作借方传票，解讫通知作贷方传票，多余款收账通知作贷方传票附件，办理转账。其会计分录为：

借：汇出汇款

贷：吸收存款——应解汇款（持票人户）

同时销记汇出汇款登记簿，由持票人填写银行汇票申请书或电（信）汇凭证，委托银行签发银行汇票或办理汇款。其会计分录为：

借：吸收存款——应解汇款（持票人户）

贷：汇出汇款（或有关科目）

若持票人提交的是现金汇票，其处理与上述相同，只是持票人在填写汇票申请书或汇兑凭证时应注明“现金”字样。

②汇票有余款付款的处理。若持票人交来的汇票有余款，则应将余款注明在汇票卡片和多余款收账通知联上，以汇票卡片作借方传票，解讫通知作贷方传票，另编一联特种转账贷方传票作余款的记账传票，办理转账。其会计分录为：

借：汇出汇款

贷：吸收存款——应解汇款（持票人户）

——单位活期存款（申请人户）

销记汇出汇款登记簿后，将余款通知交申请人，向持票人办理付款。会计处理与汇票全额付款时的处理手续相同。

四、商业汇票业务的核算

（一）商业汇票的概念

商业汇票是出票人签发的、委托付款人在指定日期无条件支付确定的金额给收款人或者持票人的票据。

（二）商业汇票的基本规定

（1）在银行开立存款账户的法人以及其他组织之间，必须具有真实的交易关系或债权债务关系，才能使用商业汇票。禁止签发无商品交易的商业汇票用以骗取银行或者其他票据当事人的资金。

（2）商业汇票同城、异地均可适用，其按承兑人的不同可分为商业承兑汇票和银行承兑汇票两种。商业承兑汇票由银行以外的付款人承兑，银行承兑汇票由银行承兑，商业汇票的付款人为承兑人。承兑是指汇票付款人承诺在汇票到期日支付汇票金额的票据行为。

（3）商业汇票的提示付款期限为自汇票到期日起10日。商业汇票的付款期限最长不得超过6个月。

（4）承兑行在承兑汇票时，应按票面金额向出票人收取万分之五的手续费。

（5）银行承兑汇票的出票人于汇票到期日未能足额交存票款时，承兑银行除凭票向持票人无条件付款外，对出票人尚未支付的汇票金额每天按照逾期贷款规定利率计收利息。

（6）商业汇票允许贴现，并允许背书转让。

（三）商业承兑汇票的处理手续

1. 持票人开户行受理汇票的处理手续

使用商业承兑汇票的交易双方按约定签发商业承兑汇票。商业承兑汇票一式三联（见表5-8）。第一联由承兑人留存；第二联由承兑人承兑后交收款人留存，汇票到期前由持票人开户行随结算凭证寄交付款人开户行凭以收取汇票款项；第三联由出票人留存。承兑时，承兑人在商业承兑汇票第二联上签署“承兑”字样，并加盖预留银行印鉴。

表 5-8

商 业 承 兑 汇 票　　2

出票日期（大写）　　年　月　日　　　　汇票编码：

<table>
<tr><td rowspan="3">付款人</td><td>全称</td><td colspan="3"></td><td rowspan="3">收款人</td><td>全称</td><td colspan="3"></td></tr>
<tr><td>账号</td><td colspan="3"></td><td>账号</td><td colspan="3"></td></tr>
<tr><td>开户行</td><td></td><td>行号</td><td></td><td>开户行</td><td></td><td>行号</td><td></td></tr>
<tr><td colspan="2" rowspan="2">汇票金额</td><td colspan="4" rowspan="2">人民币
（大写）</td><td colspan="4">亿 千 百 十 万 千 百 十 元 角 分</td></tr>
<tr><td colspan="4"></td></tr>
<tr><td colspan="2">汇票到期日
（大写）</td><td colspan="3">年　月　日</td><td rowspan="2">付款行</td><td>行号</td><td colspan="3"></td></tr>
<tr><td colspan="2">交易合同编码</td><td colspan="3"></td><td>地址</td><td colspan="3"></td></tr>
<tr><td colspan="5">本汇票已经本单位承兑，到期无条件支付票款。

承兑人签章：
承兑日期　　年　月　日</td><td colspan="5">本汇票请予以承兑，到期日付款。

出票人签章：</td></tr>
</table>

此联持票人开户行随托收凭证寄付款人开户行作借方凭证

持票人于汇票到期日前匡算邮程（如承兑人在同城，收款人应于汇票到期日通过开户行委托收款）填制委托收款凭证，并在“委托收款凭据名称”栏注明“商业承兑汇票”及汇票号码，连同汇票一并交开户银行。银行按有关规定审核无误后，在委托收款凭证各联加盖“商业承兑汇票”戳记，第一联委托收款凭证加盖业务公章作回单给持票人；第二联委托收款凭证登记发出委托收款凭证登记簿后，专夹保管；第三联加盖结算专用章连同第四、第五联委托收款凭证和商业承兑汇票邮寄付款人开户行。

2. 付款人开户行收到汇票的处理

商业承兑汇票的付款人开户银行收到寄来的商业承兑汇票及委托收款凭证，按有关规定审查无误后，将第三、第四联委托收款凭证登记收到委托收款凭证登记簿后，专夹保管，将商业承兑汇票留存，第五联委托收款凭证交给付款人并签收。

付款人收到开户银行的付款通知，应在当日通知银行付款。付款人在接到通知日的次日起 3 日内（遇法定休假日顺延）未通知银行付款的，视同付款人承诺付款，银行应于付款人接到通知日的次日起第 4 日（法定休假日顺延）上午开始营业时，将票款划给持票人。付款人若提前收到由其承兑的商业汇票，并同意付款的，银行应于汇票到期日将票款划给持票人。

(1) 付款人账户有足够款项支付的处理。付款人开户银行划款时，以第三联委托收款凭证作借方凭证，汇票加盖转讫章作附件，销记收到委托收款凭证登记簿，第四联委托收款凭证加盖转讫章后，转交持票人开户行。其会计分录为：

借：吸收存款——单位活期存款（付款人户）

　　贷：清算资金往来——××清算行户（或有关科目）

【例 5-16】 收到异地系统内某行发来的委托收款凭证及商业承兑汇票，金额为 3 400 元，付款人为在本行开户的市科华计算机经销公司。承付期满，付款人足额付款。

借：吸收存款——单位活期存款（市科华计算机经销公司户） 3 400

贷：清算资金往来——××清算行户（或有关科目） 3 400

（2）付款人账户无款支付或不足支付的处理。付款人在接到银行付款通知次日起3日内没有任何异议，但其银行账户内无款支付或不足支付的，银行应在委托收款凭证和收到委托收款凭证登记簿上注明退回日期和"无款支付"字样，并填制三联付款人未付款项通知书（用异地结算通知书代替），将第一联通知书和第三联委托收款凭证留存备查，将第二、第三联通知书，第四联委托收款凭证连同汇票一起邮寄收款人开户行。如电报划款的，不另拍发电报。

（3）付款人拒绝支付票款的处理。付款人对已承兑的商业汇票，如果存在合法抗辩事由，应自接到通知的次日起3日内向银行提交一式四联拒付理由书，连同委托收款凭证第五联一起交开户行。

银行收到付款人的拒绝付款理由书，经审核无误后，在委托收款凭证和收到委托收款凭证登记簿备注栏注明"拒绝付款"字样，然后将有关拒付证明连同委托收款凭证及汇票一起邮寄至持票人开户行转交持票人。

3. 持票人开户行收到划回票款或退回凭证的处理手续

持票人开户行收到付款人开户行寄来的委托收款凭证第四联，与留存的委托收款第二联凭证进行核对，无误后注明转账日期，办理转账。其会计分录为：

借：清算资金往来——××清算行户（或有关科目）

贷：吸收存款——单位活期存款（收款人户）

然后通知收款人，并销记发出委托收款凭证登记簿。

持票人开户行接到付款人开户行发来的付款人未付票款通知书或拒付理由书和汇票及委托收款凭证，抽出留存的第二联凭证核对无误后，在该凭证备注栏及发出委托收款凭证登记簿上作相应记载后，将委托收款凭证、汇票及未付票款通知书或拒付理由书退给持票人，并由持票人签收。交易纠纷由持票人与付款人自行解决。

（四）银行承兑汇票的处理手续

1. 承兑银行办理汇票承兑的处理手续

银行承兑汇票（见表5－9）是由在承兑银行开户的存款人签发，该汇票一式三联，第一联卡片，由承兑行留存备查；第二联汇票联，由收款人持有，待到期托收；第三联存根，由出票人存查。

银行承兑汇票签发完毕后，由出票人或持票人持银行承兑汇票向汇票上记载的付款行（一般为出票人的开户行）申请承兑，银行信贷部门按照有关规定审查同意后，与出票人签署银行承兑协议，协议一式三联，一联留存，另一联及其副本和第一、第二联汇票一并交本行会计部门。

会计部门收到后按有关规定认真审核汇票必须记载的事项是否齐全，出票人的签章是否符合规定，出票人是否在本行开有存款账户，汇票上记载的出票人名称、账号是否相符，汇票是否为统一规定印制的凭证。审核无误后，在第一、第二联汇票上注明承兑协议编号，并在第二联汇票"承兑人签章"处加盖汇票专用章，并由授权的经办人签名或盖章。同时，按票面金额万分之五向出票人收取承兑手续费。承兑银行根据第一联汇票卡片

表 5－9

银行承兑汇票 2

出票日期（大写） 年 月 日 汇票号码

<table>
<tr><td>出票人全称</td><td></td><td rowspan="3">收款人</td><td>全 称</td><td colspan="11"></td></tr>
<tr><td>出票人账号</td><td></td><td>账 号</td><td colspan="11"></td></tr>
<tr><td>付款行全称</td><td></td><td>开户银行</td><td colspan="11"></td></tr>
<tr><td rowspan="2">出票金额</td><td rowspan="2" colspan="3">人民币
（大写）</td><td>亿</td><td>千</td><td>百</td><td>十</td><td>万</td><td>千</td><td>百</td><td>十</td><td>元</td><td>角</td><td>分</td></tr>
<tr><td></td><td></td><td></td><td></td><td></td><td></td><td></td><td></td><td></td><td></td><td></td></tr>
<tr><td>汇票到期日
（大写）</td><td></td><td rowspan="2">付款行</td><td>行号</td><td colspan="11"></td></tr>
<tr><td>承兑协议编号</td><td></td><td>地址</td><td colspan="11"></td></tr>
<tr><td colspan="2">本汇票请你行承兑，到期无条件付款。
出票人签章</td><td colspan="2">本汇票已做承兑，到期日由本行付款。
承兑行签章
承兑日期 年 月 日
条件：</td><td colspan="11">复核 记账</td></tr>
</table>

此联收款人开户行随托收凭证寄付款行作借方凭证附件

10×17.5cm（专用水印纸蓝油墨，出票金额栏加红水纹）

填制银行承兑汇票表外科目收入凭证，登记表外科目登记簿，并将第一联汇票卡片和承兑协议副本专夹保管。其会计分录为：

借：吸收存款——单位活期存款（承兑申请人户）

　　贷：手续费及佣金收入

收入：银行承兑汇票

【例 5－17】市科华计算机经销公司签发的一份金额为 300 000 元的商业汇票，来行申请承兑，经审查银行同意承兑并收取手续费。

借：吸收存款——单位活期存款（市科华计算机经销公司户） 150

　　贷：手续费及佣金收入 150

收入：银行承兑汇票 300 000

2. 持票人开户行受理汇票的处理

持票人凭汇票委托开户行向承兑银行收取票款时，应填制邮划或电划委托收款凭证，在“委托收款凭据名称”栏注明“银行承兑汇票”及其汇票号码，连同汇票一并送交开户行。

银行按有关规定审查：银行承兑汇票是否是统一印制的凭证；提示付款期是否超过；汇票上填明的持票人是否在本行开户；出票人、承兑人的签章是否符合规定；汇票内容有无涂改；收款人或背书人是否在背面盖章，背书是否连续等。银行审核无误后，在委托收款凭证各联上加盖“银行承兑汇票”戳记。第一联委托收款凭证上加盖业务公章作回单给持票人；第二联登记发出委托收款凭证登记簿后，专夹保管；第三联加盖结算专用章，连同第四、第五联委托收款凭证和汇票邮寄承兑银行。

3. 承兑银行对到期汇票收取票款的处理

银行承兑汇票的承兑申请人应于汇票到期前将票款足额交存其开户银行。承兑银行应每天查看汇票到期情况，对到期的汇票，应于到期日（法定休假日顺延），根据承兑申请人账户存款情况分别处理：

（1）承兑申请人账户有足够款项支付的处理。承兑申请人账户有足够的款项支付时，承兑银行填制两联特种转账借方传票、一联特种转账贷方传票，并在“转账原因”栏注明“根据××号汇票划转票款”。其会计分录为：

借：吸收存款——单位活期存款（承兑申请人户）

　　贷：吸收存款——应解汇款（承兑申请人户）

另一联特种转账借方传票加盖转讫章后，作支款通知交给申请人。

【例5-18】 接上例，市科华计算机经销公司申请承兑的金额为300 000元的汇票到期，银行按协议收取票款，该单位足额支付。

借：吸收存款——单位活期存款（市科华计算机经销公司户）　300 000

　　贷：吸收存款——应解汇款（市科华计算机经销公司户）　300 000

（2）承兑申请人账户无款或不足支付的处理。承兑申请人账户无足够的款项支付时，不足部分应转入该申请人逾期贷款户，银行每日按万分之五计收利息。承兑银行应按不足金额填制两联特种转账借方传票，在“转账原因”栏注明“××号汇票无款支付转入逾期贷款户”。再按可支付金额填制两联特种转账借方传票，在“转账原因”栏注明“××号汇票划转部分票款”。按汇票金额填制一联特种转账贷方传票办理转账。其会计分录为：

借：吸收存款——单位活期存款（承兑申请人户）

　　贷款——逾期贷款（承兑申请人户）

　　贷：吸收存款——应解汇款（承兑申请人户）

两联特种转账借方凭证加盖转讫章后，作支款通知和逾期贷款通知交给申请人。

【例5-19】 市科华计算机经销公司申请承兑的金额为300 000元的汇票到期，银行按协议收取票款，该单位只能支付为200 000元。

借：吸收存款——单位活期存款（市科华计算机经销公司户）　200 000

　　贷款——逾期贷款（市科华计算机经销公司户）　100 000

　　贷：吸收存款——应解汇款（市科华计算机经销公司户）　300 000

4. 承兑银行支付票款的处理

承兑银行接到持票人开户行寄来的委托收款凭证及汇票，抽出专夹保管的汇票卡片和承兑协议副本按有关规定认真审核无误后，应于汇票到期日或到期日之后的见票当日，按照委托收款付款的手续处理。其会计分录为：

借：吸收存款——应解汇款（承兑申请人户）

　　贷：清算资金往来——某清算行户（或有关科目）

另填制银行承兑汇票表外科目付款凭证，销记表外科目登记簿。

付出：银行承兑汇票

【例 5－20】收到对方行发来的银行承兑汇票及委托收款凭证，金额为 300 000 元，经审查出票人为本行开户的市科华计算机经销公司且汇票已到期，银行划付票款。

借：吸收存款——应解汇款（市科华计算机经销公司户）　　300 000

　　贷：清算资金往来——××清算行户（或有关科目）　　300 000

付出：银行承兑汇票　　300 000

5. 持票人开户行收到划回款项的处理

持票人开户行收到承兑银行寄来的委托收款凭证第四联，与留存的委托收款第二联凭证进行核对，无误后注明转账日期，办理转账。其会计分录为：

借：清算资金往来——××清算行户（或有关科目）

　　贷：吸收存款——单位活期存款（收款人户）

然后通知收款人，并销记发出委托收款凭证登记簿。

第四节 信用卡业务的核算

一、信用卡的概念及有关规定

（一）信用卡的概念

信用卡是指商业银行向个人和单位发行的，凭以向特约单位购物、消费和向银行存取现金，且具有消费信用的支付工具。信用卡按使用对象分为单位卡和个人卡，按信誉等级分为金卡和普通卡。

（二）信用卡的有关规定

（1）商业银行（包括外资银行、合资银行）、非银行金融机构未经中央银行批准不得发行信用卡。非金融机构、境外金融机构的驻华代表机构不得发行信用卡和代理收单结算业务。

（2）凡在中国境内金融机构开立基本存款账户的单位可申领单位卡。凡具有完全民事行为能力的公民可申领个人卡。

（3）单位卡账户的资金一律从其基本存款账户转账存入，不得交存现金，不得将销货收入的款项存入其账户。单位卡一律不得支取现金，不得用于 10 万元以上商品交易、劳务供应款项的结算。

（4）个人卡账户的资金以其持有的现金存入或以其工资性款项及属于个人的劳动报酬收入转账存入。严禁将单位的款项存入个人卡账户。

（5）信用卡只限于合法持卡人本人使用，持卡人不得出租或转借信用卡。

（6）信用卡的透支额，金卡最高不得超过 1 万元，普通卡最高不得超过 5 000 元。透支期限最长为 60 天。信用卡透支利息，自签单日或银行记账日起 15 日内按日息万分之五计算，超过 15 日按日息万分之十计算，超过 30 日或透支金额超过规定限额的，按日息万分之十五计算。透支计息不分段，按最后期限或者最高透支额的最高利率档次计息。

(7) 持卡人使用信用卡不得发生恶意透支。恶意透支是指持卡人超过规定限额或规定期限，并且经发卡银行催收无效的透支行为。

(8) 信用卡丢失，持卡人应立即持本人身份证件或其他有效证明，并按规定提供有关情况，向发卡银行或代办银行申请挂失。发卡银行或代办银行审核后办理挂失手续。

二、发行信用卡的核算

(一) 发行单位卡的核算

单位申领信用卡，应按规定填写信用卡申请表，连同有关资料一并交发卡银行。发卡行审核同意后，应及时通知申请人前来办理领卡手续，并按规定向其收取备用金和手续费。申请人接到通知，其在发卡行开户的，应填制转账支票及三联进账单交给银行，发卡行审查无误后，比照支票结算的有关手续处理，并另填制一联特种转账贷方凭证作收取手续费凭证。其会计分录为：

借：吸收存款——单位活期存款（××单位户）

　　贷：吸收存款——银行卡存款（××单位户）

　　　　手续费及佣金收入

申请人未在发卡行开户的，应填制转账支票及两联进账单交银行，发卡行审查无误后，填制一联收取手续费的特种转账贷方凭证，转账后，将支票通过票据交换交申请人基本存款账户的开户行。其会计分录为：

借：清算资金往来——信用卡清算

　　贷：吸收存款——银行卡存款（××单位户）

　　　　手续费及佣金收入

(二) 发行个人卡的核算

个人申领信用卡，申领手续同单位卡。申请人交存现金的，银行收妥后，发给其信用卡。其会计分录为：

借：库存现金

　　贷：吸收存款——银行卡存款（××人户）

　　　　手续费及佣金收入

申请人转账存入的，银行收到申请人交来的转账支票及进账单，认真审核其个人资金来源无误后，比照单位卡的有关手续处理。

发卡行在办理信用卡发卡手续时，应登记信用卡账户开销户登记簿和发卡清单，并在发卡清单上记载领卡人身份证件号码，并由领卡人签收。

三、凭信用卡存取现金的核算

持卡人凭信用卡存取现金时，银行应认真审查信用卡的真伪及有效期限；核对信用卡号码是否是已付卡的号码；核对当面签字与预留签字是否一致。审查无误后，办理存取款手续。

（一）同城存取现金的核算

1. 持卡人凭信用卡存入现金的核算

持卡人凭信用卡存入现金时，银行经审查无误后，压制一式四联存款单，第一联回单，第二联贷方凭证，第三联贷方凭证附件，第四联存根。

（1）持卡人在发卡行直接存入现金的，由持卡人在存款单上签名，并应核对其签名与信用卡签名是否相符。如为持卡人的代理人交存现金的，应由代理人签名。

无误后办理收款手续。其会计分录为：

借：库存现金

　　贷：吸收存款——应解汇款（××人户）

借：吸收存款——应解汇款（××人户）

　　贷：吸收存款——银行卡存款（××人户）

第一联存款单交持卡人，第四联存款单留存。

（2）持卡人如在非发卡行存入现金，则收存行收存现金后，其会计分录为：

借：库存现金

　　贷：吸收存款——应解汇款（××人户）

记账后，应将第二联存款单通过票据交换交给发卡行。其会计分录为：

借：吸收存款——应解汇款（××人户）

　　贷：清算资金往来——信用卡清算

发卡行收到划来款项，其会计分录为：

借：清算资金往来——信用卡清算

　　贷：吸收存款——银行卡存款（××人户）

2. 持卡人凭信用卡支取现金的核算

持卡人凭信用卡支取现金，需填制取现单并应提交身份证件，取现单一式四联，各联分别为回单、借方传票、贷方传票附件和存根。银行审查信用卡的真伪及有效期；持卡人身份证件的照片或卡片上的照片是否与其本人相符；该信用卡是否为止付卡。审查无误后，在取现单上办理压卡、填写取现金额、身份证件号码等，由持卡人签名并核对其签名与信用卡签名是否一致，与身份证的姓名是否相同，持卡人取现超过规定限额的应办理授权，并将授权号填入取现单。

凭信用卡支取现金的会计分录与凭信用卡存入现金的会计分录相反，这里不再详述。

（二）异地存取现金的核算

持卡人持异地发卡行发行的信用卡存入和支取现金时，经办行应按规定标准收取手续费，并将手续费金额填在存款单和取现单上。经办行对持卡人持异地发卡行发行的信用卡支取现金的，以取现单代传票，并另行填制一联特种转账贷方传票收取手续费。其会计分录为：

借：清算资金往来——某清算行户

　　贷：吸收存款——应解汇款（××人户）

借：吸收存款——应解汇款（××人户）

　　贷：库存现金

手续费及佣金收入

取现单的有关联随划款报单寄发卡行。发卡行收到划款报单后，转账的会计分录为：

借：吸收存款——银行卡存款（××人户）

　　贷：清算资金往来——××清算行户

如为异地存入现金，各行的会计分录相反。

四、凭信用卡直接消费的核算

持卡人凭信用卡在同城或异地直接消费时，需填制签购单，签购单一式四联，第一联回单，第二联借方凭证，第三联贷方凭证附件，第四联存根。由特约单位填制进账单及汇计单与签购单一并送存银行，经办行应向特约单位收取手续费。

银行对特约单位提交的凭证应认真审查：签购单及其压印的内容是否为本行可受理的信用卡；签购单上有无持卡人签名、身份证件号码、特约单位名称和编号；签购单的小写金额是否与大写金额相符；签购单上压印的信用卡有效期限是否在有效期内；超过规定交易限额的，有无授权号；汇计单和签购单的内容是否一致，汇计单、签购单和进账单的结计金额是否正确；手续费计算是否正确。审查无误后进行账务处理。

（一）收、付款人在同一行处开户的核算

第一联进账单作收账通知与第一联汇计单作交费依据，退交特约单位；第二联进账单作特约单位存款账户的转账贷方传票，第三联签购单作附件；填制一联手续费收入科目特种转账贷方传票，第二联汇计单作附件；第二联签购单作借方传票；汇计单第三联、签购单第四联留存。其会计分录为：

借：吸收存款——银行卡存款（××人户）

　　贷：吸收存款——单位活期存款（特约单位户）

　　　　手续费及佣金收入

（二）收、付款人在同一城市不同行处开户的核算

特约单位开户行将第三联签购单连同第三联汇计单通过票据交换提交给发卡行，款项收妥抵用。

特约单位开户行的会计分录为：

借：清算资金往来——信用卡清算

　　贷：吸收存款——单位活期存款（特约单位户）

　　　　手续费及佣金收入

发卡行的会计分录为：

借：吸收存款——银行卡存款（××人户）

　　贷：清算资金往来——信用卡清算

（三）收、付款人在异地行处开户的核算

特约单位开户行需通过联行往来将款项划往发卡行，其具体处理方法不再详述。

本章小结

在市场经济条件下，货币结算可分为现金结算和转账结算两种。现金结算是收、付款双方直接以现金进行清算，是货币作为流通手段的表现；而转账结算则是通过银行将款项从付款单位账户划转到收款单位账户的货币收付行为，表现为各存款账户之间的资金转移。

单位和个人办理支付结算以及银行会计部门在组织支付结算业务核算时，必须认真贯彻执行“恪守信用，履约付款；谁的钱进谁的账，由谁支配；银行不垫款”的原则，以保证资金清算的顺利进行。

现行的支付结算是以票据为主体，各种结算方式相互配合的结算办法体系，主要由“三票”“三式”和“一卡”组成。“三票”是指支票、汇票和银行本票三种票据，其中汇票又分为银行汇票和商业汇票；“三式”是指汇兑、托收承付和委托收款三种结算方式；“一卡”是指信用卡。其中，支票和银行本票为用于同城或同一票据交换区域范围内的支付结算方式；银行汇票、汇兑和托收承付为用于异地的支付结算方式；商业汇票、委托收款和信用卡为同城、异地均可使用的支付结算方式。

思考与应用

一、名词解释

1. 支票
2. 银行本票
3. 银行汇票
4. 商业汇票
5. 信用卡
6. 托收承付结算
7. 汇兑
8. 委托收款

二、单项选择题

1. 银行汇票按规定（　　）。

A. 可以转让　　B. 收款人为个人的转账银行汇票可经背书转让

C. 不能流通转让　　D. 现金银行汇票可以转让

2. 银行承兑汇票承兑后，到期无条件支付票款的是（　　）。

A. 承兑申请人　　B. 出票人

C. 代理付款行　　D. 承兑银行

3. ×月×日，客户张军持便条通知及身份证来行支取电汇款一笔，金额为5 000元，用途为差旅费，经审查并验对身份证件无误后支付现金，其会计分录为（　　）。

A. 借：清算资金往来　　5 000
　　贷：现金　　5 000

B. 借：吸收存款——应解汇款（张军户）　　5 000
　　贷：现金　　5 000

C. 借：清算资金往来　　5 000
　　贷：吸收存款——应解汇款（张军户）　　5 000

D. 借：现金　　5 000
　　贷：吸收存款——应解汇款（张军户）　　5 000

4. 上海机械厂一笔托收承付款，金额为15 800元，10月12日承付期满，因付款人无款支付，逾期至10月27日上午开业时一次划款，银行计收的赔偿金为（　　）元。

A. 110.60　　B. 118.50

C. 102.70　　D. 115.40

5. 办理汇兑业务时，汇入行对留行待取的款项，应先转入（　　）。

A. 其他应付款科目　　B. 其他应收款科目

C. ××存款科目　　D. 应解汇款科目

6. 银行汇票出票行结清银行汇票时，对有多余款而申请人又未在银行开立账户的，多余金额应先转入（　　）。

A. 其他应付款科目　　B. 应解汇款科目

C. 其他应收款科目　　D. ××存款科目

7. 信、电汇原汇入行办理转汇的会计分录为（　　）。

A. 借：清算资金往来
　　贷：清算资金往来

B. 借：吸收存款——应解汇款
　　贷：吸收存款——应解汇款

C. 借：吸收存款——应解汇款
　　贷：清算资金往来

D. 借：清算资金往来
　　贷：吸收存款——应解汇款

8. 在办理汇兑业务时，汇出行对汇款人未在银行开立账户的退汇款，应先转入（　　）。

A. 其他应付款科目　　B. 其他应收款科目

C. ××存款科目　　D. 应解汇款科目

9. 某单位于20××年12月5日（星期一）签发一张面额为5 000元的转账支票，该支票的提示付款期可至（　　）。

A. 12月13日　　B. 12月14日

C. 12 月 15 日　　D. 12 月 16 日

10. 现行支付结算办法规定，商业汇票的提示付款期限为（　　）。

A. 最长不得超过 6 个月　　B. 自出票日起 10 日

C. 自出票日起 3 个月　　D. 自到期日起 10 日

11. 由银行签发，承诺自己在见票时无条件支付确定的金额给收款人或持票人的票据是指（　　）。

A. 银行汇票　　B. 支票

C. 银行承兑汇票　　D. 银行本票

三、多项选择题

1. 下列各项结算方式中，仅适用于同城的有（　　）。

A. 支票　　B. 银行本票

C. 银行汇票　　D. 商业汇票

E. 汇兑

2. 办理汇兑业务时，汇入行对以下哪些款项可以办理退汇（　　）。

A. 对收款人未在汇入行开立账户的汇款

B. 汇款超过两个月，收款人尚未来行办理取款手续

C. 汇款在规定期限内汇入行已寄出通知，但因收款人住址迁移或其他原因，以致该笔汇款无人受领

D. 对收款人拒收的汇款

E. 对收款人在汇入行开立账户的汇款

3. 委托收款结算方式可能出现的情况有（　　）。

A. 部分付款　　B. 如期如数付款

C. 无款支付　　D. 划付赔偿金款

E. 拒绝付款

4. 现行支付结算体系中的票据包括（　　）。

A. 商业汇票　　B. 银行汇票

C. 支票　　D. 商业本票

E. 银行本票

5. 不能背书转让的票据包括（　　）。

A. 填明“现金”字样的银行汇票

B. 未填明“现金”字样的银行汇票

C. 填明“现金”字样的银行本票

D. 现金支票

E. 出票人在票据上记载“不得转让”字样的票据

四、判断题

1. 空头支票就是未填写金额的支票。（　　）

2. 出票人签发空头支票或与预留银行签章不符的支票，银行应退票，并按票面额处以5%的罚款。（ ）

3. 银行本票见票即付，但注明“现金”银行本票的持票人只能到出票行支取现金。（ ）

4. 签发转账银行汇票，必须填写代理付款行名称。（ ）

5. 商业汇票的最长付款期限不得超过9个月，商业汇票的提示付款期自汇票到期日起10日。（ ）

6. 托收承付结算，付款人承付货款分为验单付款和验货付款。验单付款3天，验货付款10天。（ ）

7. 委托收款结算方式在同城、异地均可以使用。（ ）

8. 汇兑结算中，汇款人或收款人为个人的，可以在汇入行支取现金。（ ）

9. 汇兑结算中，如需转汇的，应重新办理汇款手续，但其收款人与汇款用途必须是原汇款的收款人和用途。（ ）

10. 托收承付的付款人开户银行对逾期未付的托收凭证，负责进行扣款的期限为三个月，如扣款期满托收款项仍未付清，银行应于当日通知付款人将有关交易单证在2日内退回银行。（ ）

11. 背书附有条件的，所附条件不具有票据上的效力。（ ）

12. 某银行票据交换后提入票据，经审查，开户单位签发的面额为8 000元的支票，印鉴不符，银行应计收罚款为400元。（ ）

13. 出票行签发银行汇票后，可直接通过清算资金往来科目核算。（ ）

14. 申请人或收款人为单位的，银行不得为其签发现金银行本票。（ ）

15. 支票的持票人委托开户银行收款时，应作委托收款背书。（ ）

五、问答题

1. 支付结算的原则、纪律是什么？

2. 支付结算的种类有哪些？哪些适用于同城？哪些适用于异地？

六、业务处理题

1. 开户单位远足鞋业公司以支票支付电话费16 800.50元。

2. 收到开户单位变压器厂提交的两联进账单和房产公司签发的支票，金额为268 000元，银行将支票提出交换，经票据交换时间过后，按正常手续入账。

3. 本行开户单位家园百货公司签发现金支票提取备用金5 000元。

4. 交换提回支票一份，金额为12 000元，付款单位为本行开户的灯具公司，银行审核无误，办理转账。

5. 交换提回支票一份，金额为7 000元，付款单位为本行开户的起重机厂，经审核，该账户存款余额不足，作退票处理。

6. 长春市佳佳百货公司提交转账支票及进账单，要求将货款3 000元划给在他行开户的单位华源材料有限公司。银行审核无误予以转账，并将进账单提出交换。

7. 收到经票据交换提入的一份支票，金额为 20 000 元，付款人为在本行开户的新广电器厂，收款人为在他行开户的市加力电子公司。银行审核无误按正常手续入账。

8. 开户单位远足鞋业公司持本行签发的本票一张，金额为 15 000 元，随进账单要求入账。

9. 开户单位新华书店电汇异地某支行开户单位北京人民出版社书款 12 325. 60 元。

10. 收到异地某支行电汇来货款 8 000 元，收款单位为利民百货商店。

11. 一笔金额为 10 000 元的应解汇款因两个月来一直无人领取，经审查收款人李键已离开本市，银行将该笔汇款退汇至原汇出行。

12. 开户单位中国伞厂申请电汇异地某公司货款，金额为 25 670 元。

13. 开户单位新光电器厂邮划天津机器厂委托收款的货款 15 000 元。

14. 收到深圳电划来异地托收承付货款 53 280 元，收款单位为本行开户的展华灯具公司。

15. 开户单位远足鞋业公司到期承付异地托收承付货款 17 000 元。

16. 收到南京支行寄来汇划单证，附汇票解讫通知一份，计货款 16 000 元，系结清本行开户单位中国伞厂前开银行汇票一份，出票金额为 18 000 元。

17. 开户单位美饰公司提交进账单，附异地某支行签发的银行汇票一份办理转账，实际结算金额为 9 000 元，多余金额为 1 000 元。

18. 化工厂付款的一笔托收承付款项，金额为 700 000 元，7 月 6 日承付期满，付款人只能支付 300 000 元，逾期于 7 月 9 日支付 200 000 元，8 月 10 日支付剩余 200 000 元。试计算银行应计收的赔偿金。

第六章 银行往来及资金清算业务的核算

【要点提示】

本章主要阐述银行各行处之间资金汇划与资金清算的意义、核算要求与处理方法。商业银行与人民银行往来业务的核算方式与方法，人民银行现代化支付系统的业务内容及处理方法等。通过本章的学习，要求掌握商业银行资金汇划往来的基本做法，掌握商业银行与人民银行往来的核算方法，了解人民银行现代化支付系统的基本做法。

第一节 概述

一、银行往来及资金清算概述

我国实行多元化金融机构体系，国民经济各部门、各单位间的资金划拨和货币结算，除一部分在同一银行系统间发生外，还有一部分经常会涉及两个不同系统的银行，进而引起商业银行间资金账务往来。同时，商业银行之间经常进行的资金融通、相互拆借也会引起商业银行间资金账务往来。商业银行吸收的一般存款，要按规定的比率缴存中央银行，吸收的财政性存款必须全额划缴中央银行，商业银行营运资金不足时，可按规定向中央银行申请再贷款、再贴现。中央银行为商业银行之间资金存欠提供的资金清算服务，以及中央银行为实现金融调控和监管目标，一系列货币政策的运用和发挥作用等，还会引起商业银行与中央银行之间的资金往来。可见，银行往来既是实现银行间资金划拨与清算的手段，又是中央银行行使职能所必需的。

银行往来主要包括中央银行与商业银行之间的往来、各商业银行之间的往来以及同一银行系统内部往来等。即中央银行与商业银行之间，以及各商业银行之间，由于资金的调拨与缴存、款项的汇划与结算、资金的融通与拆借等原因引起的资金账务往来。随着经济的不断发展，银行之间资金划拨的规模迅速增长，客观上对资金划拨和清算的要求不断提高，使得银行往来与资金清算在经济发展的过程中变得越来越重要。因此，做好银行往来及资金清算的核算工作，科学地组织凭证传递和业务处理，对于加速国民经济资金周转，提高资金使用效益，具有十分重要的意义。

二、银行资金清算的模式

目前，我国已初步建成以中国现代化支付系统为核心，以商业银行行内系统为基础，票据交换系统、银行卡支付系统等共同组成的支付清算网络。

（一）联行往来系统

各商业银行系统内的联行往来系统，主要适用于各商业银行本系统内各银行之间异地资金的汇划。随着电子计算机技术的普及，各商业银行相继开通了电子清算系统，使各联行机构的款项汇划实现了电子汇划、无纸传递，大大提高了异地汇划的速度和资金清算的效率。

（二）人民银行的手工联行系统

人民银行的手工联行系统，主要适用于尚未开通电子联行地区或银行的跨行贷记资金汇划业务和少量的借记资金汇划业务。

（三）人民银行的电子联行系统

人民银行的电子联行系统，主要适用于各商业银行跨系统各银行之间的贷记资金汇划业务通过人民银行进行的转汇。

（四）票据交换系统

各大中城市的票据交换系统或票据清分系统，主要适用于同一城市或票据交换区域的各银行之间的票据往来业务。

（五）现代化支付系统

现代化支付系统由大额实时支付系统和小额批量支付系统两个应用系统组成。大额实时支付系统实行逐笔实时处理支付口令，全额清算资金，目标是为银行和社会企事业单位以及金融市场提供快速、安全、可靠的支付清算服务。小额批量支付系统实行批量发送支付口令，轧差净额清算资金，目标是为社会提供低成本、大业务量的支付清算服务，支撑各种支付业务，满足社会各种经济活动的需要。

（六）银行卡支付系统

银行卡支付系统是由银行卡跨行支付系统以及发卡行内银行卡支付系统组成的专门处理银行卡跨行加以信息转接和交易清算业务，由中国银联建设和运营，具有借记卡和信用卡、密码方式和签名方式共享等特点。2004 年银行卡跨行支付系统成功接入中国人民银行大额实时支付系统，实现了银行卡跨行支付的实时清算。

第二节　资金汇划清算的核算

资金汇划清算是充分运用先进科技手段，以有利于银行资金宏观管理和灵活调度，提高经济效益，防范金融风险，便于核算操作为出发点，建立起来的与商业银行统一法人制和企业化管理相适应的新的联行往来核算系统，是对传统手工联行做法的重大改革。该核算系统利用先进的计算机网络系统，将发报行、收报行之间横向的资金往来转换成纵向的资金汇划；资金划拨快捷，资金清算及时，大大减少了在途资金，防止了行与行相互之间的资金存欠，是我国联行往来核算改革的成果和异地划拨资金的发展方向。我国各商业银行自1999年起，先后以资金汇划清算系统取代了原来的联行往来制度。这对提高资金汇划速度，加强资金管理，提高商业银行集约化经营水平和资金使用效益，进一步发挥银行的职能作用，都具有十分重大的意义。

一、资金汇划清算的业务范围和基本做法

（一）资金汇划清算系统的业务范围

资金汇划清算系统承担汇兑、托收承付、委托收款（含商业汇票、国内信用证、储蓄委托收款等）、银行汇票、银行卡、储蓄旅行支票、内部资金划拨、其他经总行批准的款项汇划及其资金清算，对储蓄、银行卡异地通存通兑业务的资金清算，同时办理有关的查询、查复业务。

（二）资金汇划清算系统的结构

资金汇划清算系统由汇划业务经办行（简称经办行）、清算行、省区分行及总行清算中心组成，各行间通过计算机网络连接。

经办行就是办理结算和资金汇划业务的行处。汇划业务的发生行为发报经办行，汇划业务的接收行为收报经办行。

清算行就是在总行清算中心开立备付金存款账户的行，各直辖市分行和二级分行（包括省区分行营业部）均为清算行，清算行负责办理辖属行处汇划款项的清算。

省区分行也在总行清算中心开立备付金户，但不用于汇划款项的清算，只用于办理系统内资金调拨和内部资金利息的汇划。

总行清算中心主要是办理系统内各经办行之间的资金汇划、各清算行之间的资金清算及资金拆借、账户对账等账务的核算与管理。

（三）资金汇划清算系统的基本做法与处理程序

1. 资金汇划清算系统的基本做法

资金汇划清算系统的基本做法是：实存资金，同步清算，头寸控制，集中监督。

实存资金，是指以清算行为单位在总行清算中心开立备付金存款账户，用于汇划款项时资金清算。

同步清算，是指当发报经办行通过其清算行经总行清算中心将款项汇划给收报经办行的同时，总行清算中心每天根据各行汇出汇入资金情况，从各该清算行备付金账户付出资金或存入资金，从而实现各清算行之间的资金清算。

头寸控制，是指各清算行在总行清算中心开立的备付金存款账户，保证足额存款，总行清算中心对各行汇划资金实行集中清算。清算行备付金存款不足，二级分行可向管辖省区分行借款，省区分行和直辖市分行、直属分行头寸不足可向总行借款。

集中监督，是指在资金汇划清算系统中，总行清算中心对汇划往来数据发送、资金清

算、备付金存款账户资信情况和行际间查询、查复情况进行管理和监督。

2. 资金汇划清算系统的处理程序

按照上述基本做法，资金汇划清算系统的基本操作程序是：各发报经办行根据发生的结算等资金汇划业务录入数据，全部及时发送至发报清算行；发报清算行将辖属各发报经办行的资金汇划信息传输给总行清算中心；总行清算中心对发报清算行传输来的汇划数据及时传输给收报清算行；收报清算行当天或次日将汇划数据传输给收报经办行，从而实现资金汇划业务。其中，清算行处于信息中转的地位，既要向总行清算中心传输发报经办行的汇划信息，又要向收报经办行传输总行清算中心发来的汇划业务信息，资金汇划的出口、入口均反映在清算行，使其可以控制辖属经办行的资金汇划与清算。资金汇划流程如图 6－1 所示。

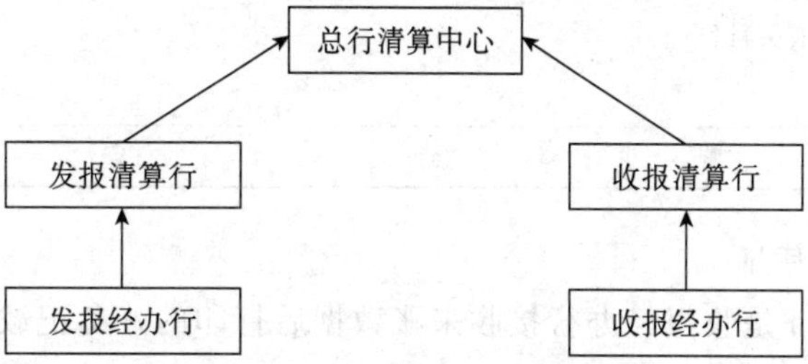

图 6－1　资金汇划流程

二、资金汇划清算的会计科目与会计凭证

（一）资金汇划清算业务的会计科目

1. “上存系统内款项”科目

该科目为资产类科目。用于核算下级行存放上级行的资金，凡是各清算行和省区分行在总行开立的备付金账户以及二级分行在省区分行开立的调拨资金户均使用该科目核算。

各清算行包括直辖市分行、总行直属分行和二级分行均应在“上存系统内款项”科目下设置“上存总行备付金”账户，用于核算资金调拨和清算辖属行处的汇划款项；二级分行还需要设置“上存省区分行调拨资金”账户，用于核算在辖内集中调拨资金。

2. “系统内款项存放”科目

该科目为负债类科目。各上级行用以核算下级行备付金存款和调拨资金。总行清算中心核算反映各清算行和省区分行在总行的备付金存款增减变动情况，总行在“系统内款项存放”科目下按清算行和省区分行设“备付金存款户”；省区分行以该科目核算反映二级分行的调拨资金存款的增减变动，在该科目下按二级分行设置“调拨资金存款户”。

3. “清算资金往来”科目

该科目为资产负债共同类科目。用以核算反映各发、收报经办行与清算行之间的资金汇划往来与清算情况，余额轧差反映。

（二）资金汇划往来的基本凭证

1. 辖内往来汇总记账凭证

辖内往来汇总记账凭证，由发报经办行日终根据当天向清算行发出的汇划业务信息打印，并以打印的“资金汇划业务清单”作附件。辖内往来汇总记账凭证分为“辖内往来汇总记账凭证（借方）”（见表6－1）和“辖内往来汇总记账凭证（贷方）”两种。

表6－1　　辖内往来汇总记账凭证（借方）

行名（分签行）：	日期：
户名：辖内往来	汇划户账号：
金额：（大写）	
金额：（小写）	
摘要：［汇划发报］汇总记账笔数：	附件张数：
会计分录　借：辖内往来 　　　　　贷：有关科目 银行盖章：	
事后监督：　　主管：	会计：　　打印：

2. 资金汇划补充凭证

资金汇划补充凭证是收报经办行接收来账数据后打印的账务记载的依据和款项已入账的通知。该凭证分为“资金汇划（借方）补充凭证”（见表6－2）和“资金汇划（贷方）补充凭证”两种。

表6－2　　资金汇划借方补充凭证

资金汇划（借方）补充凭证	（京）记账凭证
行　名：	收报日期：
业务种类：银行汇票	处理方向：汇出汇款多余额记账
收款人账号：	付款人账号：
收款人户名：	
付款人户名：	
大写金额：	
小写金额：	
发报流水号：	收报流水号：
发报行行名：	收报行行名：
发报日期：	打印次数：
补制副本标志：	
汇票号码：	
出票金额（小写）：	汇票余款金额（小写）：
用途：	
银行附言：部分解付余款入账	
客户附言：	
收电：　　记账：	复核：

（1）资金汇划（借方）补充凭证（一式两联）。一联作有关科目借方凭证，另一联作有关科目的凭证或附件。

(2) 资金汇划(贷方)补充凭证(一式两联)。一联作有关科目贷方凭证,另一联作收款通知。

资金汇划补充凭证是空白重要凭证,应纳入表外科目控制与反映。

三、资金汇划往来与清算的核算

(一) 发报经办行的处理

发报经办行是资金汇划业务的发生行,业务发生后,要经过录入、复核和授权三个环节的处理。汇划业务的发出分为实时处理和批量处理,实时处理主要是对紧急款项的划拨和查询、查复事项要及时处理,其他业务作批量处理。

首先由经办人员根据客户填写的汇划凭证用计算机录入汇划凭证内容。其次复核人员根据原始汇划凭证,进行全面审查、复核。然后授权人员根据"事权划分"的权限进行授权,实时业务全部授权,批量业务金额在10万元以上(含10万元)的业务须经各经办行会计主管授权;金额在1亿元以上(含1亿元)的业务经办行必须将原始凭证送交或使用加押传真送至管辖清算行,由清算行会计主管办理特大额发报授权。

业务数据经过录入、复核、授权无误后,产生有效汇划数据,由系统按规定时间发送至清算行。贷报业务(如托收承付、委托收款、汇兑等)的会计分录为:

借:吸收存款等科目

贷:清算资金往来——发报清算行

如为借报业务(如银行汇票、信用卡等),则会计分录相反。

每日营业终了,电汇凭证第三联,托收承付凭证、委托收款凭证、银行卡凭证第四联,银行汇票第二、第三联,银行承兑汇票第二联,储蓄旅行支票、储蓄委收利息清单等,作"辖内往来"科目凭证的附件。"信汇付款指令"信汇业务,应在信汇凭证第三联上加盖"结算专用章"后连同第四联邮寄收报经办行,同时应打印输出"辖内往来汇划汇总记账凭证""汇划发报汇总""资金汇划业务清单""资金汇划业务量统计表"等凭证或清单。

为确保发出资金汇划业务的正确,每日营业终了还应进行数据核对。由手工轧计当日原始汇划凭证的笔数和金额、辖内往来汇划凭证的笔数和金额、资金汇划业务量统计表的汇总笔数和金额、汇划发报汇总的笔数和金额、资金汇划业务清单的笔数和金额,上述各项应核对一致。

(二) 发报清算行的处理

发报清算行收到发报经办行传输来的跨清算行汇划业务后,计算机自动记载"上存系统内款项"科目和"辖内往来"科目有关账户。如收到发报经办行发来的贷方汇划业务,则会计分录为:

借:清算资金往来——发报经办行

贷:上存系统内款项——上存总行备付金户

如为借方汇划业务,则会计分录相反。

经过按规定权限授权、编押及账务处理后,汇划业务数据由计算机自动传输至总行。如遇清算行在总行清算中心备付金存款不足时,"上存总行备付金"账户余额可暂时在贷方反映，但清算行要迅速筹措资金补充备付金头寸。

发报清算行每天营业终了的处理，除使用“上存系统内款项”科目和向总行传输对账数据外，应打印“清算行辖内汇总记账凭证”“清算行备付金汇总记账凭证”“汇划收发报情况汇总”“资金汇划业务清单”“系统内资金汇划（清算行）业务量统计表”等凭证或清单并核对有关数据。数据核对正确后，系统会自动更新各科目有关账户发生额、余额。

（三）总行清算中心的处理

总行清算中心收到各发报清算行汇划款项，由计算机自动登记后，将款项传送至收报清算行。每日营业终了，更新各清算行在总行开立的备付金存款账户。如为贷方汇划款项，则会计分录为：

借：系统内款项存放——发报清算行备付金户

　　贷：系统内款项存放——收报清算行备付金户

如为借报业务，则会计分录相反。

每日营业终了，经账务核对无误后，打印“试算平衡表”“备付金存款分析表”“资金汇划系统资金流向表”等，以便分析当日资金汇划业务情况和资金流向情况。

（四）收报清算行的处理

收报清算行对资金汇划款项采取分散管理模式或集中管理模式处理。分散式即各项业务的账务核算均在经办行处理，汇划业务只需要经清算行转划。集中式即清算行作为业务处理中心，负责全辖汇划收报的集中处理及汇出汇款等内部账务的集中管理。

为便于清算行区分全辖业务和自身业务的需求，清算行设置两套账务系统分别核算全辖业务和自身业务。全辖业务核算主要包括：系统内上存款项业务、批量来账当日挂账、分散管理模式中与经办行之间的各种业务往来、集中管理模式中代理经办行记账等业务。自身业务核算主要包括：来账错押的挂账、集中管理模式中应解汇款、银行汇票、银行卡、储蓄通存通兑以及向人民银行提出（提入）交换等业务的核算。

各清算行是采用分散式还是集中式（只能选择其一），一经确定后，即在汇划系统中设定，收报清算行收到总行清算中心传来的汇划业务数据，计算机自动检测收报经办行是否为辖属行处，并经核押无误后自动按分散式或集中式进行账务处理。

1. 集中式

（1）实时汇划业务核押无误后，由清算行一并处理本身及收报经办行的账务，记账信息传至收报经办行。如为贷报业务，则会计分录为：

借：上存系统内款项——上存总行备付金户

　　贷：清算资金往来——收报经办行

（代经办行）借：清算资金往来——收报清算行

　　　　　　　　贷：吸收存款等科目

如为借报业务，则会计分录相反。

（2）批量业务核押无误后，当日进行挂账，次日由清算行代收报经办行逐笔确认、记账。如为贷报业务，则会计分录为：

当日，借：上存系统内款项——上存总行备付金户

贷：其他应付款——待处理汇划款项户

次日，借：其他应付款——待处理汇划款项户

贷：清算资金往来——收报经办行

（代经办行）借：清算资金往来——收报清算行

贷：吸收存款等科目

如为借报业务，则会计分录为：

当日，借：其他应收款——待处理汇划款项户

贷：上存系统内款项——上存总行备付金户

次日，借：清算资金往来——收报经办行

贷：其他应收款—待处理汇划款项户

（代经办行）借：吸收存款等科目

贷：清算资金往来——收报清算行

2. 分散式

（1）对核押无误的实时汇划业务，清算行确认后及时传至收报经办行，如为贷报业务，则会计分录为：

借：上存系统内款项——上存总行备付金户

贷：清算资金往来——收报经办行

如为借报业务，则会计分录相反。

（2）批量业务当日收到，经核押无误后，账务处理与集中式批量处理相同，即当日先转入“其他应付款”或“其他应收款”科目，待次日收报经办行确认后，冲减“其他应付款”或“其他应收款”科目并通过“辖内往来”科目传至收报经办行记账。

每天营业终了，收报清算行无论采用分散式还是集中式管理模式，均应编制或打印相关凭证和清单，如“清算行辖内往来汇总记账凭证”“清算行备付金汇总记账凭证”“资金汇划业务清单”等，并核对相关汇划数据。

（五）收报经办行的处理

在采用分散管理模式下，收报经办行收到收报清算行传来的批量、实时汇划信息，经确认无误后，由汇划系统自动记账，并打印“资金汇划补充凭证”。如为贷报业务，则会计分录为：

借：清算资金往来——收报清算行

贷：吸收存款等科目

如为借报业务，则会计分录相反。

若收报经办行收到“信汇付款指令”汇划业务，经确认无误后，应先进行账务处理，其会计分录为：

借：清算资金往来——收报清算行

贷：其他应付款——待处理汇划款项户

待收到发报经办行邮寄的第三、第四联信汇凭证，经核对相符后，再转入相关账户，其会计分录为：

借：其他应付款——待处理汇划款项户

贷：吸收存款等科目

每日营业终了，收报经办行应打印“资金汇划业务清单”“辖内往来汇总记账凭证”等相关凭证、清单，并进行数据核对。

在采用集中管理模式下，收报业务均由清算行代理记账，收报经办行只须于日终打印“资金汇划补充凭证”和有关记账凭证和清单等，用于账务核对。

（六）资金汇划清算的查询、查复

查询、查复是保证银行资金汇划清算系统安全运行、防范案件事故的重要手段，各级行处必须予以高度重视，严格按照“有疑速查、查必彻底、有查速复、复必详尽”的原则办理。

1. 查询、查复的基本规定

（1）查询、查复时要根据原始凭证填写和录入查询、查复书，经会计主管人员签章和授权方可发出；

（2）查询书于当日（最迟次日）发出，收到查询书后于两个工作日内查清并答复查询行；

（3）处理完毕的查询查复书与有关资料配套专夹装订保管；

（4）查询查复事项必须通过资金汇划系统进行；

（5）各级行处根据管理需要，定期或不定期打印查询、查复登记簿，以备考查。

2. 查询的处理

（1）录入查询书必须根据手工填制的查询书，对押不符收报清算行自动产生查询书的，必须打印出查询书；

（2）授权人员按规定就录入内容与查询书及原始资料进行核对，确认后授权发送。如果录入内容有误将查询书交由原经办人员修改。

3. 查复的处理

（1）收到发来的查询报文后，打印查询书；

（2）根据查询书认真核对有关原始凭证，查清原因后填制和输入查复书；

（3）授权人员按规定就查复书有关内容与查询书及原始资料进行核对，确认后授权发送；如果录入内容有误，将查复书交由原经办人员修改。

4. 日终处理

营业终了，系统统一打印“查询业务清单”“查复业务清单”，以备查考。

四、系统内资金调拨及利息计算

（一）备付金存款账户的开立与资金存入

清算行和省区分行在总行清算中心开立备付金存款账户时，可通过人民银行将款项直接存入总行清算中心。上存时填制特种转账传票进行账务处理，其会计分录为：

借：其他应收款——待处理汇划款项户

贷：存放中央银行款项

待接到总行清算中心借记信息后，进行账务处理。其会计分录为：

借：上存系统内款项——上存总行备付金户

贷：其他应收款——待处理汇划款项户

总行清算中心收到各清算行和省区分行上存的备付金后，当日通知有关清算行，进行账务处理。其会计分录为：

借：存放中央银行款项

贷：系统内款项存放——清算行（省区分行）备付金户

各清算行或省区分行通过人民银行汇款补足备付金存款、二级分行通过人民银行向管辖的省区分行上存用于调拨的资金时，其处理与上述相同。

（二）系统内拆借资金的核算

1. 一般借入

（1）清算行如不能通过人民银行汇款补足在总行清算中心的备付金存款，经有权人批准，向管辖行申请借入资金。

①省区分行接到二级分行资金借款申请书后，经有权人批准，向总行清算中心办理资金借出手续。其会计分录为：

借：系统内借出——一般借出户

贷：上存系统内款项——上存总行备付金户

②总行清算中心收到省区分行借出资金信息后，当日自动进行账务处理。其会计分录为：

借：系统内款项存放——省区分行备付金户

贷：系统内款项存放——清算行备付金户

③清算行收到借款信息后，自动进行账务处理。其会计分录为：

借：上存系统内款项——上存总行备付金户

贷：系统内借入——一般借入户

（2）省区分行经有权人批准可向总行借款，其账务处理为：

①总行接到省区分行资金借款申请书后，经有权人批准，办理资金借出手续。其会计分录为：

借：系统内借出——一般借出户

贷：系统内款项存放——省区分行备付金户

②省区分行收到借款信息后，自动进行账务处理。其会计分录为：

借：上存系统内款项——上存总行备付金户

贷：系统内借入——一般借入户

2. 强行借入

如二级分行在总行备付金不足，日终又不能立即借入资金补足，总行清算中心有权主动代省区分行强行向二级分行借出资金，同时通知二级分行和省区分行。强行借款的处理，除将“系统内借出（入）”科目的“一般借出（入）户”改为“强行借出（入）户”外，其余处理手续与上述相同。

①如省区分行在总行备付金存款余额不足以向二级分行借出资金，总行清算中心先向省区分行强行借出资金，然后再向二级分行借出资金。其会计分录为：

借：系统内借出——强行借出户

贷：系统内款项存放——省区分行备付金户

借：系统内款项存放——省区分行备付金户

贷：系统内款项存放——清算行备付金户

②省区分行收到总行清算中心代本行强行拆借给辖属二级分行的强行借款通知后，进行账务处理。其会计分录为：

借：上存系统内款项——上存总行备付金户

贷：系统内借入——强行借入户

借：系统内借出——强行借出户

贷：上存系统内款项——上存总行备付金户

③二级分行收到总行清算中心通知后进行账务处理。其会计分录为：

借：上存系统内款项——上存总行备付金户

贷：系统内借入——强行借入户

（三）归还借款的核算

二级分行在总行清算中心备付金存款足以归还向省区分行借款时，经有权人批准，向总行清算中心发出还款通知。填制特种转账凭证，进行账务处理。其会计分录为：

借：系统内借入——一般借入户或强行借入户

贷：上存系统内款项——上存总行备付金户

总行清算中心系统自动更新总行清算中心和省区分行有关账户。总行清算中心的会计分录为：

借：系统内款项存放——清算行备付金户

贷：系统内款项存放——省区分行备付金户

省区分行的会计分录为：

借：上存系统内款项——上存总行备付金户

贷：系统内借出——一般借出户或强行借出户

省区分行向总行清算中心归还借款。其会计分录为：

借：系统内借入——一般借出户或强行借出户

贷：上存系统内款项——上存总行备付金户

总行清算中心的会计分录为：

借：系统内款项存放——省区分行备付金户

贷：系统内借出——一般借出户或强行借出户

二级分行或省区分行借款到期不能归还，到期日营业终了，自动转入各该科目逾期贷款户，并自转入日按规定的逾期贷款利率计息。

（四）利息清算的核算

总行清算中心按季计算各清算行及省区分行存入总行的备付金存款和借款利息，并下划各行。

(1) 总行清算中心下划存款利息时，其会计分录为：

借：利息支出——系统内往来支出户

贷：系统内款项存放——省区分行（清算行）备付金户

清算行和省区分行收到后，进行账务处理。其会计分录为：

借：上存系统内款项——上存总行备付金户

　　贷：利息收入——系统内往来收入户

（2）总行清算中心下划借款利息时，其会计分录为：

借：系统内款项存放——省区分行（清算行）备付金户

　　贷：利息收入——系统内往来收入户

清算行和省区分行收到后，进行账务处理。其会计分录为：

借：利息支出——系统内往来支出户

　　贷：上存系统内款项——上存总行备付金户

各清算行和省区分行在总行清算中心的备付金存款不足支付借款利息的，总行先作强行借款处理，然后按前述账务处理下划借款利息。省区分行按季向辖属清算行计收借款利息及计付调拨资金存款利息的核算与上述处理相同。

第三节　商业银行间往来的核算

商业银行之间的往来又称为同业往来，是指商业银行之间由于办理跨系统结算、相互拆借资金以及代理业务等引起的资金账务往来。由于各企、事业单位在不同的商业银行开户，彼此之间的货币结算必然会引起银行之间的业务往来，从而导致银行间跨系统的同城、异地结算以及资金账务往来。此外，各商业银行之间调剂资金余缺，进行短期拆借，也会形成同业往来间的借贷关系。具体说来，同业往来核算的内容主要包括：同城票据交换、异地跨系统汇划款项转汇以及同业拆借。

一、同城票据交换业务的核算

（一）同城票据交换的概念

同城票据交换是指同一城市各商业银行将相互代收、代付的票据在规定时间内集中在票据交换场所进行交换，当场轧算交换差额，进行资金清算的一种方式。采用同城票据交换，有助于加速商业银行间的凭证传递和资金周转，提高结算效率，简化往来业务的核算手续。同城票据交换由当地人民银行统一组织，当地未设人民银行机构的，一般由人民银行委托当地商业银行组织。参加票据交换的行处，一般是同城内的相关商业银行。

（二）票据交换的有关规定

1. 参加交换的行处，应核定交换号码

交换号码是参加票据交换行处的代号。在支票的票面上必须印有交换号码，以方便区分识别。参加票据交换的银行营业机构，必须向人民银行交换清算的部门申请交换号码，经审查同意后，由人民银行向该行核发交换号码，并通报全市各参加交换的银行，该行从该日起即可参加交换。

2. 参加交换的行处分为提出行和提入行

票据交换时，参与交换的银行一方为提出行，一方为提入行。向他行提出交换票据的为提出行；从票据交换所取回票据的为提入行。参加清算的各行处一般既是提出行又是提入行。

3. 明确交换场次和时间

在支付业务量大的城市和较大的县城，清算所每天上、下午各进行一次交换，小城市和大多数县城清算所每天上午只进行一次票据交换。

4. 各行提出交换的票据可分为代收票据和代付票据两类

凡属收到的在本行开户的收款单位提交的应由在其他行开户的单位付款的票据，称为借方票据或代付票据，包括支票、银行汇票、本票及商业汇票等；凡属收到的在本行开户的单位提交的委托本行向在他行开户的单位付款的票据，称为贷方票据或代收票据。含汇兑结算凭证等。

5. 各行应配备专职交换员

票据交换岗位是机要部位，应严格按照机要部位管理。票据交换员应指定专人，严格遵守票据交换所规则，不准兼管系统内资金汇划清算业务；不准兼管中央银行备付金账户；不准兼管同业存放往来账户；不准兼管内部往来业务。

（三）票据交换的具体做法

随着金融体制改革的深入，新型商业银行快速发展，参加同城票据交换的银行数量剧增，票据交换的业务量也不断扩大。同城票据交换的发展先后经历过人工清算、计算机辅助清算和票据清分机清算三种方式。目前，我国为数不少的城市都在分别采用这三种结算方式。

1. 人工清算

人工清算是指参加同城票据交换的各银行，按照票据的提入行分别填制提出计数单，指派人员在规定的时间到票据交换场所进行提出票据的分发和提回票据的收集。在手工汇总提出票据的金额后，向票据交换场所的总清算员报告，在票据交换所对提出票据总额和提回票据总额进行平衡后，轧计出票据交换的清算差额。

2. 计算机辅助清算

计算机辅助清算是指参加同城票据交换的各银行，利用专用的计算机程序，将需提出的票据逐笔录入电子计算机，再由电子计算机按照提入行汇总打印提出计数单后，将提出明细信息通过磁盘、电子文件等方式报告票据交换所，同时指派人员在规定的时间到票据交换所进行提出票据的分发和提回票据的收集。票据交换所则根据各银行的提出明细信息，由电子计算机按照提入行进行清分。汇总生成各银行的提回票据总额和明细清单。同时打印出票据交换的清算差额。提出行指派的人员则根据票据交换所提供的提回票据总额和明细清单，与收集的提回票据进行核对，以保证同城票据清算的准确。

3. 票据清分机清算

票据清分机清算，是指银行利用专用的电子设备——打码机，对需提出的票据在专用的票据预留磁码区域逐张打印磁码、生成提出票据清单和汇总提出单后，在规定的时间内将票据封包送票据交换所。票据交换所则通过票据清分机，根据票据上打印的磁码对票据按照提入行进行自动分发，同时根据磁码记录计算汇总提回单，生成票据清算差额单后将提回票据封包、由各银行在规定时间到票据交换所取回提回票据。

（四）同城票据交换的核算

1. 提出行的处理

提出行将提出的票据，按代收票据、代付票据清分，分别登记“代收票据交换登记簿”和“代付票据交换登记簿”，并结出金额合计数。然后按代收、代付票据所属行别的交换号（即提入行的交换代号）整理、汇总，加计票据的张数、金额，填制“提出交换借、贷方凭证计算表”并将代收、代付票据附在后面。同时根据计算表登记“清算总数表”的“提出代收款”和“提出代付款”栏。由交换员将清算总数表，连同计算表和提出的代收、代付票据带到票据交换所进行交换。

（1）提出贷方凭证时，其会计分录为：

借：吸收存款——单位活期存款（各付款人户）

　　贷：清算资金往来——同城票据清算

（2）提出借方凭证时，根据“收妥入账”的原则，分不同情况进行处理。

①对于即时抵用的票据，如本票等，应及时将资金划入客户账内。其会计分录为：

借：清算资金往来——同城票据清算

　　贷：吸收存款——单位活期存款（各收款人户）

②对于收妥抵用的票据，如支票等，先将应收票款记入“其他应付款”账户。其会计分录为：

借：清算资金往来——同城票据清算

　　贷：其他应付款

若超过规定的退票时间，未发生退票，再将资金划入客户账内：

借：其他应付款

　　贷：吸收存款——单位活期存款（各收款人户）

2. 提入行的处理

票据交换员将提入的各项单证、票据，按规定交接手续，移交票据交换专柜。各行处票据交换专柜指定专人当场核对，确保票据、计算表和清算总数表三者相符。核对无误后，进行账务处理。

（1）对提入的贷方凭证，如提入凭证正确无误，则办理转账。其会计分录为：

借：清算资金往来——同城票据清算

　　贷：吸收存款——单位活期存款（各收款人户）

（2）对提入的借方凭证，如提入凭证正确无误，并经审核可以付款，则办理转账。其会计分录为：

借：吸收存款——单位活期存款（各付款人户）

　　贷：清算资金往来——同城票据清算

3. 票据交换差额的轧计与清算

每次票据交换时，各行票据交换员将提出的票据在规定时间内提交给票据交换所，并在票据交换所提回本行票据时，分别代收、代付汇总加计票据笔数和金额，经核对相符，登记“清算总数表”的“收回代收款”和“收回代付款”栏，然后结出应收金额合计和应付金额合计：

应收金额合计=提出的借方凭证金额+提入的贷方凭证金额

应付金额合计=提出的贷方凭证金额+提入的借方凭证金额

最后轧计出应收差额或应付差额：将加计的应收款项总金额与应付款项总金额进行比较，如应收款项大于应付款项，即为应收差额；如果应付款项大于应收款项，即为应付差额。

票据交换员应根据清算总数表中的应收、应付差额填制“票据清算差额专用凭证”将资金差额向当地中央银行当场清算。

若本次交换为应收差额，应向票据交换所填制中央银行存款账户送款单。其会计分录为：

借：存放中央银行款项

　　贷：清算资金往来——同城票据清算

若本次交换为应付差额，应向票据交换所填制中央银行转账支票。其会计分录为：

借：清算资金往来——同城票据清算

　　贷：存放中央银行款项

中央银行根据参加票据交换各行应收、应付差额情况，进行转账。其会计分录为：

借：××银行准备金存款——应付差额行

　　贷：××银行准备金存款——应收差额行

二、异地跨系统汇划业务的核算

（一）通过人民银行电子联行转汇

各商业银行大额汇划款项，即跨系统在10万元以上、系统内在50万元以上的款项，按照规定都要通过央行转汇，以确保汇划款项与资金清算同步进行，防止商业银行跨系统相互占用资金（注：自2001年9月1日起，中国工商银行、中国农业银行、中国银行、中信实业银行、中国光大银行、广东发展银行、招商银行以及深圳发展银行系统内50万元以上大额汇划款项可不通过人民银行转汇，直接由各行行内电子汇兑系统办理）。

在通过人民银行电子联行办理大额汇划业务时，我们将需要通过人民银行办理转汇的商业银行称为汇出行，汇出行开户的人民银行经办机构称为发报行，异地收到资金的人民银行称为收报行，收到划来款项的商业银行称为汇入行。

通过人民银行电子联行办理商业银行跨系统贷记支付业务时，汇出行首先将款项划至当地人民银行，由汇出行开户的人民银行（发报行）从汇出行准备金存款账户中付出款项，通过电子联行将款项划至汇入地人民银行（收报行）。汇入地人民银行收到划来的款项后，将款项转入汇入行准备金存款账户。同时将有关凭证交汇入行，由汇入行据以处理转账。

1. 汇出行的核算

汇出行汇出款项时，根据结算凭证逐份填制转汇清单，并汇总填制划款凭证，将有关凭证送交开户的人民银行办理转汇并清算资金。会计分录为：

借：吸收存款等科目

　　贷：存放中央银行款项

2. 发报行的核算

汇出行开户的人民银行收到汇出行交来的凭证后，审查汇出行准备金存款账户是否有足够的资金支付。不足支付的，应要求汇出行及时补足；在规定时间内不能补足的，将凭证退回。若汇出行准备金账户足以支付或已及时补足资金，则将款项从汇出行账户付出并通过电子联行划往汇入行开户的人民银行。会计分录为：

借：××银行准备金存款——汇出行户

　　贷：电子清算资金往来

3. 收报行的核算

汇入行开户的人民银行收到划来的款项，将资金划入汇入行账户，并将凭证送交汇入行。会计分录为：

借：电子清算资金往来

　　贷：××银行准备金存款——汇入行户

4. 汇入行的核算

汇入行根据人民银行交来的有关凭证办理转账，会计分录为：

借：存放中央银行款项

　　贷：吸收存款等科目

（二）异地跨系统汇划款项转汇

异地跨系统汇划款项转汇是指由于在不同银行开户的客户办理异地结算而引起的各商业银行间相互汇划款项的业务。各商业银行间跨系统的汇划款项，在规定限额以上（按现行规定为10万元），应通过中央银行清算资金和转汇。对于不超过限额的异地跨系统汇划款项，可采用相互转汇的办法。具体来说，根据银行机构设置的不同情况，可采用以下三种方式：

1. “先横后直”方式

（1）款项流转过程。在这种方式下，汇出行将跨系统的汇划款项先在同城通过票据交换或直接同业往来转至跨系统的转汇行，由该转汇行通过内部汇划系统将款项划至异地汇入行。这种方式主要适用于汇出行所在地为双设机构地区，即在汇出地设有异地汇入行同系统的银行机构。“先横后直”方式的款项划转过程可用图6-2表示：

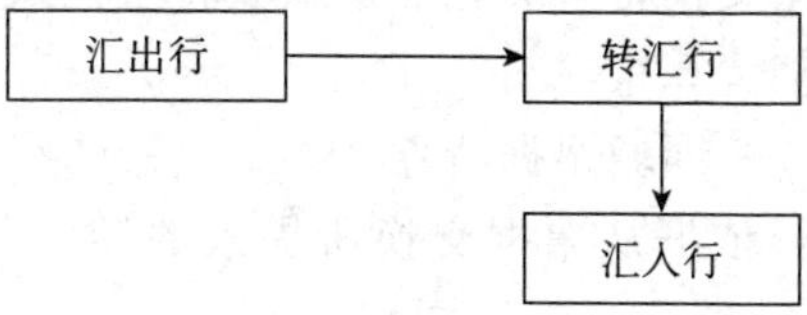

图6-2 “先横后直”方式的款项划转过程

（2）相关业务的会计核算。

①汇出行的核算。汇出行应根据客户提交的跨系统汇划凭证，按不同系统的汇入行逐

笔填制转汇清单，并将转汇清单连同有关汇划款项的凭证等一起通过票据交换等方式送交跨系统的转汇行。会计分录如下：

借：吸收存款——单位活期存款（汇款人户）

　　贷：清算资金往来——同城票据清算

②转汇行的核算。转汇行在收到汇出行送交的转汇清单及汇划凭证后，编制资金汇划单证，通过系统内的联行往来将有关凭证寄至汇入行。会计分录如下：

借：清算资金往来——同城票据清算

　　贷：清算资金往来——某清算行户

③汇入行的核算。汇入行在收到同系统的转汇行寄来的凭证后，办理转账，并做会计分录：

借：清算资金往来——某清算行户

　　贷：吸收存款——单位活期存款（收款人户）

2. “先直后横”方式

（1）款项流转过程。在这种方式下，汇出行将款项先通过联行系统汇至异地系统内转汇行，由转汇行通过同城票据交换或直接同业往来将款项转至跨系统的汇入行。这种方式主要适用于汇出行为单设机构地区的商业银行（即在汇出地没有异地汇入行同一系统的银行机构），而汇入行所在地为双设机构地区。其款项流转过程可用图6－3表示：

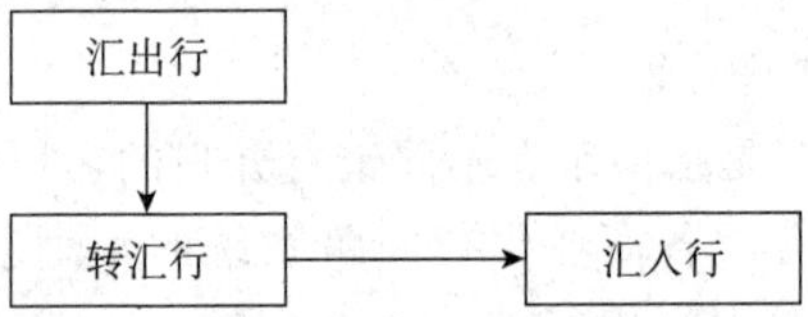

图6－3 “先直后横”方式的款项划转过程

（2）相关业务的会计核算。

①汇出行的核算。汇出行应根据客户提交的结算凭证，填制系统内资金汇划凭证连同结算凭证一起寄至汇入行所在地的本系统转汇行，并做会计分录：

借：吸收存款——单位活期存款（汇款人户）

　　贷：清算资金往来——某清算行户

②转汇行的核算。转汇行在收到本系统的汇出行寄来的联行报单和有关结算凭证后，填制转汇清单，通过同城票据交换将有关凭证、款项转至汇入行。会计分录：

借：清算资金往来——某清算行户

　　贷：清算资金往来——同城票据清算

③汇入行的核算。汇入行依据从票据交换所提入的转汇凭证，办理转账，并做会计分录：

借：清算资金往来——同城票据清算

　　贷：吸收存款——单位活期存款（收款人户）

3. “先直后横再直”方式

（1）款项流转过程。在这种方式下，汇出行先通过本行的联行系统将款项划至上级管辖行（代转行），由上级管辖行将款项转至同城的跨系统转汇行，转汇行再通过其联行系统将款项划至汇入行。这种方式主要适用于汇出行和汇入行均在单设机构地区的商业银行：即汇出地没有收款单位开户银行同一系统的机构，汇入地也无汇款单位开户银行同一系统的机构。“先直后横再直”方式的款项流转过程如图 6－4 所示：

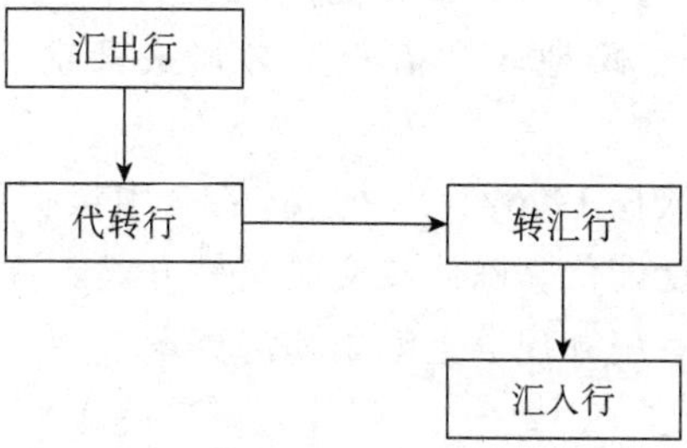

图 6－4　“先直后横再直”方式的款项划转过程

（2）相关业务的会计核算。

①汇出行的核算。汇出行在收到客户提交的结算凭证后，填制资金汇划单证，将结算凭证连同有关汇划凭证寄至双设机构地区的本系统银行机构，并做会计分录：

借：吸收存款——单位活期存款（汇款人户）

　　贷：清算资金往来——某清算行户

②代转行的核算。代转行在收到汇出行寄来的结算凭证和相关汇划凭证后，填制转汇清单，通过同城票据交换将有关凭证、款项转至转汇行办理转账，并做会计分录：

借：清算资金往来——某清算行户

　　贷：清算资金往来——同城票据清算

③转汇行的核算。转汇行在票据交换所提入的转汇清单及有关汇划凭证后，填制系统内资金汇划单证连同结算凭证一起寄至异地本系统的汇入行。其会计分录为：

借：清算资金往来——同城票据清算

　　贷：清算资金往来——某清算行户

④汇入行的核算。汇入行收到结算凭证及有关汇划凭证后，办理转账，其会计分录为：

借：清算资金往来——某清算行户

　　贷：吸收存款——单位活期存款（收款人户）

三、同业拆借业务的核算

同业拆借是商业银行之间临时性融通资金余缺的一种短期借贷行为，是通过横向融资解决临时资金不足的一条重要途径。在日常经营中，由于转汇、票据交换等业务，商业银行在央行的存款可能不足支付，在来不及向上级申请调入资金或向央行申请日拆性贷款有困难时，可向其他商业银行拆借。

同业拆借有如下特点：拆借时间短、定期归还（资金拆借以日拆为主，最长期限不得超过 1 个月，一般不得展期）；用于拆出的资金只限于交足准备金、备付金并归还人民银行到期贷款之后的闲置资金，拆入的资金只能用于弥补票据清算、联行汇差头寸不足和先支后收等临时性资金周转的需要；拆借资金的利率不得超过央行的最高限额（从1996年6月1日起，中国人民银行对同业拆借利率不再实行上限管理的直接控制方式，而由拆借双方根据市场资金供求情况，自行确定同业拆借利率，以强化利率对市场资金供求的调节作用）；拆借资金不能用现金方式直接拆借，必须通过双方在中央银行的存款账户办理转账；跨地区拆借资金必须报管辖行批准，跨省拆借应报总行审批。

我国的同业拆借市场是依托1996年1月建立的全国银行间同业拆借系统运行的。实行交易双方公开报价、格式化询价、确认成交的交易方式。资金清算由拆出方或归还方在规定时间主动通过电子联行系统办理资金汇划和清算。

（一）会计科目的设置

1. “拆出资金”科目

本科目属于资产类科目，核算商业银行拆借给境内、境外其他金融机构的款项。商业银行拆出资金时，借记本科目；收回资金时，贷记本科目。期末余额在借方，反映商业银行按规定拆放给其他金融机构的款项。本科目可按拆放的金融机构进行明细核算。

2. “拆入资金”科目

本科目属于负债类科目，核算商业银行从境内、境外金融机构拆入的款项。商业银行拆入资金时，应按实际收到的金额，贷记本科目；归还拆入资金时，借记本科目。期末余额在贷方，反映商业银行尚未归还的拆入资金余额。本科目可按拆入资金的金融机构进行明细核算。

（二）同业拆借的核算

同城拆借时，由拆出行签发准备金存款账户的转账支票交拆入行提交开户的中央银行转账，办理资金划拨手续；到期归还时，由拆入行连同本息签发还款凭证，提交中央银行，将拆借款项转入拆出银行存款账户。

1. 拆借的处理

拆出行拆出资金时，应签发准备金存款账户的转账支票交拆入行，做会计分录：

借：拆出资金——拆入行户

　　贷：存放中央银行款项

中央银行收到拆入行送存的支票及进账单后，经审核无误，办理款项划转。做会计分录：

借：××银行准备金存款——拆出行户

　　贷：××银行准备金存款——拆入行户

拆入行接到收账通知，按实际收到的金额，办理转账。做会计分录：

借：存放中央银行款项

　　贷：拆入资金——拆出行户

2. 资产负债表日的处理

资产负债表日，拆入行应按计算确定的拆入资金的利息费用，做会计分录：

借：利息支出——拆入资金户

贷：应付利息——拆出行户

3. 到期归还的处理

拆借资金到期归还时，拆入行应将本息一并签发准备金存款账户的转账支票提交开户的中央银行，办理资金的划转。做会计分录：

借：拆入资金——拆出行户（拆入资金的本金）

　　应付利息——拆出行户（已计提的应付利息）

　　利息支出——拆入资金户（借贷方的差额）

　　贷：存放中央银行款项（实际归还的金额）

中央银行收到拆入行提交的支票后，经审核无误，将本息转入拆出行准备金存款账户，做会计分录：

借：××银行准备金存款——拆入行户

　　贷：××银行准备金存款——拆出行户

拆出行接到收账通知后，办理转账，做会计分录：

借：存放中央银行款项

　　贷：拆出资金——拆入行户

　　　　利息收入——拆出资金户

　　　　应收利息——拆入行户

第四节　商业银行与中央银行往来的核算

商业银行与中央银行之间的往来是指商业银行向中央银行办理缴存款、借款、再贴现以及必须通过在中央银行开立的存款户进行清算的资金往来。商业银行与中央银行往来的业务内容主要有：各商业银行向中央银行发行库领取现金和缴存现金；各商业银行吸收的国家金库款以及财政性存款全部缴存中央银行；各商业银行吸收的一般存款按比例缴存中央银行；各商业银行营运资金不足时，向中央银行申请再贷款、再贴现等，这些业务的处理都要通过商业银行在中央银行的存款账户进行核算。

一、商业银行准备金账户的开立

（一）商业银行的准备金种类

1. 法定存款准备金

即按照有关法律的规定，根据商业银行吸收存款的增减变化，按照法定比例，必须保留在中央银行的存款准备金。

2. 支付准备金

支付准备金也称备付金，是保证日常资金支付的备用金。

商业银行为满足通过中央银行办理各种业务、资金清算以及考核法定存款准备金的需要，各级机构都在中央银行开立准备金存款账户。各商业银行总行或总部开立的准备金存款账户，属于备付金和法定存款准备金合一的账户，除用以考核法定存款准备金以外，还用于向中央银行存取现金、调拨资金、清算资金以及其他日常支付款项。该账户余额应大于（最低应等于）规定的法定存款准备金的规定余额。各商业银行分支机构在中央银行开立的准备金存款账户，属备付金存款账户，不用于考核法定存款准备金，仅用于向中央银行存取现金、调拨资金、清算资金和其他日常支付款项，不允许透支，如果账户资金不足，可以通过向上级行调入资金或向同业拆借补充。

（二）会计科目的设立

1.“存放中央银行款项”科目

该科目属于资产类科目，核算商业银行存放在中央银行的各种存款，如业务资金的存入、调拨、提取或缴存现金、同城往来资金结算、按规定缴存的财政性存款和一般性存款等。存入款项时，借记该科目，支出款项时，贷记该科目。期末余额应该在借方。该科目应按“存放中央银行存款”“存放中央银行财政性存款”“存放中央银行一般性存款”等设置明细科目。

2.“向中央银行借款”科目

该科目属于负债类科目，核算各银行向中央银行借入的各种款项。借入款项时，贷记该科目；归还款项时，借记该科目。期末余额应该在贷方。该科目应按借款性质设置明细科目。

二、商业银行向中央银行存取款项的核算

根据货币发行制度的规定，商业银行应对其所属行处的业务库存核定必须保留的现金限额，报开户中央银行发行库备案，超过业务库存限额的现金应缴存开户行发行库。需用现金时，可签发现金支票到开户行提取现金。

（一）存入现金的核算

每日营业终了，若商业银行的现金库存量超过限额，应将超过部分以千元为单位填写“现金缴款单”，连同现金一并交存中央银行。中央银行点收无误，办妥缴库手续后，退回一联现金缴款单。商业银行根据收到的“现金缴款单”的回单做如下账务处理：

借：存放中央银行款项

　　贷：库存现金

（二）支取现金的核算

商业银行支取现金时，应根据中央银行核定的月度现金计划及库存限额，填写现金支票，从中央银行存款户中支取现金。待取回现金后，填制现金收入传票，以原支票存根作附件，并做如下账务处理：

借：库存现金

　　贷：存放中央银行款项

三、缴存一般性存款和财政性存款的核算

存款准备金制度是中央银行进行宏观调控的有效办法之一。商业银行和其他金融机构吸收的存款应按照一定比例缴存中央银行，由中央银行统一调控。根据缴存存款性质的不

同，可分为缴存财政性存款和缴存一般性存款，两者在缴存范围、缴存比例、欠缴款处理等方面存在较大差异，应注意区分。

（一）向中央银行缴存存款的一般规定

1. 缴存存款的范围和比例

（1）财政性存款。财政性存款主要包括中央预算收入、地方预算存款、代理发行债券和待结算财政款项等。其缴存范围为：集中上交中央财政资金，集中上交地方财政资金，待结算财政款项（轧差后贷方余额），代收个人购买国库券款项（减：代付个人国库券本息款项），代收单位购买国库券款项（减；兑付单位购买国库券本息款项），代收国家其他债券款项（减：兑付国家其他债券本息款项、兑付国家投资公司债券本息款项）。财政性存款属于中央银行的信贷资金，商业银行不得占用、应全部缴存。

（2）一般性存款。一般性存款主要包括商业银行吸收的机关团体存款、财政预算外存款、个人储蓄存款、单位存款及其他各项存款。其缴存范围为：企业存款，储蓄存款，农村存款，基建单位存款，机关团体存款，财政预算外存款，委托存款轧减委托贷款，委托投资后的差额以及其他一般存款等。缴存款的比例（即商业银行缴存的存款准备金占其吸收的一般存款总额的比例）目前为20.5%（中小金融机构为17%）。该比例可由中央银行根据货币政策的运用，适时加以调整。

2. 缴存存款的时间

各商业银行缴存存款的时间，除第一次按规定时间缴存外，市级分支行为每旬调整一次，在旬后5日内办理；县级分支行每月调整一次，月后8日内办理（最后一天遇节假日顺延）；不在中央银行开户的行处，由其管辖行或代理行每月调整一次。

财政性存款应由经办行在规定时限内全额划交当地中央银行，不单独在中央银行开户的行处，委托其管辖行或代理行代为缴存；一般性存款由各商业银行法人统一缴存，各分支行逐级向上级行缴存。

3. 缴存存款的金额起点

划缴或调整存款时，应区别财政性存款和一般性存款，将本旬（月）末各自科目余额总数与上期同类各科目旬（月）末余额总数对比，按实际增加或减少数进行调整，计算应缴存金额。缴存（调整）以千元为单位，千元以下四舍五入。

4. 缴存存款的凭证

商业银行按规定时间向人民银行缴存（或调整）存款时，应根据有关存款科目余额，填制“缴存财政性存款科目余额表”“缴存一般存款科目余额表”一式两份，并按规定比例分别计算出财政性存款和一般性存款应缴存金额，填制“缴存（或调整）财政性存款划拨凭证（见表6－3）”“缴存（或调整）一般存款划拨凭证”一式四联。第一联贷方传票和第二联借方传票由商业银行留存代记账传票；第三联贷方传票和第四联借方传票由人民银行代记账传票。

发生欠缴时，填列欠缴凭证（见表6－4），将欠缴凭证的第一、第二联留存、第三、第四联交至中央银行。

表 6－3　　缴存（或调整）财政性存款划拨凭证（贷方凭证）

年　月　日

<table>
<tr><td rowspan="2">收受银行</td><td>名　称</td><td>中国人民银行</td><td rowspan="2">缴存
银行</td><td>名　称</td><td></td></tr>
<tr><td>账　号</td><td></td><td>账　号</td><td></td></tr>
<tr><td>存款类别</td><td colspan="3">年　月　日余额</td><td>缴存比例</td><td>应缴存款金额</td></tr>
<tr><td>财政性存款</td><td colspan="3"></td><td>100%</td><td></td></tr>
<tr><td rowspan="3">1. 合计
2. 已缴存金额
3. 本次应补缴金额（1－2）
4. 本次应退回金额（2－1）</td><td colspan="3" rowspan="3"></td><td colspan="2"></td></tr>
<tr><td colspan="2"></td></tr>
<tr><td colspan="2"></td></tr>
<tr><td>上列缴存金额或应补缴和应退回金额，已按规定办理划转。</td><td colspan="3">备注：</td><td colspan="2">会计分录：
科目（贷）
对方科目（借）
会计　复核　记账</td></tr>
</table>

表 6－4　　财政性存款（一般存款）欠缴凭证（第一联）

年　月　日

<table>
<tr><td rowspan="2">收受
银行</td><td>名　称</td><td>中国人民银行</td><td colspan="3" rowspan="2">缴存
银行</td><td colspan="3">名　称</td><td colspan="4"></td></tr>
<tr><td>账　号</td><td></td><td colspan="3">账　号</td><td colspan="4"></td></tr>
<tr><td colspan="3">欠缴存款类别</td><td colspan="10">欠缴存款金额</td></tr>
<tr><td colspan="3">本（上）次（　月旬止）财政性存款欠缴金额</td><td>千</td><td>百</td><td>十</td><td>万</td><td>千</td><td>百</td><td>十</td><td>元</td><td>角</td><td>分</td></tr>
<tr><td colspan="3">本（上）次（　月旬止）一般存款欠缴金额</td><td></td><td></td><td></td><td></td><td></td><td></td><td></td><td></td><td></td><td></td></tr>
<tr><td colspan="2">上列欠缴金额，已请中国人民银行从本行往来账户划转。
交存银行盖章</td><td colspan="4">备注：</td><td colspan="7">会计分录：
科目（贷）
对方科目（借）
会计　复核　记账</td></tr>
</table>

（二）向中央银行缴存存款的核算

1. 首次缴存的核算

首次向中央银行缴存存款时，应分别填制“缴存财政性存款科目余额表”“缴存一般存款科目余额表”一式两份，按各自规定的比例计算应缴存金额，据以填制“缴存财政性存款划拨凭证”“缴存一般存款划拨凭证”。以第一、第二联凭证做账务处理，会计分录为：

借：存放中央银行款项——存放中央银行财政性（一般性）存款

　　贷：存放中央银行款项——存放中央银行存款

转账后，分别将各自缴存款划拨凭证的第三、第四联和一份科目余额表送交中央银行，另一份余额表留存。

2. 调整缴存款的核算

商业银行按规定对已缴存的存款进行调整时，也应填制“缴存财政性（一般）存款科目余额表”一式两份，按各自规定的比例计算出应缴存金额，依如下公式计算本期应调整额，据以填列相应的划拨凭证。

本次应调整数 = 本次应缴存数 - 已缴存数

其中：正数为应调增数，负数为应调减数。

【例 6-1】 某银行截至 2017 年 3 月 20 日财政性存款余额合计为 560 000 元，已缴存金额为 510 000 元、由此，根据公式可得本期应补缴金额为 50 000 元。补缴存款的会计分录为：

借：存放中央银行款项——存放中央银行财政性存款　　50 000

　贷：存放中央银行款项——存放中央银行存款　　50 000

3. 欠缴存款的核算

欠缴存款是指在规定缴存存款的时间内，商业银行在中央银行的存款余额低于应缴额。对于欠缴存款，应尽快设法调剂资金、及时缴足。关于欠缴存款有如下规定：发生欠缴款时，本次实缴金额应先缴存财政性存款，如有余额再缴存一般性存款；对本次能实缴的金额和欠缴的金额要分开填列凭证；欠缴金额待商业银行调入资金后，应一次全额收回，人民银行不予分次扣收；对欠缴的金额每日按规定比例扣收罚款，由人民银行随同扣收存款一并收取。

发生欠缴时，商业银行的相关会计处理与调整缴存款时类似。首先，应填制“缴存财政性（一般）存款科目余额表”，按规定比例计算出本次应缴存金额，然后，根据本次能实缴的金额，填制划拨凭证，并将划拨凭证中的“本次应补缴金额”栏改为“本次能实缴金额”，且在凭证备注栏内注明本次应补缴金额和本次欠缴金额。其实缴部分的会计处理与正常缴存相同。

此外，还应根据欠缴金额填制“欠缴凭证”一式四联，同时填制“待清算凭证”表外科目收入传票，据以记载登记簿。表外科目的记账分录为：

收入：待清算凭证——人民银行户

将“欠缴凭证”第三、第四联与划拨凭证的第三、第四联及“缴存财政性（一般）存款科目余额表”一并送交中央银行，“欠缴凭证”的第一、第二联，划拨凭证的第一、第二联及一份“缴存财政性（一般）存款科目余额表”留存。

补缴时，中央银行按日计收罚息，连同欠缴存款一并扣收。商业银行收到中央银行的扣款通知后，取出相应的欠款凭证第一、第二联，办理转账，并做如下会计处理：

（1）扣收欠款时，会计分录为：

借：存放中央银行款项——存放中央银行财政性（一般性）存款

　贷：存放中央银行款项——存放中央银行存款

销记表外科目登记簿，记账分录为：

付出：待清算凭证——人民银行户

（2）扣收罚款时，会计分录为；

借：营业外支出——罚款支出

　贷：存放中央银行款项——存放中央银行存款

四、再贷款的核算

（一）再贷款的种类

商业银行在执行信贷计划的过程中，资金不足时，既可采取向上级行申请调入资金、同业拆借或通过金融市场融通资金等手段，也可向央行申请贷款。中央银行根据商业银行的借款计划向其发放的贷款，称为再贷款。中央银行向商业银行发放的再贷款，中央银行通过“××银行贷款”科目核算；商业银行通过“向中央银行借款”科目核算。根据再贷款的期限，商业银行在“向中央银行借款”科目下分别设立以下明细账户：

1. 年度性贷款

年度性贷款是央行用于解决商业银行因经济合理增长引起的年度性资金不足而发放给商业银行在年度周转时使用的贷款。商业银行向央行申请年度性贷款，一般限于省分行或二级分行，借入款后可在系统内拨给所属各行使用。年度性贷款期限为1年或1年以上，最长不超过两年。

2. 季节性贷款

季节性贷款主要用于解决商业银行在信贷资金运营中由于先交后收，或存款季节性下降，贷款季节性上升等客观原因引起的资金临时性短缺。对由于同业拆借资金而引起的信贷资金不足，央行也可发放季节性贷款。该类贷款的期限一般为两个月，最长不超过4个月。

3. 日拆性贷款

日拆性贷款主要用于解决商业银行因未达汇划款项而发生的临时性资金头寸不足。贷款期限一般为10天，最长不超过20天。

（二）再贷款的核算

1. 再贷款的发放

商业银行向央行申请借款时，应向央行提交“人民银行贷款申请书”，经人民银行审查同意后，填写一式五联借款凭证，并在第一联加盖预留人民银行存款户的印鉴，送交人民银行办理借款手续。待收到人民银行退回的第三联借款凭证（即收账通知联）时，编制转账贷方传票，并做如下会计分录：

借：存放中央银行款项

　　贷：向中央银行借款——××贷款户

2. 再贷款的收回

商业银行向人民银行归还借款时，应填写一式四联的还款凭证，并在第二联上加盖预留人民银行存款户的印鉴，送交人民银行办理还款手续。待收到人民银行退回的还款凭证第四联（收账通知）和借据时，以还款凭证代转账传票（借据作附件）办理转账，会计分录如下：

借：向中央银行借款——××贷款户

　　利息支出——央行往来利息支出

　　贷：存放中央银行款项

五、再贴现的核算

（一）再贴现的概念

商业银行因办理票据贴现占用资金，引起资金暂时不足，以已贴现尚未到期的商业汇票向中央银行办理的贴现，称为再贴现。再贴现期限从再贴现之日起至贴现到期日止，最长不超过6个月。对于商业银行向中央银行办理的再贴现业务，中央银行通过“再贴现”科目核算，该科目下按各商业银行设立明细账户；商业银行通过“贴现负债”科目核算，该科目下可按贴现类别和贴现金融机构，分别“面值”“利息调整”账户，进行明细核算。

（二）再贴现的核算

1. 受理再贴现的核算

商业银行持未到期的商业汇票向中央银行申请再贴现时，应根据汇票填制一式五联再贴现凭证，在第一联上按照规定签章后连同已贴现的商业汇票一并送交中央银行计划部门审查。

（1）中央银行的处理。中央银行会计部门接到计划部门转来审批同意的再贴现凭证和商业汇票，应审查再贴现凭证与所附汇票的面额、到期日等有关内容是否一致，确认无误后，按规定的贴现率计算出再贴现利息和实付再贴现金额，将其填入再贴现凭证之中，以第一、第二、第三联再贴现凭证代传票，办理转账。其会计分录为：

借：再贴现——××银行再贴现户

　　贷：××银行准备金存款——××行户

　　　　利息收入——再贴现利息收入户

再贴现凭证第四联退还商业银行，第五联到期卡按到期日顺序排列妥善保管，并定期与再贴现科目账户余额核对。

【例6－2】 中国农业银行惠州市支行于2017年5月12日持已贴现尚未到期的银行承兑汇票向人民银行申请再贴现，汇票的面额为100 000元，8月5日到期，再贴现率为2.97%。

再贴现利息＝100 000×85×2.97%÷360＝701.25（元）

实付再贴现额＝100 000－701.25＝99 298.75（元）

将计算的再贴现利息和实付再贴现额填入再贴现凭证之中，以第一、第二、第三联再贴现凭证代传票办理转账。其会计分录为：

借：再贴现——农业银行再贴现户	100 000	
贷：农业银行准备金存款——惠州支行户		99 298.75
利息收入——再贴现利息收入户		701.25

（2）商业银行的处理。商业银行收到中央银行退回的第四联再贴现凭证，据以编制特种转账借方、贷方传票，以第四联再贴现凭证作附件，办理转账。其会计分录为：

借：存放中央银行款项

　　贴现负债——利息调整

　　贷：贴现负债——面值

2. 资产负债表日，商业银行按计算确定的利息费用，会计分录如下：

借：利息支出

贷：贴现负债——利息调整

3. 再贴现到期收回的核算

再贴现的汇票到期，再贴现银行（中央银行）作为持票人直接向付款人收取票款。再贴现银行在汇票背面背书栏加盖结算专用章及授权经办人员的签名或盖章，注明“委托收款”字样，同时填制委托收款凭证并注明汇票种类和号码，委托收款凭证与汇票一并交付款人办理收款。付款人在异地的，应在汇票到期前，匡算至付款人的邮程，提前办理委托收款。第二联委托收款凭证与再贴现凭证一并暂存，待款项划回后，凭以处理账务。

中央银行在收回再贴现款时，会计分录如下：

借：电子清算资金往来（或××银行准备金存款）

贷：再贴现——××银行再贴现户

商业银行在票据到期时，会计分录如下：

借：贴现负债——面值

贷：贴现资产——面值

如存在利息调整的，应同时予以结转。

4. 再贴现到期未收回的核算

如果再贴现中央银行收到付款人开户银行或承兑银行退回的委托收款凭证、汇票和拒付理由书或付款人未付款项通知书后，应追索票款，从申请再贴现的商业银行账户收取，并将汇票和拒绝付款理由书或付款人未付票款通知书交给申请再贴现的商业银行。中央银行编制特种转账借方传票两联，以其中一联借方传票与再贴现凭证办理转账处理。其会计分录为：

借：××银行准备金存款——再贴现申请行户

贷：再贴现——××银行再贴现户

转账后将另一联特种转账借方传票交再贴现商业银行。

商业银行收到中央银行从其存款户中收取再贴现票款的通知（特种转账借方传票），审核无误后，进行账务处理。其会计分录为：

借：贴现负债——面值

贷：存放中央银行款项

如存在利息调整的，应同时予以结转。

商业银行应继续向贴现申请人追索票款，先从其存款账户中收取，存款账户不足支付的，不足支付部分作逾期贷款处理。

第五节 现代化支付系统的核算

一、现代支付系统概述

现代支付系统是为商业银行之间和商业银行与人民银行之间的支付业务提供最终资金

清算的系统，是各商业银行电子汇兑系统资金清算的枢纽系统，也是金融市场的核心支持系统。通过建设现代化支付系统，将逐步形成一个以现代化支付系统为核心，商业银行行内系统为基础，各地同城票据交换所为补充的中国支付清算体系。中国人民银行在进行系统设计时，充分考虑了我国银行业的现状和发展趋势，同时也借鉴了发达国家支付系统建设的经验，最终确定中国现代化支付系统建有两级处理中心，即国家处理中心（NPC）和全国32个（包括31个省会城市和深圳市）城市处理中心（CCPC）。NPC分别与各CCPC连接，其通信网络采用专用网络，以地面通信为主，卫星通信备份。

（一）系统构成

1. 大额实时支付系统（HVPS）

处理同城和异地跨行之间和行内的大额贷记及紧急小额贷记支付业务，人民银行系统的贷记支付业务以及即时转账业务等。支付指令实时处理，全额清算资金。

2. 小额批量支付系统（BEPS）

处理同城和异地纸质凭证截留的商业银行跨行之间的定期借记支付业务，人民银行会计和国库部门办理的借记支付业务，以及每笔金额在规定起点以下的小额贷记支付业务。系统批量发送支付指令，轧差净额清算资金。

3. 清算账户管理系统（SAPS）

清算账户管理系统是支付系统的辅助支持系统，集中存储清算账户，处理支付业务的资金清算，并对清算账户进行管理。

4. 支付管理信息系统（PMIS）

支付管理信息系统是支付系统的辅助支持系统，集中管理支付系统的基础数据，负责行名行号、应用软件的下载，提供支付业务的查询查复和计费，以及统计监测等服务。

（二）系统参与者

1. 直接参与者

直接参与者是人民银行地市以上中心支行（库）以及在人民银行开设清算账户的银行和非银行金融机构。与城市处理中心直接连接，通过城市处理中心处理其支付清算业务。

2. 间接参与者

间接参与者是人民银行县（市）支行（库）和未在人民银行开设清算账户而委托直接参与者办理资金清算的银行以及经人民银行批准经营支付结算业务的非银行金融机构。间接参与者不与城市处理中心直接连接，其支付业务通过行内系统或其他方式提交给其清算资金的直接参与者，由该直接参与者提交支付系统处理。

3. 特许参与者

特许参与者是经中国人民银行批准通过支付系统办理特定业务的机构。外汇交易中心、债券一级交易商等特许参与者在人民银行当地分支行开设特许账户，与当地城市处理中心连接，通过连接的城市处理中心办理支付业务；公开市场操作室等特许参与者与支付系统国家处理中心连接，办理支付交易的即时转账。

（三）支付系统的总体结构

为了有效地支持各方面支付清算的需要，支付系统设有国家处理中心（NPC）和地市级城市处理中心（CCPC）两级处理中心。

鉴于商业银行绝大多数行建立了行内汇兑系统，商业银行与支付系统的连接可以由商业银行的总行与支付系统连接。为便于城市处理中心对所在地各家商业银行办理的小额支付业务接收、发送和轧差的处理，以及人民银行当地分支行会计营业部门对同城票据交换净额清算、存取款等业务的处理和账务平衡，商业银行各分支行应在人民银行当地分支行开设清算账户，并与当地城市处理中心实行连接。但商业银行处理业务的路径是开放式的，既可以通过行内汇兑系统由其总行提交支付系统，也可以由其分支行直接提交支付系统城市处理中心处理。

为有效支持公开市场操作、债券发行及兑付、债券交易和外汇交易的资金清算，公开市场业务交易系统、债券发行系统、中央债券簿记系统和外汇交易系统与支付系统国家处理中心直接相连，处理其交易的即时转账清算。

现代支付系统总体结构如图 6－5 所示。

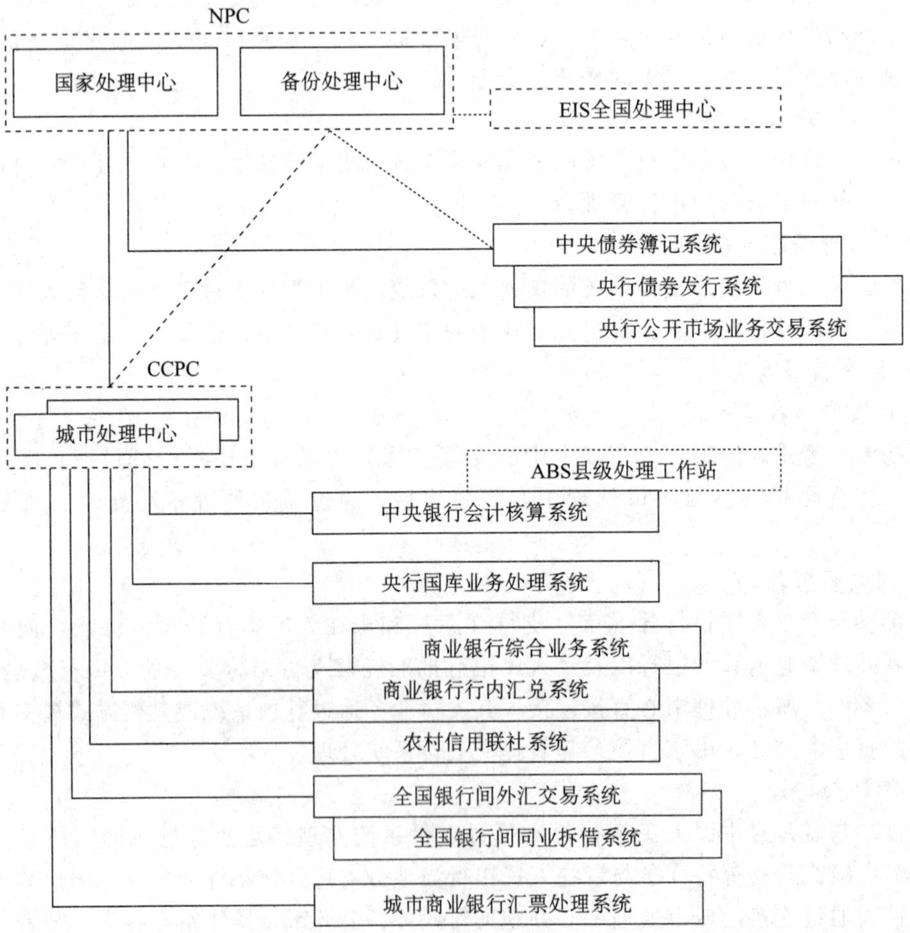

图 6－5　现代支付系统总体结构

二、现代化支付系统业务范围

目前，我国银行业为社会提供的支付工具主要划分为三类：一是贷记支付工具，包括汇兑、委托收款、托收承付、定期贷记等；二是借记支付工具，包括银行汇票、国内信用证、银行本票、支票、旅行支票、定期借记等；三是其他支付工具，如商业汇票、银行卡以及其他创新的支付工具。

（一）大额实时支付系统处理的具体支付业务

根据大额实时支付系统建设的目的、设计的功能特点，以及与小额批量支付系统应用范围的划分原则，大额实时支付系统处理下列支付业务：

（1）规定金额起点以上的跨行贷记支付业务；

（2）规定金额起点以下的紧急跨行贷记支付业务；

（3）各银行行内需要通过大额支付系统处理的贷记支付业务；

（4）特许参与者发起的即时转账业务；

（5）城市商业银行银行汇票资金的移存和兑付资金的汇划业务；

（6）中国人民银行会计营业部门和国库部门发起的贷记业务及内部转账业务；

（7）中国人民银行规定的其他支付清算业务。

（二）小额批量支付系统处理的具体支付业务

1. 普通贷记业务

普通贷记业务是指付款行向收款行主动发起的付款业务，包括汇兑、委托收款（划回）、托收承付（划回）、国库贷记汇划业务、网银贷记支付业务、中国人民银行规定的其他普通贷记支付业务。

2. 定期贷记业务

定期贷记业务是指付款行依据当事各方事先签订的协议，定期向指定收款行发起的批量付款业务，包括代付工资业务、代付保险金及养老金业务、中国人民银行规定的其他定期贷记支付业务。

3. 实时贷记业务

实时贷记业务是指付款行接受付款人委托发起的，将确定款项实时贷记指定收款人账户的业务，包括个人储蓄通存业务、中国人民银行规定的其他实时贷记支付业务。

4. 普通借记业务

普通借记业务是指收款行向付款行主动发起的收款业务，包括中国人民银行机构间的借记业务、国库借记汇划业务、中国人民银行规定的其他普通借记支付业务。

5. 定期借记业务

定期借记业务是指收款行依据当事各方事先签订的协议，定期向指定付款行发起的批量收款业务，包括代收水、电、煤气等公用事业费业务；国库批量扣税业务；中国人民银行规定的其他定期借记支付业务。

6. 实时借记业务

实时借记业务是指收款行接受收款人委托发起的，将确定款项实时借记指定付款人账户的业务，包括个人储蓄通兑业务、对公通兑业务、国库实时扣税业务、中国人民银行规定的其他实时借记支付业务。

7. 中国人民银行规定的其他支付业务

银行业金融机构行内直接参与者之间的支付业务可以通过小额支付系统办理。

三、会计科目设置

（一）存款类科目

（1）各政策性银行、商业银行、农村信用合作社联社等支付系统的直接参与者在人民银行当地分支行的准备金存款科目账户；

（2）经中国人民银行批准的特许参与者，如外汇交易中心用于外汇交易人民币资金清算的存款账户；

（3）城市商业银行汇票处理中心用于银行汇票资金移存和清算的存款账户；

（4）经中国人民银行批准的债券一级交易商在当地人民银行的存款账户等也集中摆放在国家处理中心，核算其存款的变动情况。

（二）联行类科目

1. 大额支付往来

核算支付系统发起行和接收行通过大额支付系统办理支付结算的往来款项。年终，将本科目余额全额转入“支付清算资金往来”科目，余额为零。

2. 小额支付往来

核算支付系统发起行和接收行通过小额支付系统办理支付结算的往来款项。年终，将本科目余额全额转入“支付清算资金往来”科目，余额为零。

3. 支付清算资金往来

核算支付系统发起行和接收行通过大额支付系统和小额支付系统办理支付结算的汇差款项。年终，“大额支付往来”和“小额支付往来”科目余额分别对清后结转至本科目，余额轧差反映。

（三）汇总平衡科目

汇总平衡科目是为平衡NPC代理人民银行各行（库）账务处理而设置的。该科目用于核算发起行或接收行为人民银行的不通过清算账户核算的支付清算业务，如国库资金汇划业务、人民银行会计营业部门自身汇划业务等；人民银行会计营业部门发起的只涉及一个清算账户的单边业务，如现金存取、缴存款、再贷款业务等；以及同城票据交换轧差净额的清算等业务。

四、大额实时支付业务的核算

大额支付指令逐笔实时处理，全额清算资金。这决定了大额支付指令必须实时传输，而且由于清算账户物理上集中摆放在NPC，每笔支付指令都需发送到NPC进行资金清算。同时，为确保安全，大额支付指令在各传输节点都必须编核业务密押和对支付业务进行合法性检查。

大额实时支付系统处理的支付业务分为一般大额支付业务（贷记支付业务）和即时转账业务以及城市商业银行银行汇票业务三类，一般大额支付业务是由发起行发起，逐笔实时发往国家处理中心，国家处理中心清算资金后，实时转发接收行的业务。包括：汇兑、委托收款划回、托收承付划回、中央银行和国库部门办理的资金汇划等。即时转账业务是由与支付系统国家处理中心直接连接的特许参与者（第三方）发起，通过国家处理中心实时清算资金后，通知被借记行和被贷记行的业务。目前主要由中央债券综合业务系统发起。城市商业银行银行汇票业务是支付系统为支持中小金融机构结算和通汇而专门设计的支持城市商业银行银行汇票资金的移存和兑付的资金清算的业务。

（一）业务处理流程

1. 一般大额支付业务处理流程

支付系统在结构上呈倒树形结构，NPC 与各 CCPC 连接，CCPC 与覆盖范围内各直接参与者前置机连接，直接参与者前置机通过行内系统的接口（直联方式）或客户端终端（间联方式）与各参与者连接。因此，贷记支付业务的传输流程包含了从“发起行—发起清算行—发报中心（CCPC）—NPC—收报中心（CCPC）—接收清算行—接收行”几个环节。

对于直联方式的参与者，发起行在行内系统录入支付指令，通过行内系统将支付指令发往其所直属参与者（发起清算行）前置机；间联方式的参与者，直接摆放到其柜台的支付系统前置机客户端录入支付指令，通过网络直接发往其所属直接参与者（发起清算行）前置机。

发起清算行前置机收到支付指令，立即加编地方密押后，将指令转发至与其连接的发报中心（CCPC）。发报中心收到支付指令，立即对发起行业务权限进行检查并检验地方密押，检查和核押成功后，加编全国密押，再将支付指令发往 NPC。

NPC 收到支付指令，立即对接收行接收业务权限进行检查并核验全国密押，核押成功后进行资金清算处理；清算成功后，将支付指令直接转发接收清算行所属的收报中心（CCPC）。收报中心收到支付指令，核验全国密押，核押成功后，加编地方密押，再将支付指令转发接收清算行前置机。

接收清算行前置机收到支付指令，核验地方密押，核押成功后，对于直联方式的参与者，前置机将支付指令通过与支付系统接口的行内系统发往接收行。

接收行收到支付指令自动作入客户账处理；对于间联方式的参与者，通过摆放到其柜台的支付系统前置机客户端打印出来账凭证，再录入银行业务系统作相应账务处理。

2. 即时转账业务处理流程

支付系统特许参与者以第三方的身份将即时转账报文，通过与支付系统的接口将支付指令发往自身业务系统前置机，前置机收到支付指令，逐笔加编全国密押后发往 NPC；NPC 收到即时转账支付指令，立即核验密押无误后进行资金清算处理；清算成功后，向特许参与者发回清算成功回执，特许参与者收到清算成功回执后做相应处理。NPC 在向特许参与者发送清算成功回执的同时，还将支付指令分别发送被借记行和被贷记行的 CCPC；被借记行和被贷记行的 CCPC 收到即时转账通知报文后，立即核验全国密押，核押成功后加编地方密押，再转发被借记行和被贷记行；被借记行和被贷记行收到即时转账通知报文，核验地方密押，核押成功后，进行相应的账务处理。

（二）大额支付业务的核算

1. 发起行（发起清算行）的处理

（1）商业银行发起大额支付业务的处理。

①商业银行行内业务处理系统未与前置机直联的，银行根据发起人提交的原始凭证和要求，确定普通、紧急的优先级次（救灾战备款为特急；低于规定的大额金额起点的，应设定为紧急），并由业务操作员录入、复核，系统自动逐笔加编地方密押后发送发报中心。待国家处理中心清算资金后接收回执。

②商业银行行内业务处理系统与前置机直联的，根据发起人提交的原始凭证和要求，行内业务处理系统将规定格式标准的支付报文发送前置机系统，由前置机系统自动逐笔加编地方密押后发送发报中心。待国家处理中心清算资金后接收回执。

（2）中国人民银行会计营业部门发起大额支付业务的处理。

①县级中国人民银行会计营业部门发起大额支付业务的，在人民银行会计集中核算系统县级网点录入、复核相关业务信息，并发送至地市中国人民银行会计营业部门。地市中国人民银行会计营业部门收到县级网点发来的大额支付业务，确认无误后进行账务处理，并逐笔加编地方密押后发送发报中心。待国家处理中心清算资金后接收回执。

②地市及以上中国人民银行会计营业部门发起大额支付业务的，在人民银行会计集中核算系统录入、复核相关业务信息，进行账务处理后，逐笔加编地方密押发送发报中心。待国家处理中心清算资金后接收回执。

（3）中国人民银行国库部门发起大额支付业务的处理。

①县级中国人民银行国库部门发起大额支付业务的，在国库会计核算系统录入、复核相关业务信息，进行账务处理后发送地市中国人民银行国库部门。地市中国人民银行国库部门收到县级中国人民银行国库部门发来的大额支付业务，确认无误，并逐笔加编地方密押后发送发报中心。待国家处理中心清算资金后接收回执。

②地市及以上中国人民银行国库部门发起大额支付业务的，在国库会计核算系统业务处理系统录入、复核相关业务信息，进行账务处理，并逐笔加编地方密押后发送发报中心。待国家处理中心清算资金后接收回执。

2. 发报中心的处理

发报中心收到发起清算行发来的支付信息，确认无误后，逐笔加编全国密押，实时发送国家处理中心。

3. 国家处理中心的处理

（1）国家处理中心收到发报中心发来的支付报文，逐笔确认无误后，分情况进行如下账务处理：

①发起清算行、接收清算行均为商业银行的，其会计分录为：

借：××银行存款——××行户

　　贷：大额支付往来——中国人民银行××行户

借：大额支付往来——中国人民银行××行户

　　贷：××银行存款——××行户

②发起清算行为商业银行，接收清算行为中国人民银行会计营业部门或国库部门的，

其会计分录为：

借：××银行存款——××行户

　　贷：大额支付往来——中国人民银行××行户

借：大额支付往来——中国人民银行××行（库）户

　　贷：汇总平衡科目——中国人民银行××行（库）户

③发起清算行为中国人民银行会计营业部门或国库部门，接收清算行为商业银行的，其会计分录为：

借：汇总平衡科目——中国人民银行××行（库）户

　　贷：大额支付往来——中国人民银行××行（库）户

借：大额支付往来——中国人民银行××行户

　　贷：××银行存款——××行户

④发起清算行、接收清算行均为中国人民银行会计营业部门或国库部门的，会计分录为：

借：汇总平衡科目——中国人民银行××行（库）户

　　贷：大额支付往来——中国人民银行××行（库）户

借：大额支付往来——中国人民银行××行（库）户

　　贷：汇总平衡科目——中国人民银行××行（库）户

⑤发起清算行为商业银行的，其清算账户头寸不足时，国家处理中心将该笔支付业务进行排队处理。

（2）国家处理中心账务处理完成后，将支付信息发往收报中心。

4. 收报中心的处理

收报中心接收国家处理中心发来的支付信息，确认无误后，逐笔加编地方密押，实时发送接收清算行。

5. 接收清算行（接收行）的处理（见图6－6）

（1）商业银行接收大额支付业务的处理。银行行内业务处理系统与前置机直联的，前置机收到收报中心发来的支付信息，逐笔确认后发送至银行行内业务处理系统，并按规定打印支付信息。

银行行内业务处理系统未与前置机直联的，前置机收到收报中心发来的支付信息，逐笔确认后，使用中国人民银行统一印制的支付系统专用凭证打印支付信息。

（2）中国人民银行会计营业部门接收大额支付业务的处理。中国人民银行会计营业部门收到大额支付信息时，逐笔确认进行账务处理后使用支付系统专用凭证打印支付信息。接收行为县级中国人民银行会计营业部门的，通过人民银行会计集中核算系统将支付信息传送县级网点，由县级网点进行相应处理。

（3）中国人民银行国库部门接收大额支付业务的处理。中国人民银行国库部门收到大额支付信息时，逐笔确认，分不同情况进行处理：接收行为地市中国人民银行国库部门的，进行账务处理并使用支付系统专用凭证打印支付信息。接收行为县级中国人民银行国库部门的，通过国库业务处理系统将支付信息发送县级国库部门。县级国库部门进行账务处理并打印支付信息。

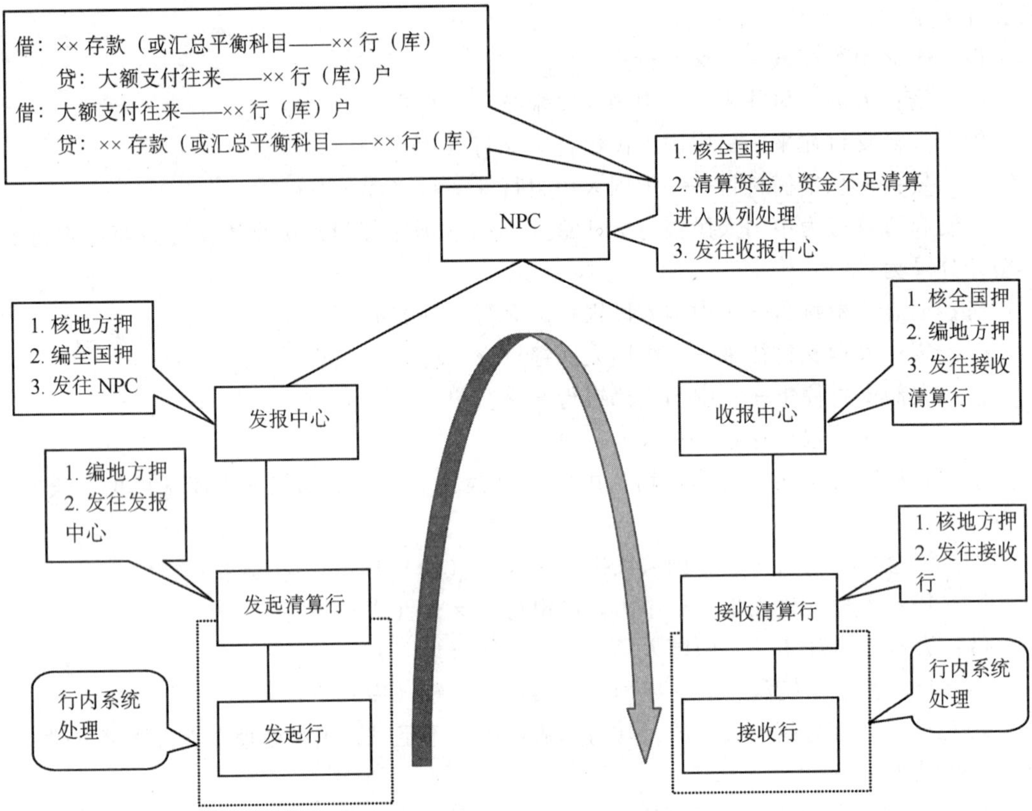

图 6－6　一般大额支付业务处理流程

【例 6－3】在深圳工行开户的甲公司汇出 100 万至北京农行乙公司。

深圳工行：

借：吸收存款——单位活期存款（甲公司户）　　1 000 000

　　贷：存放中央银行款项　　1 000 000

NPC：

借：工商银行存款——深圳分行　　1 000 000

　　贷：大额支付往来——人民银行深圳中心支行户　　1 000 000

借：大额支付往来——人民银行北京营管部户　　1 000 000

　　贷：农业银行存款——北京分行　　1 000 000

北京农行：

借：存放中央银行款项　　1 000 000

　　贷：吸收存款——单位活期存款（乙公司户）　　1 000 000

五、小额批量支付业务的核算

小额批量支付系统主要处理跨行同城、异地纸质凭证截留的借记支付以及金额在规定起点以下的小额贷记支付业务。实行 7×24 小时不间断运行，采取批量发送支付指令，轧差净额清算资金的做法。该系统可以支撑各种支付工具的应用，为银行业金融机构提供低成本、大业务量的支付清算服务，满足社会各种支付活动的需要。小额支付系统与大额支付系统逻辑上作为相对独立的两个应用系统，物理上共享主机资源、通信资源、存储资源和基础数据资源。2006 年 6 月，小额支付系统已在全国范围内顺利推广。下面以普通贷记业务为例介绍小额支付业务的核算。

1. 付款（清算）行的处理

（1）银行业金融机构发起业务的处理。付款（清算）行根据客户提交的普通贷记凭证（或信息），审核无误后进行账务处理。会计分录为：

借：吸收存款——单位活期存款（存款人户）

　　贷：待清算支付款项

注：人民银行发布的《小额支付系统业务处理手续》（试行）中，清算账户行使用的科目为“待清算支付款项”，未区分往账和来账。与人民银行清算时，直接将该科目余额与“存放中央银行款项”对转。

完成账务处理后，付款（清算）行行内业务处理系统与前置机直连的，行内系统按收款清算行组包后发送前置机。前置机收到业务包后，对包的格式、业务权限、每笔业务的金额上限进行检查，并对包的笔数和金额总分核对后，逐包加编地方押发送至城市处理中心（CCPC）。

付款（清算）行行内业务处理系统与前置机间连的，由业务操作员手工录入、复核，或从磁介质导入，前置机对提交的业务按收款清算行组包并加编地方押后发送至 CCPC。

（2）人民银行（库）发起业务的处理。人民银行会计营业部门和国库部门进行账务处理后，分别在中央银行会计集中核算系统（ABS）和国家金库会计核算系统（TBS）按收款清算行组包后，加编地方押发送至 CCPC。

2. CCPC 和 NPC 的处理

（1）付款清算行 CCPC 的处理。CCPC 收到付款清算行发来的业务包后，进行格式、业务权限等合法性检查并核验地方押。CCPC 收到 ABS 和 TBS 提交的业务包后，除按上述规定检查外，还要按组包规则进行检查，并对业务包的笔数和金额进行总分核对。

CCPC 对检查、核押无误的同城业务进行净借记限额检查。检查通过的纳入轧差处理并对业务包标记“已轧差”状态，转发收款清算行，同时向付款清算行返回已轧差信息；检查未通过的，将业务包作排队处理并向付款清算行返回已排队信息。

CCPC 对检查、核押无误的异地业务加编全国押后转发国家处理中心（NPC）。

（2）NPC 的处理。NPC 收到 CCPC 发来的业务包，进行合法性检查并核验全国押。NPC 对检查、核押无误的业务包进行净借记限额检查。检查通过的纳入轧差处理并对业务包标记“已轧差”状态，转发收款清算行 CCPC，同时向付款清算行 CCPC 返回已轧差信息；检查未通过的，将业务包作排队处理并向付款清算行 CCPC 返回已排队信息。

（3）收款清算行 CCPC 的处理。CCPC 收到 NPC 发来的业务包，核验全国押无误后，加编地方押转发收款清算行。

3. 收款（清算）行的处理

（1）银行业金融机构接收业务的处理。银行行内业务处理系统与前置机直连的，前置机收到 CCPC 发来的业务包，逐包确认并核地方押无误后，发送至行内系统拆包并立即进行账务处理。其会计分录为：

借：待清算支付款项

贷：吸收存款——单位活期存款（收款人户）

银行行内业务处理系统与前置机间连的，前置机收到CCPC发来的业务包后，逐包确认并核验地方押无误后拆包，银行将业务明细转存磁介质或使用人民银行规定格式的来账清单或统一印制的来账凭证打印支付信息，送行内系统进行相应账务处理。

（2）人民银行（库）接收业务的处理。ABS和TBS收到CCPC发来的业务包，逐包确认并核地方押无误后，做相应账务处理。

4. 各节点对各类通知的处理

付款（清算）行、CCPC、NPC、收款（清算）行等各节点收到已拒绝、已排队、已轧差和已清算通知后，修改相应业务的状态。付款（收款）清算行收到已清算通知后作相应处理。

付款（清算）行收到已清算通知，进行账务处理，其会计分录为：

借：待清算支付款项

贷：存放中央银行款项

收款（清算）行收到已清算通知，进行账务处理，其会计分录为：

借：存放中央银行款项

贷：待清算支付款项

本章小结

银行往来是金融机构往来的组成部分，是实现银行之间资金划拨的重要工具。银行往来主要包括中央银行与商业银行之间的往来、各商业银行之间的往来以及同一银行系统内部往来等。即中央银行与商业银行之间，以及各商业银行之间，由于资金的调拨与缴存、款项的汇划与结算、资金的融通与拆借等原因引起的资金账务往来。随着社会经济的发展对银行资金划拨要求的提高以及电子通讯技术的发展，各行的联行往来不断改革，经历了从手工联行、电子联行、资金汇划清算系统到现代化支付系统的发展历程，在资金划拨的规模、速度等方面，较好地发挥了银行的职能作用，满足了社会需要。目前资金汇划清算的基本做法是：实存资金，同步清算，头寸控制，集中监督。

中国已初步的建成现代化支付系统由大额实时支付系统和小额批量支付系统两个业务应用系统组成，目标是形成一个以中国现代化支付系统为核心，商业银行行内系统为基础，各地同城票据交换所并存，支撑多种支付工具的应用和满足社会各种经济活动支付需要的中国支付清算体系。

思考与应用

一、名词解释

1. 同业拆借
2. 同城票据交换
3. 同业往来
4. 再贷款
5. 再贴现

二、单项选择题

1. 再贴现票据到期，中央银行向（　　）收取票款。

A. 票据承兑人　　B. 票据付款人
C. 申请再贴现的商业银行　　D. 票据出票人

2. 处于单设机构地区的中国银行开户单位信汇省外农业银行（处于双设机构地区）开户单位的小额款项核算，应按照（　　）的方式办理。

A. 先直后横　　B. 先横后直
C. 直横直　　D. 横直横

3. 同业拆借的利息，拆入行在核算时所使用的科目是（　　）。

A. 利息收入　　B. 利息支出
C. 金融企业往来收入　　D. 金融企业往来支出

4. 资金汇划清算的实存资金是指（　　）。

A. 各参与行在清算行开立备付金存款账户
B. 以清算行为单位在总行清算中心开立备付金存款账户
C. 各存款单位在开户行开立存款户
D. 各商业银行在中央银行开立存款账户

5. "清算资金往来"科目的性质是（　　）。

A. 资产类　　B. 负债类
C. 损益类　　D. 资产负债共同类

6. 下列属于一般存款缴存范围的是（　　）。

A. 中央预算收入　　B. 地方金库款
C. 财政预算外存款　　D. 代理发行国债款

7. 下列属于财政性存款缴存范围的是（　　）。

A. 机关团体存款　　B. 财政预算外存款
C. 中央预算收入　　D. 单位存款

三、多项选择题

1. 商业银行需要通过人民银行转账存取款项的业务主要有（　　）。

A. 异地跨系统结算资金清算
B. 同域票据交换差额清算
C. 商业银行系统内资金调拨
D. 再贷款、再贴现与同业拆借
E. 缴存财政性款项

2. 现代化支付系统由下列系统组成（　　）。

A. 大额实时支付系统
B. 小额批量支付系统
C. 清算账户管理系统
D. 支付管理信息系统
E. 同城票据交换系统

3. 现代化支付系统的参与者有（　　）。

A. 直接参与者
B. 间接参与者
C. 特许参与者
D. 工业企业
E. 商业企业

4. 资金汇划清算系统的组成有（　　）。

A. 经办行
B. 清算行
C. 省区分行
D. 发报行
E. 总行清算中心

5. 资金汇划清算的基本做法是（　　）。

A. 实存资金
B. 分散核算
C. 同步清算
D. 头寸控制
E. 集中监督

6. 资金汇划清算系统设置的会计科目有（　　）。

A. 联行往账
B. 联行来账
C. 上存系统内款项
D. 系统内款项存放
E. 清算资金往来

四、判断题

1. 各银行跨系统10万元以上的汇划款项应通过中国人民银行转汇。（　　）

2. 跨系统转汇，在双设机构地区，先将汇划款项直接交换当地的跨系统转汇行的做法，叫“先横后直”。（　　）

3. 存放中央银行款项属于资产类科目，增加记借方，减少记贷方，其余额在借方。（　　）

4. 各商业银行相互拆借资金，应通过中国人民银行存款账户，不可以相互直接拆借资金。（　　）

5. 当商业银行出现欠缴存款时，对本次能实缴的金额，财政性存款和一般存款没有缴存上的先后限定。（　　）

五、问答题

1. 商业银行向中国人民银行缴存存款有哪些主要规定?
2. 商业银行跨系统相互转汇有几种情况?分别是如何处理的?
3. 资金汇划清算系统的业务范围和基本做法如何?
4. 同城票据交换的有哪些基本规定?

六、业务处理题

1. 甲地某中国银行开户单位外贸进出口公司电汇异地某工商银行开户单位供销公司茶叶款50 000元，汇出地为双设机构地区，采取先横后直的划款方式。

2. 甲地某工商银行开户单位电池厂信汇丙地农业银行客户李力的退休工资3 575元，汇出汇入地均为单设机构，款项通过乙地双方系统的银行办理转汇。

3. 上海市工商银行虹口支行向上海市建设银行徐汇支行折借资金2 000 000元，1个月期满时还本付息。(假定折借利率为每月4‰。)

4. 工商银行某市支行5月20日财政性存款各科目的余额共计1 230 000元。上旬调整缴存款后，“缴存中央银行财政性存款”科目的余额为1 320 000元，5月22日银行办理调整。

5. 3月15日，工商银行某市支行向中央银行申请季节性贷款8 000 000元，期限为3个月、经中央银行审查同意办理、年利率为2.97%。

6. 工商银行某市支行向中央银行提交转账支票，归还本日到期的年利率为2.7%、期限为20天的再贷款2 000 000元。

7. 中央银行办理再贴现的一份金额为800 000元的商业承兑汇票到期，经向付款人托收，未获付款。本日向申请再贴现的工商银行某支行收回票款。

第七章 外汇业务的核算

【要点提示】

通过本章的学习，要了解外汇业务的主要内容，理解并掌握外汇业务核算的特点，尤其是对外汇分账制的含义、内容和做法，要能在理解的基础上熟练运用；熟练掌握外汇买卖科目的使用方法、外汇买卖科目传票和账簿的填制方法；掌握外汇存款的种类、存期和起存金额，单位外汇存款和个人外汇存款存入支取的规定，存款存入、支取与利息的核算方法，掌握短期外汇贷款的发放、利息计算和收回的会计处理；掌握进口、出口信用证项下各结算环节的会计核算。

第一节 概述

一、外汇与汇率

（一）外汇

1. 外汇的概念

要准确地把握外汇的内涵，应从两个方面理解，即外汇有动态外汇和静态外汇之分。动态含义是指一种活动或行为，即清算国际债权债务所需的货币兑换的交易过程。从历史上看，外汇最早是指国际汇兑，即通过银行等金融机构把一国货币换成另一国货币，实现资金转移或债权债务清算的一种专门性经营活动或行为。它强调的是“汇”“兑”的过程或行为。“汇”指资金的移动，“兑”指通过金融机构进行的货币的兑换。外汇的静态含义是指以外币表示的用于国际结算的支付手段。即国际债权债务清算过程中使用的支付手段或工具。静态外汇强调的是国际汇兑过程中所使用的支付手段，是外汇以物质形式本身而存在的。其具体内容包括：外国货币（包括外币现钞和铸币）；外币有价证券（政府债券、公司债券、股票等）；外币支付凭证（汇票、本票、支票、银行存款凭证、邮政存款凭证等）；其他外汇资产。广义的静态的外汇是具有普遍意义的外汇的概念，即我们通常所指的外汇。对于一国或地区而言，一国的货币要成为外汇，除了货币发行国的经济实力雄厚，融合于世界经济体系、币值相对稳定外，还应具备完全可自由兑换、普遍接受性和可偿性特征。

目前，世界上已有60多个国家或地区的货币被认为是可自由兑换的，但受普遍接受性限制，作为外汇的外币种类并不多，主要有：美元（USD）、日元（JPY）、英镑（GBP）、瑞士法郎（CHF）、丹麦克朗（DKK）、加拿大元（CAD）、澳大利亚元（AUD）、港元（HKD）、新加坡元（SGD）、欧元（EUR）等。

2. 外汇的种类

（1）按照外汇的来源和用途分类，可分为贸易外汇和非贸易外汇。贸易外汇指由商品的输出入引起收付的外汇。一个国家的商品输出，可以赚取外汇，商品输入则支付外汇。这种由商品输出入而引起的外汇收支，就是贸易外汇收支。贸易外汇收入是一个国家最主要的外汇来源，贸易外汇支出则是外汇的主要用途；非贸易外汇是指由非贸易往来而引起收付的外汇。即经常项目中进出口贸易以外的，如劳务外汇、旅游外汇、投资收益和侨汇等。这种外汇，随着国际经济贸易和其他事务往来的发展，对某些国家已日显重要。

（2）按照外汇买卖交割期限分类，可分为即期外汇和远期外汇。即期外汇（Spot Foreign Exchange），又称现汇，是指外汇买卖成交后在两个营业日内办理实际交割的外汇。交割是买卖双方钱货两清，外汇交割是指一方付出本币，一方付出外币。即期交割有三种情况：①T+0，即买卖成交后立即交割；②T+1，即买卖成交后第一个营业日交割；③T+2，在买卖成交后第二个营业日交割。远期外汇（Forward Foreign Exchange），又称期汇，是指买卖双方先按商定的汇率签订合同，并预约在未来某一天办理实际交割的外汇。远期外汇的期限一般为1~6个月，也可长达1年。

（3）按持有者的不同分类，可分为官方外汇和私人外汇。官方外汇指国家财政部、中央银行或其他政府机构以及国际组织所持有的外汇。各国政府持有的外汇主要用来稳定本国货币汇率、平衡国际收支、偿付到期债务，是一国国际储备的主要部分。国际组织所持有的外汇主要用于对会员国的贷款；私人外汇指自然人地位的居民和非居民所持有的外汇。在不实行外汇管制的国家中，私人对外汇有自行支配的权利。

（4）外汇按形态分类，可分为现钞和现汇。现钞是指各种外币钞票、铸币等。现汇又称转账外汇，是指用于国际汇兑和国际间非现金结算的，用于清偿国际间债权债务的外汇。

（二）汇率

1. 汇率的概念

所谓外汇汇率（Foreign Exchange Rate），是两国货币交换时的量的比例关系，即用一定数量的一国货币去交换一定数量的另一国货币。有了货币的兑换率，一种货币才能顺利地兑换成另一种货币，从而实现国际间的货币收支及债权债务的清偿。例如：USD100 = CNY623.90，即100美元可以兑换623.90元人民币。

2. 汇率的标价方法

确定汇率的标价方法，首先要区分“基准货币”和“标价货币”两个概念。按国际惯例，凡在汇率标价中，其数量固定不变的货币则称为基准货币，其数量会发生变动的货币叫标价货币或报价货币。在外汇交易中，这两种货币经常要进行换算，换算公式如下：

（1）已知基准货币数，求报价货币数？则报价货币数 = 基准货币数 × 汇率。

（2）已知报价货币数，求基准货币数？则基准货币数 = 报价货币数 ÷ 汇率。

目前，国际上常用的标价方法有：直接标价法、间接标价法以及美元标价法和非美元标价法。需要特别强调的是，只有指明报价银行所在国家或地区时，即能确定标价中的两种货币哪种是本币时，谈论直接标价法和间接标价法才有意义，如不能确定哪种是本币，谈论美元标价法和非美元标价法才更有意义。

（1）直接标价法。又称应付标价法（Giving Quotation），即用若干数量的本币表示一定单位的外币，或是以一定单位（如1、100、1 000、10 000 等）的外币为标准，折算成若干单位本币的一种汇率表示方法。我国采用的是直接标价法。在人民币与各种外币的比价中，英镑、港币、美元、日元和欧元均为基准货币，单位为100，人民币为标价货币。人民币外汇牌价表（见表7－1）。

表7－1　　人民币外汇牌价表

单位：人民币/100　　外币报价时间：2017－12－30

货币名称	现汇买入价	现钞买入价	现汇卖出价	现钞卖出价	中行折算价
阿联酋迪拉姆		170.95		183.35	177.9
澳大利亚元	506.02	490.25	509.7	510.81	509.28
巴西里亚尔		188.56		206.24	197.25
加拿大元	515.59	499.28	519.36	520.49	520.09
瑞士法郎	665.4	644.87	670.08	671.75	667.79
丹麦克朗	104.44	101.22	105.28	105.49	104.79
欧元	778.15	753.91	783.83	785.39	780.23
英镑	875.76	848.48	882.14	884.07	877.92
港币	83.12	82.46	83.45	83.45	83.59
印尼卢比		0.0463		0.0497	0.0482
印度卢比		9.5804		10.8034	10.1966
日元	5.7553	5.576	5.7972	5.7972	5.7883
韩国元	0.6072	0.5858	0.612	0.6343	0.6109
澳门元	80.78	78.07	81.1	83.7	81.22
林吉特	162.09		163.23		160.71
挪威克朗	78.92	76.49	79.56	79.72	79.21
新西兰元	459.51	445.33	462.73	468.41	463.27
菲律宾比索	12.96	12.56	13.06	13.67	13.09
俄罗斯卢布	11.23	10.55	11.33	11.75	11.35
沙特里亚尔		168.68		177.46	174.23
瑞典克朗	79	76.56	79.64	79.8	79.21
新加坡元	484.77	469.81	488.17	489.39	488.31
泰国铢	19.9	19.29	20.06	20.67	19.98
土耳其里拉	170.99	162.62	172.37	180.74	172.91

续表

货币名称	现汇买入价	现钞买入价	现汇卖出价	现钞卖出价	中行折算价
新台币		21.17		22.82	21.99
美元	649.48	644.14	652.18	652.18	653.42
南非兰特	52.41	48.39	52.77	56.79	52.77

（2）间接标价法。间接标价法又称应收标价法（Receiving Quotation），是用若干数量的外币表示一定单位的本币，或是以一定单位的本币为标准，折算成若干单位外币的一种汇率表示方法。目前只有英、美、欧元区的外汇市场等少数国家和地区采用该标价法。例如在欧元区外汇市场上，EUR/USD = 1.2588/91，欧元是基准货币，美元是标价货币。

（3）美元标价法与非美元标价法。美元标价法是指以一定单位的美元为标准来计算应兑换多少其他货币的汇率表示方法，即美元作为基准货币，其他货币是标价货币。非美元标价法是指以一定单位的其他货币为标准来计算应兑换多少美元的汇率表示方法。其他货币作为基准货币，美元是标价货币。随着外汇市场的迅速发展和外汇交易的全球化，对于外汇交易的双方来说，一笔交易所涉及的两种货币可能没有一种属于本币，传统的用于各国的直接标价法和间接标价法已无法适应国际外汇市场的发展，全球化的外汇交易需要一种统一的汇率表示方法即美元标价法和非美元标价法。

3. 汇率的种类

从银行买卖外汇的角度划分，汇率可分为买入汇率、卖出汇率、中间汇率和现钞汇率。

（1）买入汇率与卖出汇率。买入汇率（Buying Rate）也称汇买价，指银行向同业或客户买入外汇时所使用的汇率。因为其客户主要是出口商，所以买入汇率常称为出口汇率（Export Rate）。卖出汇率（SellingRate）又称汇卖价，指银行向同业或客户卖出外汇时所使用的汇率。由于客户多为进口商，故卖出汇率常被称为进口汇率（Emport Rate）。

（2）中间汇率。中间汇率（Middle Rate）也叫中间价，是银行外汇买入价与卖出价的算术平均值。中间汇率的计算公式为：

（买入价 + 卖出价）÷ 2 = 中间汇率

各种新闻媒体报道的外汇行情通常为中间价。

（3）现钞汇率。一般来说，外国现钞不能在本国流通，只有将外钞兑换成本币，才能够购买本国的商品和劳务。把外币现钞换成本币，就出现了买卖外币现钞的兑换率，即现钞汇率（Bank Notes Rate）。现钞汇率不等于外汇汇率，这是因为银行收兑的外国现钞存放在本国银行没有意义，需要存放到外国银行生息，或运到各发行国去，才能充当流通或支付手段。银行运送外币现钞必须花费一定的运费、保险费等，且要承担一定风险，因此，银行在收兑外币现钞时的汇率（即买价），要稍低于外汇汇率，而卖出外币现钞时的汇率（即卖价），则等于外汇汇率，因为银行卖出外钞不承担相应的费用。

在银行公布的外汇牌价中，买卖差价顺序排列为：钞买价 < 汇买价 < 中间价 < 汇卖价 = 钞卖价

二、外汇业务的主要内容

商业银行的外汇业务是指以记账本位币以外的货币进行收付、结算的业务。目前，我

国外汇指定银行经营的外汇业务主要有：外币存款业务；外汇贷款业务；外汇汇款业务；外汇兑换业务；外汇同业拆借；发行或代理发行股票以外的外币有价证券；外币票据的承兑和贴现；贸易和非贸易结算；外汇担保业务；自营及代客外汇买卖业务；国家外汇管理局批准的其他外汇业务。

三、外汇业务会计核算的特点

（一）记账方法采用借贷复式记账法

借贷复式记账法就是以借、贷为记账符号，以有借必有贷，借贷必相等为记账规则，在两个或两个以上相互联系的账户中进行金额相等、方向相反记录的一种记账方法。借方登记资产增加，负债减少，所有者权益减少，损失增加，收益结转。贷方登记负债增加，所有者权益增加，资产减少，收益增加，损失结转。

（二）记账方式采用外汇分账制

外汇银行经营的货币种类较多，为了完整反映各类外汇资金的增减变化情况，保护各类外汇资金的安全，外汇银行采用外汇分账制。外汇分账制又叫原币记账法，指按业务发生时的货币记账，不折成本位币入账的一种记账方式。其主要内容是：

1. 人民币与外币分账

对有外汇牌价的各类外汇收支要求以原币记账，不折成本位币入账。以原币填制凭证，登记账簿，编制报表，每一种货币各自成立一套完整的账务系统。

2. 专门设置“外汇买卖”科目，起桥梁和平衡作用

当一项银行业务涉及两种或两种以上的货币时，必须通过有关外汇买卖科目核算。外汇买卖科目是外汇分账制的一个特定科目，在不同的外汇业务之间，起一个桥梁的平衡和联系作用。如出口结汇、进口售汇、套汇业务核算，外汇银行均通过外汇买卖科目核算。

3. 年终决算时，编制汇总的人民币报表

各种外币除编制各自的报表外，美元以外的其他外币要按年终决算牌价折成美元报表，合并的美元报表按年终决算牌价折成人民币报表，同以人民币报表按会计科目归口合并，编制一张汇总的人民币报表。

（三）记账基础采用权责发生制

权责发生制又称应收应付制，只要债权债务一经产生，不管有无实际的资金收付行为，都应记账。权责发生制对于本期内实际发生，应属于本期的收益和费用，不论其款项是否收到或付出都作为本期的收益和费用处理。反之，凡不属于本期实际发生，不应属于本期的收益和费用，即使款项已经收到或付出，都不作为本期的收益和费用处理。例如，一笔3年期的美元定期存款到期时的利息为1 500美元，这笔1 500利息虽到期后支付，但应属于3个年度，需均衡分摊。商业银行应在第一年、第二年年终都应对当年承担的利息费用列作损失，进行账务处理，这样才能准确计算各年的损益。否则1 500美元的利息支出都由第三年承担，第三年的支出就被扩大了，而第一年、第二年的支出则被缩小了，显然不能正确反映每年的经营成果。

第二节

外汇买卖核算

一、外汇买卖科目的使用

当一项银行业务涉及两种或两种以上的货币时，必须通过有关外汇买卖科目核算。外汇买卖科目是外汇分账制的一个特定科目，在不同的外汇业务之间，起一个桥梁的平衡和联系作用。如出口结汇、进口售汇、套汇业务核算，外汇银行均通过外汇买卖科目核算。

外汇买卖科目是共同类会计科目，买入外币时，外币金额应贷记此科目，同时，人民币金额应借记此科目。卖出外币时，外币金额应借记此科目，同时，人民币金额应贷记此科目。

二、外汇买卖业务的核算

（一）买入外汇的会计核算

买入外汇包括结汇及外币兑本币业务。所谓结汇是指境内企事业单位、机关和社会团体按国家的外汇政策规定，将各类外汇收入按银行挂牌汇率卖给外汇指定银行，即银行买进这部分外汇，同时付给对方相应的人民币。利息找零业务比照结汇处理，即商业银行在支付储户本息时，元以下辅币不能支付外币零头，可以按牌价以人民币折付。买入外汇的基本会计分录为：

借：有关科目　　外币
　　贷：外汇买卖（钞买价或汇买价）　　外币
借：外汇买卖（钞买价或汇买价）　　人民币
　　贷：有关科目　　人民币

【例7-1】 当天，外汇银行从国内居民手中买入500美元现钞，结付人民币现金。当日美元的钞买价是USD100 = CNY619.29。其会计分录为：

借：库存现金　　USD500
　　贷：外汇买卖（钞买价）　　USD500
借：外汇买卖（钞买价）　　CNY3 096.45（500 × 6.1929）
　　贷：库存现金　　CNY3 096.45

【例7-2】 外汇银行A行收到纽约某银行（与A行有美元账户关系）的汇入销货款USD60 000收款方为工艺进出口公司，转入公司单位存款账户。当日美元兑人民币的汇买价为USD100 = CNY624.30。其会计分录为：

借：汇入汇款　　USD60 000
　　贷：外汇买卖（汇买价）　　USD60 000
借：外汇买卖（汇买价）　　CNY374 580（60 000 × 6.2430）
　　贷：单位活期存款　　CNY374 580

（二）卖出外汇的会计核算

卖出外汇包括本币兑外币业务和售汇。售汇是指境内企事业单位、机关和社会团体的经常项目下的正常付汇，持有关有效凭证，用人民币到商业银行办理兑换，商业银行收进人民币，支付等值外汇。卖出外汇的基本会计分录为：

借：外汇买卖（卖出价）　　外币
　　贷：有关科目　　外币
借：有关科目　　人民币
　　贷：外汇买卖（卖出价）　　人民币

【例7-3】 外汇银行按客户刘华的要求按规定卖出500美元现钞，收入人民币现金。当日美元兑人民币的卖出价为USD100 = CNY626.80。其会计分录为：

借：外汇买卖（卖出价）　　USD500
　　贷：库存现金　　USD500
借：库存现金　　CNY3 134
　　贷：外汇买卖（卖出价）　　CNY3 134（500×6.2680）

【例7-4】 家电进出口公司持有关有效凭证向外汇银行M行购汇EUR60 000汇往德国。当日欧元兑人民币的卖出价为1EUR = 8.2263CNY。其会计分录为：

借：外汇买卖（卖出价1EUR = 8.2263CNY）　　EUR60 000
　　贷：汇出汇款　　EUR60 000
借：单位活期存款　　CNY493 578（60 000×8.2263）
　　贷：外汇买卖（卖出价）　　CNY493 578（60 000×8.2263）

（三）套汇业务的会计核算

套汇业务主要有两类：一是同种货币之间的套汇，主要指钞买汇卖和汇买钞卖。钞买汇卖是银行从客户手里买进外币现钞，卖给对方外币现汇。汇买钞卖是银行从客户手中买进外汇现汇，卖给对方外币现钞。二是两种外币之间的套汇，是银行按买入价买进一种外汇，按卖出价卖出另一种外汇。套汇业务的基本会计分录为：

借：有关科目　　A种外币
　　贷：外汇买卖（汇买价）　　A种外币
借：外汇买卖（汇买价）　　人民币
　　贷：外汇买卖（卖出价）　　人民币
借：外汇买卖（卖出价）　　B种外币
　　贷：有关科目　　B种外币

【例7-5】 某客户要求从其美元账户中兑取80 000英镑汇往国外，银行同意并办理此业务。当日美元汇买价为USD100 = CNY624.30，英镑卖出价为GBP100 = CNY1012.35。其会计分录为：

80 000×10.1235÷6.2430 = USD129 726.09

借：单位活期存款　　USD129 726.09
　　贷：外汇买卖（汇买价）　　USD129 726.09
借：外汇买卖（汇买价）　　CNY809 879.98（129 726.09×6.2430）

贷：外汇买卖（卖出价） CNY809 879.98

借：外汇买卖（卖出价） GBP80 000（809 879.98 ÷10.1235）

贷：汇出汇款 GBP80 000

【例7-6】某外商投资企业持USD3 000现钞要求存入其美元现汇存款户。当日美元钞买价为USD100 = CNY619.29，卖出价为USD100 = CNY626.80。其会计分录为：

3 000 ×6.1929 ÷6.2680 = USD2 964.06

借：库存现金 USD3 000

贷：外汇买卖（钞买价） USD3 000

借：外汇买卖（钞买价） CNY18 578.70（3 000 ×6.1929）

贷：外汇买卖（卖出价） CNY18 578.70

借：外汇买卖（卖出价） USD2 964.06（18 578.70 ÷6.2680）

贷：单位活期存款 USD2 964.06

三、外汇买卖凭证及分户账

（一）外汇买卖业务的传票

外汇买卖科目凭证分外汇买卖借方传票（见表7-2）和外汇买卖贷方传票（见表7-3）两种，每种均由两联套写传票构成（一般加一联外汇兑换水单和一联外汇买卖统计卡），其中一联为外币外汇买卖传票，另一联为人民币外汇买卖传票。

表7-2 **外汇买卖借方传票样式**

中国　　银行　　　　　　　　　　　　　　　　　　总字第　号

外汇买卖借方传票　　　　　　　　　　　　　　　　字第　　号

（借）外汇买卖　　　　　　　年　　月　　日

外币金额			牌　价	人民币金额
（百亿位）				（百亿位）
货币		摘要		

会计：　　　　复核：　　　　记账：　　　　制票：

表7-3 **外汇买卖贷方传票（外币）**

年　　月　　日　　　　　　　　　　　　　　　　　传票编号

结汇单位	全　称		（贷）外汇买卖
	账号或地址		（对方科目：　　）

外汇金额	牌　价	人民币金额	
		¥	（附件　张）
摘要			会计 复核 记账 制票

银行买入外汇（结汇和兑入外币）时，使用外汇买卖贷方传票（一式三联）；银行卖出外汇（售汇和兑出外币）时，使用外汇买卖借方传票（一式三联）。外汇买卖传票的外币金额、人民币金额和外汇牌价，必须同时填列，以反映一笔外汇买卖业务的全貌。外汇买卖传票必须同时与对方关科目转账，不得只转一方。外汇买卖的外币一联传票应与对应的外币传票自行平衡；外汇买卖的人民币一联传票应与对应的人民币传票自行平衡。

（二）套汇业务的传票

银行在办理外汇买卖的套汇业务时，使用外汇买卖套汇传票（见表7－4）。由于套汇包括买入和卖出两种行为，所以套汇传票为一式六联，其中四联分别用于登记不同外币的外汇买卖科目，两联用于登记人民币的外汇买卖科目。套汇传票的折合率栏应填明套汇时使用的两个价格，一般规定左上方填写买入价，右下方填写卖出价。

表7－4　　外汇买卖套汇贷方传票（外　币）

日期　　传票编号

（贷）外汇买卖

（对方科目：　　）

摘要

外汇金额	人民币金额	牌价	外汇金额

（附件　张）

会计：　　复核：　　记账：　　制票：

（三）外汇买卖分户账

外汇买卖科目分户账（见表7－5），以各分账货币立账，人民币不设外汇买卖分户账。它的格式比较特殊（把本、外币分户账结合在一起）。外汇银行结汇时，外币反应在贷方，人民币反应在借方，两者都应记入买入栏；外汇银行售汇时，外币反映在借方，人民币反应在贷方，两者都应记入卖出栏。对于套汇业务，如是不同种货币套汇，则应分别在各自货币外汇买卖分户账上登记；如是同一种货币套汇，则在同一货币账户里平行登记。外汇买卖分户账的结余数额以外币和人民币分别结计，同时反映，方向正好相反。当结余中的外币金额反应在借方时，表明卖出外币多于买入外币，称为“空头”；当外币金额反应在贷方时，表明买入外币多于卖出外币，称为“多头”。可见，外汇买卖分户账的这种区别于一般账簿的特种格式，既便于记账，又便于了解两种货币资金的增减情况和外币头寸的多头、空头情况。

登记外汇买卖科目分户账，只根据外汇买卖科目传票外币联登记外汇买卖发生额，人民币外汇买卖传票不记账，只用来编制科目日结单。

外汇买卖科目总账，按各种货币分别设置，其格式及登记方法与一般科目总账相同。

四、经办行与上级行平仓

1. 当经办行某种外币结汇大于售汇，经办行应向上级行卖出此种外币

表 7－5

中国　　　　银行（　　）

外汇买卖科目账

货币：　　　　　　　　　　　　　　　　　　账户：

公元年		摘要	买入			卖出			结余			
月	日		外币（贷）（十亿位）	牌价	人民币（借）（十亿位）	外币（借）（十亿位）	牌价	人民币（贷）（十亿位）	借或贷	外币（十亿位）	借或贷	人民币（十亿位）

会计：　　　　　　　　　　　　　　　　　　记账：

经办行：

借：内部平仓往来　　　　　　　　　　　　CNY

　　贷：外汇买卖（平仓汇率）　　　　　　　　CNY

借：外汇买卖（平仓汇率）　　　　　　　　外币

　　贷：内部平仓往来　　　　　　　　　　　　外币

会计凭证：交易单、交易证实。

上级行做相反的会计分录。

2. 当经办行某种外币结汇小于售汇，经办行应向上级行买入此种外币

经办行：

借：内部平仓往来　　　　　　　　　　　　外币

　　贷：外汇买卖（平仓汇率）　　　　　　　　外币

借：外汇买卖（平仓汇率）　　　　　　　　CNY

　　贷：内部平仓往来　　　　　　　　　　　　CNY

会计凭证：交易单、交易证实。

上级行做相反的会计分录。

第三节

外汇存款业务的核算

一、外汇存款的种类

外汇存款是商业银行以信用方式吸收的国内外单位和个人在经济活动中暂时闲置或结余的并能自由兑换或在国际上获得偿付，并于以后随时或约定期限支取的外币资金。

（一）按存款管理的特点的不同将外汇存款分为甲种外汇存款、乙种外汇存款、丙种外汇存款

（二）按存款对象可分为单位外汇存款和个人外汇存款

单位外汇存款是存款者以单位或经济组织的名义存入银行的外汇。个人外汇存款是存款者以个人名义存入银行的外币存款。单位外汇存款包括甲种外币存款及外债专户存款，个人外汇存款包括乙种、丙种外币存款。国内一般居民开立丙种外币存款。

（三）按存款货币不同分为港币、美元、日元、英镑、欧元等外汇存款

如果以其他可自由兑换的外币存入，可按存入日的牌价套算成上述货币，按规定，存入什么货币就支付什么货币。

（四）外汇存款按期限可分为活期外汇存款和定期外汇存款

（五）按支取方式的不同，活期外汇存款分为支票户存款和存折户存款

（六）按存入资金形态的不同分为现汇存款户和现钞存款户

目前，单位外汇存款均为现汇户，现汇户可直接汇出国外。现钞户须经过钞买汇卖处理后方可支取汇出，现钞户可直接支取现钞。

二、个人外汇存款的核算

个人外汇存款可开立现汇账户也可开立现钞账户。按存取方式分为活期和定期两种。个人外汇定期存款的起存金额不低于人民币500元等值外汇，个人外汇活期存款不低于人民币100元等值外汇。凡是从国外或港澳地区汇入和携入的可自由兑换外汇，可存入现汇存款户。现汇户可支取外币现钞，也可汇往国外。凡从国外携入的可自由兑换的外币现钞，可存入现钞存款户。外币现钞户可支取外币现钞，也可汇往港澳地区或国外。

（一）存入的核算

1. 个人活期外汇存款开户的处理

开户时，存款人填写“外币存款申请书”，写明户名、地址、存款种类、金额等，连同外汇或现钞交存银行。银行审核无误后办理存折户或支票户的开户手续。通过“活期外汇存款”科目核算，登记存折和开销户登记簿，出售支票。以外币现金或汇入汇款存入时，其会计分录为：

借：库存现金或汇入汇款　　外币

　　贷：活期外汇存款　　外币

2. 个人活期外汇存款续存的处理

存款人须填存款凭条，连同存折、外币票据交银行，银行审核认可后办理续存，会计分录与开户相同。

3. 个人定期外汇存款开户

个人定期外汇存款分为1个月、3个月、半年、1年、2年等种类，是存款人以个人名义将外汇资金存入银行，并约定期限，到期一次性支取本息的一种外币存款，分外币现汇户和现钞户两种。通过“定期外汇存款”科目核算。

开户时，存款人应填制“外币存款申请书”，写明户名、地址、存款种类、期限及金额等，连同外币现钞或票据交银行，银行根据存款人的要求，开立定期存折或外汇定期存

款单一式三联。经复核后，第二联存单交存款人，第三联代分户账（存折或卡片账），凭以登记“开销户登记簿”后专夹保管，第一联代该科目的贷方传票凭以记账。其会计分录为：

借：库存现金或汇入汇款　　外币

　　贷：定期外汇存款　　外币

（二）支取的核算

1. 个人活期外汇存款支取的处理

支取活期外汇存款时，支票存款人须填写支票，存折户存款人须填写取款凭条，连同存折交银行。从现汇户支取现汇或从钞户支取现钞时，其会计分录为：

借：活期外汇存款　　外币

　　贷：库存现金或汇出汇款　　外币

存款人从现汇户支取款项汇往国外时，还需填制汇款凭证，并计收手续费、汇费和邮费。若乙种存款人从现汇户提取现钞或从钞户提取现汇时，一律按当日牌价套汇处理。国内居民办理此业务，按中间价计收人民币手续费，不需套汇。

2. 个人定期外汇存款支取的处理

支取定期外汇存款时，存款人须凭存单或存折及取款凭条办理。银行审核无误后，取款人输入密码或查验身份证办理付款手续，定期存单加盖“结清”字样。其会计分录为：

借：定期外汇存款　　外币

　　应付利息　　外币

　　贷：库存现金或活期外汇存款　　外币

三、单位外汇存款的核算

（一）开户及存入的核算

各单位在银行办理存款时，必须开立外汇存款账户，由单位填写申请书，并凭盖有公章、财务专用章及主管人员名章的印鉴卡及“外汇账户使用证”“外债登记证”“外汇（转）贷款登记证”等开立外汇存款账户，按规定的收支范围办理外汇收支。目前，单位外汇存款主要有：美元、日元、港币、英镑、欧元等多种货币，其他自由外币可以按存入日的外汇牌价折算成上述币种之一开立存款账户。商业银行对单位外汇存款通过“单位外汇活期存款”“外侨合资企业存款”“外事企业存款”“驻华机构活期存款”“外债专户存款”和“单位定期存款”等科目核算。

1. 单位活期外汇存款开户及存入的处理

（1）若以结算专用凭证转账存入外币时，其会计分录为：

借：汇入汇款或有关科目　　外币

　　贷：单位外汇活期存款　　外币

（2）若以外币现钞存入，或以不同于开户货币的币种存入时，需要通过套汇处理，其会计分录为：

借：库存现金　　外币

　　贷：外汇买卖（钞买价）　　外币

借：外汇买卖（钞买价）　　人民币

　　贷：外汇买卖（卖出价）　　人民币

借：外汇买卖（卖出价）　　外币

　　贷：单位外汇活期存款　　外币

2. 单位定期外汇存款开户的处理

单位定期外汇存款，一律采取账户式，期限分 7 天、1 个月、3 个月、半年、1 年、2 年等档次，金额一般不低于人民币 5 000 元至 1 万元的等值外汇，一般不允许提前支取。通过“单位定期外汇存款”科目核算，该科目下分货币按存款单位立户，会计核算与活期存款类似。

（二）支取存款的核算

支取存款时，存折户填写取款凭条，支票户填写支票，并加盖预留印鉴，经银行审查后，办理取款手续。

1. 支取原币汇出时，其会计分录为：

借：单位活期存款　　外币

　　贷：汇出汇款　　外币

2. 支取外币现钞或支取不同于开户货币的外币币种时，单位外汇存款最多只能支取 5 万美元，5 万美元以上现金支取必须经外汇管理局批准，其会计分录为：

借：单位活期存款　　外币

　　贷：外汇买卖（汇买价）　　外币

借：外汇买卖（汇买价）　　人民币

　　贷：外汇买卖（卖出价）　　人民币

借：外汇买卖（卖出价）　　外币

　　贷：库存现金　　外币

（三）利息计算

除国库款项和属于财政预算拨款性质的经费预算单位存款不计息外，其他性质的单位存款均计付利息。计息方法与人民币相同，按不同币种活期存款利息，采用积数计息法计算利息。

第四节 外汇贷款业务的核算

一、外汇贷款的概念与特点

外汇贷款是指商业银行办理的以外币为计量单位的放款。外汇贷款业务是外汇银行的主要业务之一，它不同于人民币贷款业务，外汇银行发放外汇贷款还要承受外汇汇率的风险，为了减少汇率风险对银行的影响，商业银行主要发放短期外汇贷款，而长期外汇贷款目前主要由政策性银行如进出口银行办理，所以本节主要介绍短期外汇贷款。

短期外汇贷款是外汇银行办理的以外币为计量单位的短期贷款，它是外汇银行一项重要的信贷业务。外汇银行目前发放的是短期外汇浮动利率贷款，凡生产出口商品，有偿还能力的企业，都可以申请短期外汇贷款。

外汇银行目前发放的短期外汇贷款货币主要有美元、港币、日元、英镑、欧元五种。贷款贷什么货币，还什么货币，计收原币利息。

外汇贷款与人民币贷款相比，有其自身独有的特点，主要包括：

（一）利率确定不同

人民币贷款的利率相对固定。外汇贷款利率则是以浮动为主，贷款利率由总行不定期公布，利率按伦敦银行同业拆放利率（LIBOR）加上银行管理费用实行浮动制。期限通常有1个月、3个月和6个月浮动三种。

（二）贷款的发放不同

人民币贷款在借款单位实际用款之前，可以转存；而短期外汇贷款一般是指借款单位实际对外支付外汇的同时发放，即什么时候用，什么时候发放。外汇贷款经批准后，具体的发放使用办法是按国际惯例处理的。贷款发放是从贷款账户直接对外支付，目的是为了加强外汇管理，提高外汇资金的使用效益。由于不存在贷款转作存款后对外支付，因而不会形成借款单位的派生性存款。借款单位借款时，无论是以信用证、代收或汇款方式办理结算，均需填具短期外汇借款凭证，银行核准后，据以开立外汇贷款账户。

二、短期外汇贷款业务核算

短期外汇贷款是指商业银行发放的期限在一年以内，实行浮动利率计息的现汇贷款。利率按伦敦银行同业拆放利率（LIBOR）加上银行管理费用实行浮动制。短期外汇贷款通过“短期外汇贷款”科目核算，核算程序主要包括贷款的发放、计收利息和收回贷款三个环节。

（一）贷款发放的核算

发放贷款时，借款单位填写“短期外汇贷款借款凭证”一式五联，第一联借款申请书，第二联借款凭证，第三联借款凭证副本，第四联支款通知，第五联备查卡。经银行信贷部门同意批准后，第一、五联由信贷部门保管，将第二、三、四联借款凭证转交银行会计部门。会计部门审查凭证无误后，对外付款，其会计分录为：

1. 以贷款货币对外支付时

借：短期外汇贷款——短期外汇浮动利率贷款　　外币

　　贷：港澳及国外联行往来或存放国外同业或汇出汇款　　外币

核销：即期信用证项下进口付汇

借：应付开出信用证款项　　外币

　　贷：应收开出信用证款项　　外币

远期信用证项下进口付汇

借：承兑汇票　　外币

　　贷：应收承兑汇票款　　外币

核销：进口代收方式下付汇

借：进口代收款项　　外币

　　贷：应收进口代收款项　　外币

2. 以贷款货币以外的其他外币对外支付款项时

借：短期外汇浮动利率贷款　　贷款货币

　　贷：外汇买卖（贷款货币汇买价）　　贷款货币

借：外汇买卖（贷款货币汇买价）　　人民币

　　贷：外汇买卖（贷款货币汇买价）　　人民币

借：外汇买卖（支付外币汇卖价）　　支付外币

　　贷：港澳及国外联行往来等　　支付外币

核销同上。

（二）计收利息的核算

1. 外汇贷款利息计算的基本规定如下：

（1）计息公式为

利息 = 贷款本金 × 利率 × 期限

（2）实行按季结息，每季末 20 日营业终了为结息日。贷款期限按实际天数计算，有一天，算一天，“算头不算尾”，即贷款日计息，还款日不计息。

（3）贷款本金按实际发放的金额计算，合同金额不等于实际发放的金额；贷款本金还和利息的支付方式有关，如果采用息转本，则下一次计息的贷款本金要加上上一次的利息，以此类推。如果采用按期支付利息，则每次计息的贷款本金相同。

（4）利率采用浮动利率计算为主。浮动利率分 1 个月、3 个月、6 个月浮动三个档次，即指企业在使用银行贷款那天确定的利率在 1 个月、3 个月或 6 个月内不管利率变动多大都固定不变，过了 1 个月、3 个月或 6 个月后，按浮动的利率计收利息。

2. 账务处理收息时填制一式三联贷款结息凭证，第一联代某某科目借方传票，第二联代利息收入贷方传票，第三联代结息通知单，交借款人。

（1）按契约规定将利息转入贷款本金，其会计分录为：

借：短期外汇贷款　　外币

　　贷：利息收入——外汇贷款利息收入　　外币

（2）借款人按期偿付利息时，其会计分录为：

借：单位活期存款　　外币

　　贷：利息收入——外汇贷款利息收入　　外币

当存款货币和贷款货币不同时，要通过有关外汇买卖科目核算。

（三）收回贷款的核算

贷款期满，借款企业归还贷款时，填写一式两联的进账单和转账支票，也可填制还款凭证，办理还款手续，其会计分录为：

1. 息转本

借：单位活期存款（原始本金 + 每次的利息）

　　贷：利息收入（最后一次结息日至还款日的贷款利息）

短期外汇贷款（原始本金＋除最后一次的前几次利息和）

2. 按期支付利息

借：单位活期存款（原始本金＋最后一次利息）

  贷：利息收入（最后一次利息）

    短期外汇贷款（原始本金）

当偿还货币和贷款货币不同时，要通过外汇买卖科目核算

借：有关企业活期存款 存款货币

  贷：外汇买卖（存款货币汇买价） 存款货币

借：外汇买卖（存款货币汇买价） 人民币

  贷：外汇买卖（贷款货币汇卖价） 人民币

借：外汇买卖（贷款货币汇卖价） 贷款货币

  贷：利息收入 贷款货币

    短期外汇贷款 贷款货币

【例7－7】某合资企业与某外汇银行A行订立短期浮动利率贷款合同，贷款30万美元，向美国某公司进口零部件，期限为半年，按3个月浮动，利息转入贷款本金。贷款行4月8日发放贷款，全额支付美国某代理行的托收款，4月8日美元3个月浮动利率为4.9375%，6月5日为4.88%，7月1日为4.875%，10月8日借款人从其美元存款户偿还贷款全部本息。

要求：列出A行计算外汇贷款利息的计算过程并列出会计分录。

(1) 4月8日，发放贷款。

借：短期外汇贷款 USD300 000

  贷：存放国外同业——美国某代理行 USD300 000

借：进口代收款项 USD300 000

  贷：应收进口代收款项 USD300 000

(2) 6月20日计息。

利率档次：4月8日～7月7日 4.9375%

    7月8日～10月7日 4.875%

    4月8日～6月20日 4.9375%

USD300 000×4.9375%÷360×74＝USD3 044.79

借：短期外汇贷款 USD3 044.79

  贷：利息收入 USD3 044.79

(3) 9月20日第二次计息。

(300 000＋3 044.79)×(4.9375%÷360×17＋4.875%÷360×75)＝USD3 784.38

借：短期外汇贷款 USD3 784.38

  贷：利息收入 USD3 784.38

(4) 10月8日借款人偿还本息。

(300 000＋3 044.79＋3 784.38)×4.875÷360×17＝USD706.35

借：单位活期存款 USD307 535.52

贷：短期外汇贷款　　USD306 829.17

　　利息收入　　USD706.35

第五节

国际贸易结算业务的核算

一、出口信用证结算业务的核算

（一）信用证结算概述

1. 信用证特点

信用证简称L/C，是由开证行根据进口商的申请，向受益人（出口商）开立的具有一定金额，并在一定期限内凭规定的符合要求的单据付款或作付款承诺的书面保证文件。也就是说是银行有条件保证付款的凭证。其特点有：

（1）信用证是一种银行信用作担保的凭证。开证行承担第一性付款责任，在单证相符的条款下，开证行不管进口商是否能够偿付给他，他都必须付款给受益人或被指定银行，这是信用证所具有的银行信用的体现。

（2）只对单证负责，不对商品负责。信用证是一项独立、自主的文件，并不依附于贸易合同，不受贸易合同条款的约束，开证行只对信用证负责，信用证的有关当事人也只能依据信用证的规定办理。出现信用证业务纠纷时，有关各方不能援引合同条款作为为自己辩护的依据。

（3）信用证业务处理的是单据。在信用证业务中，银行处理的是单据，而不是货物，只要受益人或其指定人能提交符合信用证条款的单据，开证行就必须承担付款、承兑之责，假如收到的货物不符合合同要求，开证人只能根据贸易合同向受益人进行交涉或索赔，与开证行无关。因此，信用证交易把合同的货物交易转变为只管单证是否相符的单据交易。

（4）银行对于信用证项下不能控制的一切事故免责。UCP600条款明确规定了银行的免责内容。银行虽有合理谨慎地审核单据的义务，但这种审核只是用以确定单据在表面上是否符合信用证条款的规定，开证行只根据表面上符合信用证条款的单据承担付款责任。

因此，银行对任何单据的形式、完整性、准确性、真实性，单据中规定的或附加的一般及/或特殊条件，不承担任何责任或义务。对任何单据代表的货物之描述、数量、重量、质量、状况、包装、交付、价值或其他任何人的诚信、行为及/或疏忽、清偿能力、执行能力或资信状况，不承担任何义务或责任。

2. 信用证结算会计处理环节

在办理信用证出口业务时，我国经办银行作为出口方银行，替国内出口企业进行结算，充当国外信用证的通知行、议付行。其会计核算主要分为：①受证与通知；②审单议付，寄单索汇；③收妥出口款项三个环节。

在办理信用证进口业务时，我国经办银行作为进口方银行，替国内进口企业进行结算，充当开证行、付款行。其会计核算主要分为：①进口开证；②审单与付汇两个环节。

（二）信用证出口业务的核算

1. 受证与通知的处理

（1）收到信用证。在出口业务中，我国银行充当受证行、通知行角色。收到国外进口方银行开来的信用证时，首先应严格审核信用证内容、开证行经营作风、资信状况及货币金额、支付方式等，审核无误后编流水号，输入电脑打印出通知书，及时通知受益人（出口商），缮打国外来证记录卡，匡算待收外汇资金数。同时记表外科目，其分录为：

收入：国外开来保证凭信　　　　外币

当国外银行开来委托本行代为通知各出口单位办理的信用证等保证凭信时，用表外科目“国外开来保证凭信”核算。它反映了一定时期我国信用证项下出口业务情况，是匡算待收外汇资金的基础，也是监督出口单位备货出运的依据。

如果因修改信用证或转让、退证、注销等原因而使信用证金额增减时，需登记表外科目。

当信用证金额增加时，其分录为：

收入：国外开来保证凭信　　　　外币（红字）

（2）发放出口打包贷款。出口商接到信用证后，按信用证要求备货出运时，若资金有困难，可申请人民币出口打包放款。发放出口打包贷款时，其会计分录为：

借：出口打包贷款　　　　人民币

　　贷：进出口企业活期存款　　　　人民币

备货出运后，必须及时清偿打包放款的全部本息，无本币资金偿还时，在单证相符的条件下，转作出口押汇，从结汇款中扣还。

2. 审单议付，寄单索汇的处理

（1）审单、寄单。我国出口方银行接到出口公司交来的全套出口单据议付时，应严格按信用证要求审单，达到单单一致，单证一致的要求，促使开证行承担第一性付款责任。审单相符后，寄单索汇，编制“出口寄单议付通知书”随单据寄发，并向开证行计收通知费、议付费、修改费、邮费等从属费用。根据权责发生制的原理，出口银行在寄出议付单据后，一方面对国外银行拥有了收取货款的权益，另一方面对出口商承担了代收的责任。其会计分录为：

借：应收即期信用证出口款项　　　　外币（货款 + 从属费用）

　　贷：代收即期信用证出口款项　　　　外币（货款 + 从属费用）

付出：国外开来保证凭信　　　　外币

（2）出口押汇的核算。若出口商提出押汇申请，应填写出口押汇申请书一式四联，银行经审核符合规定后，办理出口押汇手续。出口押汇是出口商发运商品后，以提货单据为抵押，向银行融通资金的一种业务。承做出口押汇的银行，实际上是以出口方提交的与信用证项下或托收项下的单据为抵押，向出口商发放的一笔抵押贷款，对抵押银行来说，是预先垫款买下一笔尚未收妥的外汇，因此，担负着一定风险。实务工作中所说的出口押汇实际上就是UCP600所定义的“议付”，是同一种业务的两种不同称谓。其会计分录为：

借：出口押汇　　押汇金额
　　贷：利息收入——押汇利息收入押息　　（押汇金额×押汇天数×利率）
　　　　外汇买卖（汇买价）　　实付外币金额（押汇金额－押汇利息）
借：外汇买卖（中间价）　　人民币金额（实付外币金额×中间价）
　　贷：单位活期存款　　实付人民币金额（实付外币金额×汇买价）
　　　　外汇买卖价差　　人民币金额

3. 收妥出口款的处理

根据《结售汇及付汇管理规定》的要求，外商投资企业的收汇款，在扣除银行费用或抵偿出口押汇后，超出外币账户额度的部分，按当天的国家外汇牌价，全部卖给外汇指定银行，结付人民币入账。中资企业的收汇款，在扣除银行费用或抵偿出口押汇后，按当天的外汇牌价结付人民币入账。出口商收到到款通知书，持出口收汇核销单、海关申报单、涉外收入申报单办理结汇（涉外收入申报单于当日通过计算机传外汇管理局，于每月8日内汇总交外管局），外汇指定银行在向出口单位出具结汇水单或收账通知时，必须注明核销单编号及BP单号，作为出口核销及退税的有效依据。

（1）寄单索汇环节没有叙作押汇。

议付行收到国外行寄来的已贷记报单，审核无误后，办理出口结汇。

借：代收即期信用证出口款项　　外币
　　贷：应收即期信用证出口款项　　外币
借：港澳及国外联行往来或存放国外同业等　　外币
　　贷：手续费收入——国外银行费用收入　　外币
　　　　外汇买卖（汇买价）　　外币
借：外汇买卖（中间价）　　人民币
　　贷：有关企业活期存款　　人民币
　　　　外汇买卖价差　　人民币

（2）寄单索汇环节叙作了出口押汇。

收到已贷记报单后，经核对无误后，抽出出口押汇申请书的该科目的贷方传票，办理转账。

借：代收即期信用证出口款项　　外币
　　贷：应收即期信用证出口款项　　外币
借：港澳及国外联行往来或存放国外同业等　　外币
　　贷：手续费收入——国外银行费用收入　　外币
　　　　出口押汇　　外币

【例7－8】某外汇银行8月15日接到美国某代理行开来即期信用证，金额为USD8 000，受益人为市土产公司，来证规定单到开证行验单付款，该分行审证后当天通知受益人。9月10日受益人备货出运，送全套出口单据及跟单汇票USD8 000，分行审单合格，于9月12日寄单索汇并加计通知费、议付费USD120向开证行计收。9月28日分行接到代理行的已贷记报单，金额为USD8 120，当天对土产公司结汇，该分行在开证行有美元账户关系。当日美元汇买价为 USD100 = CNY622.65，中间价为 USD100 = CNY623.90。其会计分录为：

(1) 8 月 15 日，受证通知：

收入：国外开来保证凭证　　USD8 000

(2) 9 月 12 日，议付寄单索汇：

借：应收即期信用证出口款项　　USD8 120

　　贷：代收即期信用证出口款项　　USD8 120

付出：国外开来保证凭信　　USD8 000

(3) 9 月 28 日，收妥结汇：

借：存放国外同业　　USD8 120

　　贷：手续费收入——国外银行费用收入　　USD120

　　　　外汇买卖（汇买价）　　USD8 000

借：外汇买卖（汇买价）　　CNY49 812（8 000 × 6.2265）

　　贷：进出口企业活期存款　　CNY49 812

借：代收即期信用证出口款项　　USD8 120

　　贷：应收即期信用证出口款项　　USD8 120

【例 7－9】某合资企业 4 月 11 日把即期信用证项下全套单据金额为 USD10 000，连同押汇申请书送交银行，经审核符合押汇的要求，该行当天即按 7.2% 利率扣收 15 天的贴息，将余额收入受益人的美元存款账户。4 月 26 日议付行收到开证行（纽约中行，与议付行有美元账户关系）的已贷记报单，金额为 USD10 100，其中 USD100 为国外银行费用收入。其会计分录为：

(1) 4 月 11 日，办理押汇：

押汇利息 = 10 000 × 15 × 7.2% ÷ 360 = USD300

借：出口押汇　　USD10 000

　　贷：利息收入——押汇息　　USD300

　　　　单位活期存款　　USD99 700

借：应收即期信用证出口款项　　USD10 100

　　贷：代收即期信用证出口款项　　USD10 100

付出：国外开来保证凭信　　USD10 000

(2) 4 月 26 日：

借：港澳及国外联行往来——纽约中行　　USD10 100

　　贷：手续费收入——国外银行费用收入　　USD100

　　　　出口押汇　　USD10 000

借：代收即期信用证出口款项　　USD10 100

　　贷：应收即期信用证出口款项　　USD10 100

二、出口托收结算业务的核算

（一）出口托收结算特点

出口托收是由债权人或收款人开立汇票或提供索汇凭据，委托银行向债务人或付款人收取款项的一种结算方式。出口托收结算方式，由于没有信用证作为付款保证，通常又无证托收，属于商业信用。实际工作中，以跟单托收为主。跟单托收是指收款人（出口单位）开立汇票并附有货运单据，凭跟单汇票，委托银行向付款人（进口方）收取货款的一种贸易结算方式。

（二）交单方式

1. 付款交单（D/P）

付款交单是指代收行必须在进口商付清票款后，才能将货运单据交进口商的一种交单方式。

2. 承兑交单（D/A）

承兑交单是指代收行当付款人承兑远期汇票后，把货运单据交付给付款人，于汇票到期时，由付款人履行付款业务的一种交单方式。

（三）托收方式

1. 光票托收

光票托收是卖方仅开立汇票而不附带任何货运单据，委托银行收取款项的一种托收方式。主要用于非贸易结算，在贸易结算方面，一般用于收取货款尾款、代垫费、佣金、样品费或其他贸易从属费用。有的汇票托收虽然也附有单据，但并不是整套货运单据，只是发票和垫款清单等，也属于光票托收。

2. 跟单托收

跟单托收由卖方开立跟单汇票（即汇票连同一套货运单据）交给银行，委托银行代为收款的托收方式。

三、出口托收结算业务的核算

作为出口方的托收行，主要有寄单托收和收汇结汇两个环节。

（一）寄单托收的核算

出口单位备货并取得货运单据后应填制“出口托收申请书”一式二联，连同全套出口单据一并送交银行。银行审单后，编列托收号码，将申请书一联作为回单给出口单位，另一联留存，并据以填制“出口托收委托书”第一、二联分两次附单据航空邮寄代收行；第三联作为应收出口托收款项借方传票；第四联作为代收出口托收款项；第五联作为留底卡片账。其会计分录为：

借：应收出口托收款项　　　　外币

　　贷：代收出口托收款项　　　　外币

增加金额会计分录同上，减额做相反的会计分录。同时按规定的费率向主动提出修改原因的一方计收修改费。

（二）收妥托收款项核算

（1）出口托收款项一律实行收妥进账的做法，即根据国外银行的已贷记报单办理收汇或结汇。

（2）实际收到的金额与应托收的款项不一致时，按实际收到的金额办理结汇；但按应收到款项核销应收出口托收款项和代收出口托收款项。

（3）国外银行扣收的银行费用，原则上由委托人负担。其会计分录为：

借：代收出口托收款项　　外币

　　贷：应收出口托收款项　　外币

借：港澳及国外联行往来等　　外币

　　贷：外汇买卖（汇买价）　　外币

借：外汇买卖（汇买价）　　人民币

　　贷：单位活期存款　　人民币

（三）催收

托收行寄出托收单据后，应根据付款期限的长短和正常邮程的估计，对超过正常期限尚未收到的托收款项，应按规定办法催收；甚至可以要求出口单位与进口单位直接恰询，以防代收行收妥托收货款后无偿占有我方资金。对远期汇票，要认真检查是否承兑，如发现有未承兑的应及时催收，对已收到的“已承兑通知书”必须专夹保管，以便在到期日凭以监督收汇。

【例 7-10】 某外汇银行 9 月 5 日受理某企业交来的全套出口托收单据，金额为 GBP14 050，交单方式为即期付款交单，代收行为伦敦某代理行（与托收行有英镑账户关系）。托收行当天寄出托收单证并向进口商计收手续费 CNY 250，邮费为 CNY 50。9 月 28 日接到代收行划回的款项（已贷记报单），内扣 GBP50 银行费用，余额为 GBP14 000 对出口企业办理结汇。当日英镑汇买价为 1GBP = 10.4013CNY，中间价为 GBP100 = CNY1040.13。其会计分录为：

（1）9 月 5 日，发出托收：

借：应收出口托收款项　　GBP14 050

　　贷：代收出口托收款项　　GBP14 050

借：单位活期存款　　CNY250

　　贷：手续费收入　　CNY200

　　　　营业费用　　CNY50

（2）9 月 28 日，收妥入账：

借：存放国外同业——伦敦某代理行　　GBP14 000

　　贷：外汇买卖（汇买价）　　GBP14 000

借：外汇买卖（汇买价）　　CNY145 618.20（14 000 × 10.4013）

　　贷：单位活期存款　　CNY145 618.20

借：代收出口托收款项　　GBP14 050

　　贷：应收出口托收款项　　GBP14 050

四、进口信用证结算业务的核算

（一）进口开证的核算

1. 开证申请书

国内进口公司根据合同条款向我国进口方银行申请信用证，填具开证申请书。开证申请书内容包括两部分：一是开立信用证的具体内容；二是进口公司向开证行应负责的声明。开证行在收到申请人递交的开证申请书后，要认真审查，通常审查以下几方面：

（1）检查申请单位公章与申请人名称是否相符。对于第一次来我行办理开证业务的单位，须要求提供营业执照影印件和进口经营的批文，以确定申请人具有进出口权。

（2）内容要完整、清楚。开证申请书必须用英文缮打，申请书内容一定要完整、清楚，条款要正确且不相互矛盾，若申请书内容不完整，条款不正确或存在其他问题，必须在征得申请人同意后方可改动，且须申请人签字确认。

（3）信用证条款必须收取符合 UCP600 的有关要求。

（4）货运目的港必须是我国的口岸，避免出现套取国家外汇的现象。

2. 收取信用证保证金

（1）原则上收取足额的保证金。开立信用证原则上要收取足额的保证金，特别对于资信情况没有把握或资信情况不佳不能保证按期资金到位的开证申请人，或属代理进口项下开证业务，应收取足额保证金后方能开证。不能以申请人自身付款保证或进账计划作为开证保证。

（2）免收保证金开证，但对免保部分要落实好担保措施。开证行对于一些资信良好、实力雄厚，且经常发生业务往来的进出口企业可以实行免收保证金开证，但对免保部分要落实好担保措施。有的银行采取签订进口开证授信合同或凭金融机构出具保函开证。原则上只接受本市市级以上有权叙作担保业务的分行或金融机构出具的保函，确定担保的有效性，落实好资金划拨途径。如果以银行承兑汇票等有价证券抵押开证的，要办妥抵押合同并列明抵押品变现的有关权利及手续。

银行可收取外币保证金，也可收取人民币保证金。其会计分录为：

借：有关企业活期存款　　　　外币（人民币）

　　贷：存入保证金　　　　外币（人民币）

收取开证手续费。开证行按规定向开证申请人收取开证手续费，其会计分录为：

借：单位活期存款——开证申请人　　　　人民币

　　贷：手续费收入——担保费收入　　　　人民币

3. 开出信用证

收到开证申请，银行审核申请人各种开证手续齐备，经各级领导批准同意开证，进口开证经办员按规定对信用证进行编号，并在开证登记簿登记有关内容，然后严格按照已经审核的开证申请书缮打信用证一式六联，各联的用途为：

（1）第一联信用证正本，经有权签字人员签字后航寄国外通知行；

（2）第二联信用证副本，第二次寄开证行；

（3）第三联信用证副本，开证行代统计卡；

（4）第四联信用证副本，第五联信用证副本，加盖进口业务公章后，退回进口单位；

（5）第六联随开证行申请书留存。

根据权责发生制的原理，信用证一经开出，开证行就拥有了对进口商收取货款的权利，并承担了对国外银行付款的责任，因此，登记或有资产、或有负债，其会计分录为：

借：应收开出信用证款项　　外币

　　贷：应付开出信用证款项　　外币

这两个科目的数字经常被有关方面作为国家外汇使用情况的重要参考数据之一，开证行必须经常检查核对以保证账卡一致，对信用证已过期失效的未用金额应及时撤消，尽可能使该科目数据真实。

4. 修改信用证

不可撤消的信用证一经开出，未经开证行、保对行（如有的话）及受益人的同意，信用证既不能修改也不能撤消。修改信用证增加额时，其会计分录为：

借：应收开出信用证款项　　外币（增额）

　　贷：应付开出信用证款项　　外币（增额）

减少金额时，其会计分录相反。

按规定，每修改一次，须按规定费率计收修改手续费。

（1）开证申请人主动提出修改。其会计分录为：

借：单位活期存款　　人民币

　　贷：手续费收入　　人民币

（2）受益人主动提出修改，计收等值外汇修改费。其会计分录为：

借：存放港澳及国外同业或有关科目　　外币

　　贷：手续费收入——国外银行费用　　外币

（3）撤证的账务处理同修改减额，但还要返还保证金。其会计分录为：

借：存入保证金　　外币

　　利息支出　　外币

　　贷：单位外汇存款或有关科目　　外币

（二）审单与付款的核算

1. 收单审单

开证行在收到国外议付行寄来的单据，经过审核无误后，缮打“进口信用证单据通知书”一式三联。各联的用途为：第一联收到单据通知书；第二联付款赎单通知书，银行不留存备查；第一、第二联进口全套单据送进口商审单后（一般三个工作日），在第二联上签注确认承付或拒付理由，并加盖公章退银行。对于即期信用证，要求申请人付款赎单；对远期信用证，根据开证行与申请人之间的协议，将单据交给公司，或要求公司交纳一定的保证金。由于单据往往代表了物权，因而须与申请人办好单据交接手续。

2. 对外付汇

进口商提交海关申报单，涉外付汇申报单及外管局批文，付汇确认书，审核无误后，在付款登记簿上，详细登记信用证号码、付款日期、金额、账户行名称、寄单行名称及业务编号，以备查阅。

（1）单到国内审单付款。单到国内审单付款是指国外议付行寄来的进口单据，经进口商确认承付后，银行即填制付款报单对外付汇和对进出口商扣款。付汇金额应包括由进口商负担的银行费用。其会计分录为：

借：单位活期存款或存入保证金　　　　人民币

　　贷：外汇买卖（卖出价）　　　　人民币

借：外汇买卖（卖出价）　　　　外币

　　贷：存放国外同业或其他科目　　　　外币

进口付汇后，开证行与进口商及境外银行的债权债务关系已消除，故应转销或有资产、或有负债科目。

借：应付开出信用证款项　　　　外币

　　贷：应收开出信用证款项　　　　外币

【例7-11】外汇银行M行根据外贸机电进口公司申请，于8月11日对纽约某中国银行开出即期信用证向某外商购买机电产品10 500美元，支付方式为单到国内审单付款，开证时从其中0180900261账户支取50 000元人民币，存入其保证金，并取出1.5‰的开证费（按美元卖出价折约人民币，但不通过外汇买卖科目核算，由公司人民币0180900261账户支出）8月13日，公司因故要求减少开证金额500美元，征得受益人同意后银行做了修改开证金额手续。8月25日，接到纽约中行寄来该证项下全套单据，金额为10 000美元，同时加收银行费用200美元，公司于8月27日送来确认承付书，全额承付，银行当日对外付款。即从企业保证金账户中转出款项，不足部份另从企业美元存款户支取（账户为1482400750）。假设当天美元卖出价为USD100 = CNY625.15。其会计分录为：

要求：列出全套会计分录。

（1）8月11日，开证：

借：应收开出信用款项　　　　USD10 500

　　贷：应付开出信用证款项　　　　USD10 500

借：单位活期存款（账户：0180900261）　　　　CNY50 000

　　贷：存入保证金　　　　CNY50 000

借：单位活期存款（账户0180900261）

　　　　CNY98.46（10 500 × 6.2515 × 1.5‰）

　　贷：手续费收入——担保费收入　　　　CNY98.46

（2）8月2日，修改开证金额：

借：应付开出信用证款项　　　　USD500

　　贷：应收开出信用证款项　　　　USD500

（3）8月27日，对外付汇：

补付美元数：10 200 -（50 000 ÷ 6.2515）= USD2 201.92

借：存入保证金　　　　CNY50 000

　　贷：外汇买卖（汇卖价）　　　　CNY50 000（7 998.08 × 6.2515）

借：外汇买卖（汇卖价）　　　　USD7 998.08

单位活期存款（账户：1482400750）　　USD2 201.92

　　贷：港澳及国外联行往来——纽约中国银行　　USD10 200

借：应付开出信用证款项　　USD10 000

　　贷：应收开出信用证款项　　USD10 000

（2）国外审单主动借记。国外审单主动借记是指议付行审单后主动借记进口方银行在议付行开立的账户，并将单据连同已借记报单一并寄开证行。开证行把进口单据交进口商后，不必再由进口商承付。议付行审单后主动借记日到国内开证行向进口商收款日之间的垫款外币利息，开证行应一并向进口商计收。账务处理与国内开证行审单方式相同。如国外议付行 8 月 21 日发出单据和已借记报单 USD200 000，那么我行在议付行开立的账户存款 USD200 000 从 8 月 21 日开始就没有升息了，国内开证行 8 月 31 日才收到已借记报单，办理售汇。其中开证行垫付了 10 天的外币利息。公司之所以同意采用这种方式，有的因为进口商品在市场上比较紧俏，有的是因为这种方式可以获得及格上的若干优惠，情况不一。

【例 7－12】 外汇银行 M 行根据某合资企业的申请于 8 月 1 日对纽约中行开出即期信用证向某外商购配件，金额为 USD11 500，支付条款注明“国外验单相符，主动借记我行账”，开证时企业从其美元账户支取 80% 存入保证金，并交 1.5‰的开证费（按美元卖出价折的人民币，用企业人民币存款户支出）。此后，该企业因故要求增加开证金额 USD500，征得受益人同意于 8 月 10 日修改开证金额。议付行议付单据后，8 月 21 日寄单到开证行，金额为 USD12 000，同时加收银行费用 USD40。M 行于 8 月 31 日才收到已借记报单，即从企业保证金账户中转出款项，不足部分另从其美元账户中支取，同时按 5‰的利率计算收 10 天垫款利息，保证金账户按 0.05% 利率计付企业利息收其存款户。假设美元卖出价为 1USD＝6.2515CNY。其会计分录为：

（1）8 月 1 日，开出信用证：

借：应收开出信用证款项　　USD11 500

　　贷：应付开出信用证款项　　USD11 500

借：单位活期存款　　USD9 200（11 500×80%）

　　贷：存入保证金　　USD9 200

借：单位活期存款　　CNY107.84（11 500×6.2515×1.5‰）

　　贷：手续费收入　　CNY107.84

（2）8 月 10 日，修改开证金额：

借：应收开出信用证款项　　USD500

　　贷：应付开出信用证款项　　USD500

（3）8 月 31 日：

垫款利息＝12 040×5‰×10＝USD60.20

保证金账户利息＝9 200×0.05%÷360×30＝USD0.38

借：存入保证金　　USD9 200

　　单位活期存款　　USD2 900.20

　　贷：利息收入　　USD60.20

港澳及国外联行往来——纽约中国银行　　USD12 040

借：利息支出　　USD0.38

　　贷：单位活期存款　　USD0.38

（4）核销：

借：应付开出信用证款项　　USD12 000

　　贷：应收开出信用证款项　　USD12 000

（3）国外审单电报索汇。这种支付方式下，议付行审单后不能主动借记我账户，而必须用加押电报向我方索偿。开证行收到电报核押相符，即用电汇方式对国外付汇并向进口商收取货款。开证行应注意，如国外来电说明单据某些不符点，应如实通知进口商，经进口商确认后办理付汇。在付汇的同时缮打“进口信用证单据通知书”，注明“已凭电索付款”，待收到单据核对相符，再送进口商，防止重复付款。这种支付方式下，开证行没有垫付外汇资金，故不能向进口商收取垫款利息。会计分录与单到国内审单付款方式相同。

（4）授权国外议付行向我账户行索汇。这种方式适用境外议付行与开证行及其总行均无账户关系，只得指定偿付行（第三家银行）办理三角清算。开出信用证时，必须加列指定“偿付行”的特别条款，同时必须将信用证副本一份寄偿付行，以便该行凭议付行BP联核对拨款。议付行审单相符后，即将BP单寄出向偿付行索汇，同时将单据寄开证行，偿付行收到BP单与信用证副本核对相符并验对议付行签章后，即主动借记开证行账，贷记议付行账。我行凭国外账户行（偿付行）已借记报单计算外汇垫款利息。如国外偿付行10月15日主动借记我开证行账，开证行10月20日收到借记报单，银行垫款利息5天。

总之，国外审单主动借记和授权国外议付行向我账户行索汇，进口公司要承担国外付款日至单到国内这段时间银行垫付的外币垫款利息。

（5）远期信用证项下进口付汇的处理。远期信用证项下付汇分承兑和付汇两个阶段。

①承兑是指远期汇票的付款人，以其签名表示同意按照出票人的命令付款。在远期信用证项下，开证行决定接受寄单行提交的单据，必须在接到单据次日起的7个工作日内，作出承兑行为。办理承兑手续后，应把或有资产、或有负债科目进行调整，以反映承兑确定下来的权责关系。其会计分录为：

借：应付开出信用证款项　　外币

　　贷：应收开出信用证款项　　外币

借：应收承兑汇票款　　外币

　　贷：承兑汇票　　外币

②付款到期日要及时付款，决不能发生迟付或拒付现象。若申请人资金未到位，开证行应以备用垫款垫付。银行应抽出“承兑汇票”科目卡片账注明销账日期后办理转账。在账务处理上同单到国内审单付款的会计分录。同时转销承兑登记的或有资产、或有负债科目。其会计分录为：

借：承兑汇票　　外币

　　贷：应收承兑汇票　　外币

【例7－13】11月5日，某公司提供申请开立以荷兰阿姆斯特丹通用银行为议付行的远期60天付款信用证，金额为USD32 700，11月10日公司因故减少开证金额USD700。12月5日，通用银行寄来全套单据，要求通知承兑汇票，并在到期日将款项交纽约大通行（中间行）贷记其在该行账户。12月8日，该公司确认承兑后于第二年到期付款，即通知通用银行。第二年2月6日，汇票到期，我行向公司办理结算，并且发出借记报单授权纽约大通行借记我总行开在该行的账户，同时我行以“全国联行往来”报单划收总行账。其会计分录为：

(1) 11月5日，开证：

借：应收开出信用证款项　　USD32 700

　　贷：应付开出信用证款项　　USD32 700

(2) 11月10日，缮打进口信用证下的单据通知书。

(3) 12月5日，修改信用证：

借：应付开出信用证款项　　USD500

　　贷：应收开出信用证款项　　USD500

(4) 12月8日，承兑：

借：应收承兑汇票款　　USD32 000

　　贷：承兑汇票　　USD32 000

借：应付开出信用证款项　　USD32 000

　　贷：应收开出信用证款项　　USD32 000

(5) 第二年2月6日，到期付款：

借：单位活期存款　　USD32 000

　　贷：全国联行往来——总行　　USD32 000

借：承兑汇票　　USD32 000

　　贷：应收承兑汇票款　　USD32 000

五、进口代收结算业务的核算

进口代收，是指国外出口商根据托收的规定，不经银行开立信用证，于货物装运后，将全套单据经由托收银行寄往进口方银行向进口商代收货款或其从属费用的方式。

(一) 收到进口代收单据

代收行收到托收行寄来的托收单据时，须认真清点委托书上所列单证种类及份数，确认无误后，编列顺序号，登记“进口单据通知书”（格式与进口信用证单据通知书相同），通知进口商备款赎单、同时通过或有资产、或有负债账户反映代收行与进口商及托收行的权责关系。其会计分录为：

借：应收进口代收款项　　外币

　　贷：进口代收款项　　外币

若进口商不同意承付时，应提出拒付理由，连同单据退交代收行转告托收行；如部分拒付，则在征得托收行同意后再按实际金额付款。

在账务处理方面，如果是全部拒付时应反方向冲减收到进口代收单据时所做或有资产、或有负债账户的记录；如果是部分拒付时，则在征得托收行同意后再按拒付金额调整或有资产、或有负债账户记录。

（二）进口商确认后对外付汇

进口商确认付款（交回付款确认书）或对远期汇票承兑并到期付款时，其会计分录为：

借：单位活期存款	人民币
贷：外汇买卖（汇卖价）	人民币
外汇买卖价差	人民币
借：外汇买卖（汇卖价）	外币
贷：港澳及国外联行往来或存放国外同业	外币

同时销记或有资产和或有负债账户的记录。

借：进口代收款项	外币
贷：应收进口代收款项	外币

按国际惯例，代收行须按规定费率计收进口代收手续费。此项费用若按规定由进口商负担，当然向进口商计收；若托收委托书上没有明确由谁负担，则由收妥的进口代收款项中扣收等值外汇。出口商如有异议，由交易双方直接交涉，代收行不必过问。

【例7－14】 某外汇银行8月20日收到香港某代理行寄来的进口代收单据，交单方式为即期付款交单，金额为HKD200 000，委托向某公司收取货款，该行通知进口商后，进口商于8月22日确认付款，银行办理售汇付汇手续，扣收HKD200手续费后把余款划收给香港某代理行，当日港币汇卖价为HKD100＝CNY80.64。其会计分录为：

（1）8月20日，收到进口单据，通知进口商：

借：应收进口代收款项	HKD200 000
贷：进口代收款项	HKD200 000

（2）8月22日，售汇付汇：

借：单位活期存款	CNY161 280
贷：外汇买卖（汇卖价）	CNY161 280（200 000×0.8064）
借：外汇买卖（汇卖价）	HKD200 000
贷：手续费收入	HKD200
存放国外同业——香港某代理行	HKD199 800

（3）同时销记或有资产、或有负债：

借：进口代收款项	HKD200 000
贷：应收进口代收款项	HKD200 000

本章小结

外汇有动态外汇和静态外汇之分。外汇汇率是两国货币交换时的量的比例关系，即用一定数量的一国货币去交换一定数量的另一国货币。目前，国际上常用的标价方法有直接标价法、间接标价法以及美元标价法和非美元标价法。商业银行外汇业务会计记账方法采用借贷复式记账法，记账方式采用外汇分账制，记账基础采用权责发生制。当一项银行业务涉及两种或两种以上的货币时，必须通过有关外汇买卖科目核算。短期外汇贷款是外汇银行办理的以外币为计量单位的短期贷款，它是外汇银行一项重要的信贷业务。外汇银行目前发放的是短期外汇浮动利率贷款，期限有按1个月、3个月和6个月浮动三种。外汇银行目前发放的短期外汇贷款货币主要有美元、港币、日元、英镑、欧元五种。贷款贷什么货币，还什么货币，计收原币利息。

思考与应用

一、名词解释

1. 外汇分账制
2. 汇率
3. 结汇
4. 售汇

二、单项选择题

1. 丙种存款是为（　　）开办的一种外汇存款种类。

A. 国外企业　B. 国内单位　C. 外籍居民　D. 国内居民

2. 银行买入外币现钞时应选用的价格是（　　）。

A. 钞买价　B. 钞卖价　C. 汇买价　D. 汇卖价

3. 客户买入外币现汇时应选用的价格是（　　）。

A. 钞买价　B. 中间价　C. 汇买价　D. 汇卖价

4. 银行向同业或客户买入外汇时使用（　　）。

A. 钞买价　B. 中间价　C. 汇买价　D. 汇卖价

5. （　　）是供国内居民使用的外汇存款种类。

A. 甲种存款　B. 乙种存款　C. 丙种存款　D. 丁种存款

6. 单位外汇活期存款是（　　）。

A. 甲种存款　B. 乙种存款　C. 丙种存款　D. 丁种存款

三、多项选择题

1. 目前我国外汇指定银行经营的外汇业务主要有（　　　）。

A. 外币存款、贷款业务　B. 外汇汇款业务

C. 外币票据的承兑与贴现　D. 外汇兑换业务

E. 贸易和非贸易结算

2. 下列有关外汇买卖科目正确使用的有（　　　）。

A. 买入外币时，外币金额应借记此科目，人民币金额应贷记此科目
B. 卖出外币时，外币金额应贷记此科目，人民币金额应借记此科目
C. 买入外币时，外币金额应贷记此科目，人民币金额应借记此科目
D. 卖出外币时，外币金额应借记此科目，人民币金额应贷记此科目

3. 外汇买卖分户账上当（　　）时，表明买入外币金额大于卖出外币金额。
A. 外币余额为借方　B. 外币余额为贷方
C. 空头　D. 多头

4. 按存款管理特点的不同，将外汇存款分为（　　）。
A. 甲种外币存款　B. 单位外汇存款
C. 乙种外币存款　D. 个人外汇存款
E. 丙种外币存款

5. 外汇存款户按资金存入形态的不同分为（　　）。
A. 现汇存款户　B. 单位外汇存款
C. 现钞存款户　D. 个人外汇存款
E. 丙种外币存款

6. 信用证下出口结算主要包括（　　）环节。
A. 出口结汇　B. 受证与通知　C. 审单付款　D. 审单议付
E. 开立信用证

7. 进口结算主要包括（　　）环节。
A. 受理与通知　B. 开立信用证　C. 审单付款　D. 审单议付
E. 出口结汇

8. （　　）付款方式下，进口公司要承担国外付款日至单到国内这段时间银行垫付的外币垫款利息。
A. 单到国内审单付款　B. 国外审单主动借记
C. 国外审单电报索汇　D. 授权国外议付行向我账户行索汇

9. 个人外汇存款包括（　　）。
A. 甲种外币存款　B. 乙种外币存款
C. 丙种外币存款　D. 丁种外币存款
E. 戊种外币存款

四、判断题

1. 外汇银行年终公布的美元报表仅反映了银行经营美元业务的情况。（　　）

2. 单位外汇存款只有现汇户，没有现钞户，因此，以外币现钞存入时，应通过外汇买卖科目进行钞买汇卖处理。（　　）

3. 单位外汇活期存款只能采用支票户形式。（　　）

4. 在外汇分账制下，外汇银行经营的外币都有自己一套完整的账务系统。（　　）

5. 外汇买卖是外汇分账制下的一个特定科目，在不同的货币间起联系平衡的桥梁作用。（　　）

6. 权责发生制对于本期内实际发生，应属于本期的收益和费用，不论其款项是否收到或付出，都作为本期的收益和费用处理。反之，凡不属于本期实际发生，不应属于本期的收益和费用，即使款项已经收到或付出，都不作为本期的收益和费用处理。（　　）

7. 外汇存款现钞户既可直接支取汇出国外，也可直接支取现钞。（　　）

8. 目前，单位外汇存款均为现汇户，现汇户可直接汇出国外。现钞户须经过钞买汇卖处理后方可支取汇出，现钞户可直接支取现钞。（　　）

9. 个人外汇存款只可开立现钞账户，不可开立现汇账户。（　　）

10. 外汇银行目前发放的短期外汇贷款货币主要有美元、港币、日元、英镑、欧元五种，贷款贷什么货币，还什么货币，计收原币利息。（　　）

11. 短期外汇贷款一般随借款单位实际对外支付外汇的同时发放，即什么时候用，什么时候发放，和人民币贷款一样，也会发生派生性存款。（　　）

12. 短期外汇贷款本金按实际发放的金额计算，合同金额不等于实际发放的金额。（　　）

五、问答题

1. 什么是外汇汇率？汇率有哪些标价方法？我国采用哪种标价法？
2. 商业银行外汇业务会计有哪些特点？
3. 什么是外汇分账制？主要内容是什么？
4. 外汇存款有哪些分类？
5. 商业银行外汇贷款与人民币贷款的主要区别是什么？
6. 什么是信用证结算方式？在进出口业务中主要有哪些核算环节？

六、业务处理题

1. 开户单位服装公收到美国纽约银行汇入销货款 USD50 000。假设当日美元的汇买价 USD100 = CNY622.65，银行按牌价进行结汇后将人民币存入该单位存款账户。

2. 客户王平持美元现钞 5 000 元来行，要求兑换人民币。假设当日美元的钞买价是 USD100 = CNY619.29。银行按牌价进行结汇后将现金付给该客户。

3. 经批准，银行为某外贸公司从其美元存款账户中支付 80 000 港币，汇给香港某公司。假设港币卖出价为 HKD100 = CNY88.18。美元汇买价 USD100 = CNY622.63。银行按牌价进行套汇后将款项汇出。

第八章 所有者权益及损益的核算

【要点提示】

所有者权益是指商业银行资产扣除负债后由所有者享有的剩余价值，是商业银行投资者对银行净资产的所有权，包括实收资本、资本公积、盈余公积、未分配利润。商业银行在办理各项资产、负债业务中发生的各项财务收入和财务支出构成损益的主要项目。通过本章的学习，使学生能掌握商业银行所有者权益的构成、核算，以及商业银行损益各项目的会计核算。

第一节 所有者权益的核算

所有者权益是指所有者在企业资产中享有的经济利益，其金额为资产减去负债后的余额。银行业的所有者权益是指银行所有者对银行资产所享有的经济利益，在定量上，它等于商业银行全部资产减全部负债后的净值部分；在定性上，它主要包括商业银行投资人对银行投入的实收资本或股本，以及形成的资本公积、盈余公积、未分配利润等。

所有者权益充分表明银行业的产权关系。一般而言，实收资本和资本公积是由所有者直接投入的，如所有者的投入资本、资本溢价等；而盈余公积是从商业银行税后利润中提取的。因此，盈余公积和未分配利润又被称为留存收益。

一、实收资本的核算

银行业的实收资本是指投资者按照企业章程，或合同、协议的规定，实际投入商业银行的资本。这部分是所有者初始投资的财产，具体包括：国家投资、其他单位投资、社会个人投资和外商投资等。投资者投入银行的初始资金，是银行业经营的原动力，是银行业生存和发展的基础。

（一）实收资本核算的相关规定

一般来说投资者可以采取现金、实物、无形资产或者发行股票等方式向商业银行进行投资。

1. 股份制商业银行实收资本入账的规定

（1）股份制商业银行的股本应当在核定的股本总额及核定的股份总额的范围内发行股票或股东出资取得。股本以发行的股票面值入账，超过面值发行股票取得的收入，其超过面值的部分，作为股本溢价，计入“资本公积”。

（2）境外上市商业银行以及在境内发行外资股的上市商业银行，其股本是按确定的人民币股票入账面值和核定的股份总额的乘积计算出的金额，以收到股款当日的汇率折合的人民币金额与按人民币计算的股票面值总额的差额，作为资本公积处理。

2. 非股份制商业银行实收资本入账的规定

（1）投资者以现金投入的资本，应当以实际收到的金额作为实收资本入账。实际收到的金额超过其在该商业银行注册资本中所占份额的部分，计入“资本公积”。

（2）投资者以实物、无形资产等非现金资产投入的资本，应按投资各方确认的价值作为实收资本入账；首次发行股票而接受投资者投入的无形资产，应按该项无形资产在投资方的账面价值入账。

（3）投资者投入的外币，合同没有约定汇率的，按收到出资额当日的汇率折算；合同约定汇率的，按合同约定的汇率折算，因合同汇率与出资当日汇率不同而产生的差额，作为资本公积处理。

3. 对金融企业实收资本数额的要求

我国中央银行（中国人民银行）对设立银行及非银行金融性公司提出了最低资本限额的要求。

（1）商业银行的注册资本最低限额为 10 亿元，且为实缴资本。

（2）城市合作商业银行的注册资本最低限额为 1 亿元，且为实缴资本。

（3）农村合作商业银行的注册资本最低限额为 5 000 万元，且为实缴资本。

（4）外商独资银行、中外合资银行的注册资本最低限额为 10 亿元人民币或者等值的自由兑换货币，注册资本应当是实收资本。

（二）实收资本的会计核算

商业银行的实收资本是指投资者按照企业章程或合同、协议的约定，实际投入银行的资本。商业银行应设置“实收资本”或“股本”科目核算投资者按照企业章程或合同、协议约定的实际投入的资本。账户的贷方登记商业银行实际收到投资者投入的资本，按法定程序结转的资本公积，盈余公积转增资本的增加数；账户的借方一般不作记录。只在规定的范围内或企业破产清理时借记减少数；余额反映在贷方，表示商业银行实有的资本或股本数额。企业收到投资者超过其在注册资本或股本中所占份额的部分，作为资本溢价或股本溢价，在“资本公积”科目核算，该账户按投资者情况进行明细核算。

1. 接受现金资产投资的核算

（1）非股份制商业银行。投资者以现金等投入的资本，应当以实际收到或者存入的金额，借记“银行存款”等科目，贷记“实收资本”科目，其会计分录为：

借：银行存款（或：存放中央银行准备金）

贷：实收资本——国家投资

——其他单位投资

——个人投资

（2）股份制商业银行。股份制商业银行的股本应当在核定的股本总额及核定的股份总额的范围内发行股票或股东出资取得。商业银行发行股票，收到现金等资产时，其会计分录为：

借：银行存款

贷：股本

资本公积——股本溢价

2. 接受非现金资产投资的核算

（1）接受实物资产的投入。商业银行收到投资人以实物形态的投资时，需按照评估确认的价值或合同、协议约定的价值和在注册资本中享有的份额记账。当收到投资人投入的房屋、汽车、机器设备等固定资产时，其会计分录为：

借：固定资产

贷：实收资本（或：股本）

当收到投资人投入材料等时，其会计分录为：

借：原材料

应交税费——应交增值税（进项税额）

库存商品

贷：实收资本（或：股本）

（2）接受无形资产投入的核算。接受投资者投入的无形资产，应按该项无形资产评估值和在注册资本中享有的份额入账，其会计分录为：

借：无形资产

贷：实收资本（或：股本）

3. 实收资本（或股本）增减变动的核算

《中华人民共和国企业法人登记管理条例施行细则》中规定，注册资金数额是企业法人经营管理的财产或者企业法人所有的财产的货币表现。除国家另有规定外，企业的注册资金应当与实有资金相一致。《金融企业会计制度》规定，金融企业资本（或股本）除下列情况外，不得随意变动。

符合增资条件，并经有关部门批准增资的，在实际取得股东的出资时，登记入账；金融企业按法定程序报经批准减少注册资本的，在实际发还投资时登记入账；采用收购本企业股票方式减资的，在实际购入本企业股票时，登记入账。金融企业应当将因减资而注销股份，发还股款，以及因减资需更新股票的变动情况，在股本账户的明细账及有关备查簿中详细记录。股东按规定转让其出资的，金融企业应当于有关的转让手续办理完毕时，将出让方所转让的出资额，在资本（或股本）账户的有关明细账户及各备查登记簿中转为受让方。

（1）实收资本（或股本）增加。一般企业增加资本有三个途径：接受投资者追加投资、资本公积和盈余公积转增资本。

非股份制商业银行的资本公积和盈余公积转增资本时，其会计分录为：

借：资本公积

　　盈余公积

　　贷：实收资本

股份制商业银行资本公积和盈余公积转增资本时，其会计分录为：

借：资本公积

　　盈余公积

　　贷：股本

（2）实收资本（或股本）减少。非股份制商业银行按法定程序报经批准减少注册资本的，在实际发生时，登记入账。其会计分录为：

借：实收资本

　　贷：银行存款

当股份制商业银行采用收购本企业股票方式减资时，按股票面值和注销股数计算的股票面值总额冲减股本，按注销库存股的账面余额与所冲减股本的差额冲减股本溢价，股本溢价不足以冲减的，再冲减盈余公积直至未分配利润。如果回购股票支付的价款低于面值总额的，所注销库存股的账面余额与所冲减股本的差额作为增加股本的溢价处理。当股份制商业银行回购本企业股票时，购回股票支付的价款大于面值总额时，其会计分录为：

借：库存股

　　贷：银行存款

同时，注销本企业股票时，其会计分录为：

借：股本

　　资本公积——股本溢价

　　贷：库存股

当股份制商业银行回购本企业股票时，购回股票支付的价款低于面值总额时，其会计分录为：

借：库存股

　　贷：银行存款

同时，注销本企业股票时，其会计分录为：

借：股本

　　贷：库存股

　　　　资本公积——股本溢价

二、资本公积的核算

资本公积是指银行业在经营过程中由于投资者或他人投入到企业而所有权属于投资人的，但不构成实收资本的那部分资本。它在数量上等于资本溢价或股本溢价加上无偿捐赠的资产价值。它不同于投资人实际投入的资本。它是来自银行所有者超额的投入，可供商业银行无偿地无限期地运用。资本公积是在原始投资基础上连带产生的，它与原始投资共同形成商业银行经营的运作资金。

（一）资本公积的内容

资本公积主要包括：资本（或股本）溢价、接受捐赠资产、股权投资准备、外币资本折算差额、关联交易差价、其他资本公积等。

（1）资本溢价是投资者投入的资金超过其在注册资本中所占份额的部分。

（2）接受非现金资产捐赠是指商业银行因接受非现金资产捐赠而增加的资本公积。

（3）接受现金捐赠是指商业银行因接受现金资产捐赠而增加的资本公积。

（4）股权投资准备是在商业银行对被投资单位的长期股权投资采用权益法核算时，因被投资单位接受捐赠等原因增加的资本公积，商业银行按其持股比例计算而增加的资本公积。

（5）外币资本折算差额是指商业银行接受外币投资因所采用的汇率不同而产生的资本折算差额。

（6）关联交易差价是指上市的商业银行与其关联方之间的交易。由于显失公允的交易价格而形成的资本公积。关联交易差价不能用于转增资本或弥补亏损。

（7）其他资本公积是指上述各项资本公积以外而形成的资本公积金以及从资本公积准备项目转入的金额。债权人对于按政策规定豁免的债务人的债务部分，也计入资本公积。

资本公积既可用于弥补亏损，也可用于转增资本金。但接受捐赠的非现金资产，按规定计入“资本公积准备”账户，资本公积准备项目不能转增资本，需待处置接受捐赠的非现金资产时，由“资本公积准备”项目转入“其他资本公积”后，可与其他资本公积合并转增资本。

（二）资本公积的会计核算

1. 资本溢价的核算

投资者实际缴付的出资额大于注册资本的，其差额为资本溢价，记入资本公积。对于上市的股份制商业银行来说，溢价发行股票的，其发行股票面值的部分作为实收资本记入“股本”科目，超过面值的部分作为资本溢价记入“资本公积”科目，其会计分录为：

借：银行存款（实际收到的金额）
　　贷：实收资本（或：股本）
　　　　资本公积——资本溢价户

2. 接受现金捐赠的核算

商业银行接受现金捐赠时，按实际捐赠额入账，其会计分录为：

借：库存现金
　　贷：资本公积——接受现金捐赠户

3. 接受非现金捐赠的核算

接受非现金捐赠，在非现金资产处置前，作为资本公积准备项目，将接受的非现金资产价值扣除未来处置该项非现金资产应交所得税后的差额，记入“资本公积准备”。如接受捐赠的为已提取折旧的固定资产，其折旧额应记入“累计折旧”科目。以接受固定资产捐赠为例，其会计分录为：

借：固定资产

　　贷：资本公积——接受非现金资产捐赠准备户
　　　　递延税款
　　　　累计折旧

4. 股权投资准备的核算

商业银行作为投资人对被投资单位的投资采用权益法核算，当被投资单位因接受捐赠资产而引起所有者权益增加，商业银行按持股比例计算应享有的部分，作为股权投资准备，增加资本公积。其会计分录为：

借：长期股权投资——××单位（股权投资准备）户
　　贷：资本公积——股权投资准备户

5. 资本公积用于转增资本的核算

企业按规定程序增资时，应按其他资本公积转增资本的数额作会计分录：

借：资本公积——其他资本公积
　　贷：实收资本

三、盈余公积的核算

盈余公积金是指银行业从税后利润中提取并形成的公积金。盈余公积金可分为法定盈余公积金、任意盈余公积金和法定公益金三部分。

（一）盈余公积的内容

（1）法定盈余公积金是指商业银行按照规定的比例从净利润中提取的盈余公积。法定盈余公积金按照税后利润的10%提取，累计提取达到注册资本的50%时，可不再提取。

（2）任意盈余公积金是商业银行经股东大会或类似机构批准按规定比例从净利润中提取的盈余公积。

（3）法定公益金是按照规定的比例从净利润中提取的，用于职工集体福利设施的公益金，在用于职工集体福利时，应将其先转入任意盈余公积金。

盈余公积可用于弥补亏损和转增资本，盈余公积转增资本后留存的数额不得少于注册资本的25%。

（二）盈余公积的会计核算

1. 提取盈余公积

按照规定的比例，从税后利润中提取盈余公积金时，其会计分录为：

借：利润分配——计提盈余公积户
　　贷：盈余公积——法定盈余公积金户
　　　　盈余公积——任意盈余公积金户
　　　　盈余公积——公益金户

2. 以盈余公积转增资本金

以盈余公积转增资本金的会计分录为：

借：盈余公积——盈余公积金（任意盈余公积金）户
　　贷：实收资本（或：股本）

3. 以盈余公积弥补亏损

以盈余公积弥补亏损的会计分录为：

借：盈余公积

　　贷：利润分配——盈余公积金补亏

4. 盈余公积金分配现金股利或利润的核算

经股东大会或相关机构批准，用盈余公积金分配现金股利或利润的会计分录为：

借：盈余公积

　　贷：应付股利

四、未分配利润的核算

未分配利润是指银行业留于以后年度分配的利润或待分配的利润，是一种留存收益形式，属于所有者权益的组成部分。年度终了，商业银行将各收入、支出科目的余额通过"本年利润"科目结转出当年的净利润，再将"本年利润"科目余额转入"利润分配——未分配利润户"。按规定作了各种分配后，将"利润分配"科目其他各账户的余额转入"未分配利润"账户。结转后，"未分配利润"账户的贷方余额是未分配利润，如出现借方余额，则表示为未弥补亏损。

1. 结转本年利润

年度终了，金融企业应将全年实现的净利润，自"本年利润"科目转入"利润分配"科目，其会计分录为：

借：本年利润

　　贷：利润分配——未分配利润

如为亏损，做相反会计分录。

2. 结转利润分配

将"利润分配"科目下的其他明细科目的余额转入利润分配科目下"未分配利润"明细科目，其会计分录为：

借：利润分配——未分配利润

　　贷：利润分配——其他明细科目

结转后，除"未分配利润"明细科目外，利润分配科目的其他明细科目应无余额。"未分配利润"明细科目贷方余额为历年积累的未分配利润，借方余额为历年未弥补的亏损。

第二节 损益的核算

商业银行在办理各项资产、负债业务中发生的各项财务收入和财务支出构成损益的主要项目，直接关系银行的经营成果，必须及时准确地核算，以便合理控制成本费用，提高经济效益，促进银行业务的不断发展以及竞争力的不断提高。

一、营业收入的核算

（一）商业银行营业收入的内容与确认

商业银行的营业收入是指银行在一定时期内对外提供劳务或对外提供特殊商品而取得的收入。按照商业银行经营业务的主次，商业银行营业收入可分为主营业务收入和其他业务收入。一般说来，主营业务收入占商业银行营业收入的比重较大，会对商业银行经济效益产生较大的影响。新企业会计准则规定：商业银行提供金融商品或服务所取得的营业收入，主要包括利息收入、手续费及佣金收入、其他业务收入、汇兑损益、公允价值变动损益、投资收益等。

商业银行一项经济利益的流入要被确认为收入，必须具备以下条件：

（1）收入是从商业银行的日常活动中产生，而不是从偶发的交易或事项中产生。这是营业收入与营业外收入的最大区别。商业银行收入只能从日常经营过程中产生，其他一些偶然发生的事件，虽然也可以为商业银行带来一定经济利益的流入，但只要这种经济利益的流入不是商业银行日常经营活动带来的，就不能属于商业银行的营业收入。例如，商业银行的利息收入是其为客户提供贷款这一日常活动中产生的，而不是从处置固定资产等非正常活动中产生的。

（2）收入可能表现为资产的增加（如收入发生直接产生现金流入或债权的增加等），也可能表现为负债的减少（如以手续费收入抵偿债务），或者两者兼而有之（从手续费收入款项中部分抵偿债务或部分收取现金）。

（3）收入能导致企业所有者权益的增加。商业银行确认收入的前提是经济利益的流入，根据“收入——费用——利润”的公式，银行取得收入是增加所有者权益的重要内容。

（4）收入只包括商业银行自身经济利益的流入，不包括为第三方或客户代收款项。收入作为商业银行日常经营活动中所形成的经济利益的总流入，其归根结底是属于银行自身的，最终将增加商业银行的所有者权益，而代收款项不符合这样的性质。如银行代理委托贷款企业收取利息。代收的款项，一方面增加商业银行的资产，一方面增加商业银行的负债，因此，不增加商业银行的所有者权益，也不属于商业银行的经济利益，不能作为商业银行的收入。

（5）收入是一个与成本费用相对应的概念。商业银行的收入是与一定的费用紧密联系的，是银行先期垫付费用的回报。可以说，商业银行在经营过程中的各项耗费是为获得收入而支付的，任何一项收入都是以一定成本费用支出为前提。

（二）商业银行营业收入的核算

为了全面反映和监督商业银行营业收入的实现，商业银行应根据其业务经营范围设置相关的营业收入类科目，主要有“利息收入”“手续费及佣金收入”“其他业务收入”“汇兑损益”“公允价值变动损益”和“投资收益”等科目，并在科目之下设置有关明细账户进行核算。这类收入性质的科目，贷方记录发生的各项收入，会计期末通过这些科目的借方转入“本年利润”科目的贷方，因此，会计期末结转后，此类科目没有余额。

1. 利息收入的核算

利息收入是商业银行在发放各项贷款时计收的利息。利息收入在营业收入中占有很大的比重，是银行财务收入的主要来源，是金融企业经营成果的重要内容。利息收入在会计核算时，设置"利息收入"账户进行核算。"利息收入"科目属损益类科目，专门用于核算本单位发放的各类贷款（包括银团贷款、贸易融资、贴现和转贴现融出资金、协议透支、信用卡透支和垫款等）、与其他金融机构（包括中央银行、同业等）之间发生资金往来业务、买入返售金融资产等所取得的利息收入的增减变动情况。"利息收入"科目贷方反映到期实收的利息和到期应收未收到的利息；期末利息收入结转利润时，借记本科目，贷记"本年利润"科目。余额应反映在贷方，期末结转利润后，本科目应无余额。

（1）利息收入的明细科目。"利息收入"科目的明细科目可设置为：存放同业利息收入、存放中央银行利息收入、发放贷款及垫款利息收入、买入返售金融资产利息收入、其他利息收入等。

（2）利息收入的账务处理。

①当期收到利息的核算。商业银行在计息当期划收利息时，填制有关凭证，办理转账。其会计分录为：

借：吸收存款——××户

　　贷：利息收入——××利息收入户

②计提应收利息的核算。按权责发生制原则，凡属于商业银行本期应收取的利息，应确认收入的实现，计入当期损益。依据新《企业会计准则》的规定，资产负债表日，金融企业应按合同约定的名义利率计算确定的应收利息的金额，按收入准则或金融工具确认和计量准则计算确定的利息收入金额，差额调整相应科目。其会计分录为：

借：应收利息（按合同利率计算）（或：买入返售金融资产）

　　贷款——溢价

　　贷：利息收入——××利息收入户（按实际利率计算）

或，

借：应收利息（按合同利率计算）（或：买入返售金融资产）

　　贷：利息收入——××利息收入户（按实际利率计算）

　　　　贷款——折价

实际收到利息时，其会计分录为：

借：吸收存款——××户

　　贷：应收利息

③利息收入结转利润的核算。期末，利息收入结转利润时，其会计分录为：

借：利息收入——××利息收入户

　　贷：本年利润

2. 手续费收入的核算

手续费及佣金收入也是商业银行财务收入的主要来源之一。其结算方式可以采用现金结算，也可以采用转账结算。由于手续费及佣金收入不同于其他营业收入，所以，在会计核算中单独设置"手续费及佣金收入"科目进行核算。

"手续费及佣金收入"科目，属于损益类科目，专门用于核算商业银行包括办理结算业务、咨询业务、担保业务、代保管等代理业务以及办理受托贷款及投资业务等取得的手续费及佣金，代理买卖证券、代理承销证券、代理兑付证券、代理保管证券、代理保险业务等代理业务以及其他相关服务实现的手续费及佣金收入的增减变动情况。“手续费及佣金收入”科目贷方反映发生的各项手续费及佣金收入；期末结转利润时，借记本科目，贷记“本年利润”科目。本科目余额应反映在贷方，期末结转利润后，本科目应无余额。

（1）手续费及佣金收入的明细科目。“手续费及佣金收入”科目的明细科目可设置为：结算手续费收入、佣金收入、业务代办手续费收入、基金托管收入、咨询服务收入、担保收入、受托贷款手续费收入、代保管收入等。

（2）手续费及佣金收入的账务处理。商业银行收取手续费及佣金的时间根据具体情况而定，既可定期收取，也可逐笔向有关单位和个人收取。收取手续费及佣金的方式有现金和转账结算两种。

确认手续费及佣金收入时，其会计分录如下：

借：应收账款或代理承销证券款等科目

　　贷：手续费及佣金收入——××收入户

实际收到手续费及佣金收入时，其会计分录如下：

借：库存现金

　　（或：存放中央银行款项）

　　（或：结算备付金）

　　（或：吸收存款等科目——××户）

　　贷：应收账款等科目

期末余额结转利润时，其会计分录如下：

借：手续费及佣金收入——××收入户

　　贷：本年利润

3. 汇兑收益的核算

汇兑收益是商业银行在经营外汇买卖、外汇兑换等业务中，因汇率变动而收取的收益。

汇兑收益应根据买入、卖出价差和汇率变动的净收益确认。为了核算汇兑收益的增减变动情况，商业银行设置“汇兑收益”科目进行核算。“汇兑收益”科目属于损益类科目，借方反映因汇率变动而产生的汇兑损失，贷方反映因汇率变动而产生的汇兑收益；“货币兑换”各外币明细科目的期末余额，应按照期末汇率折合为记账本位币。期末将本科目的余额结转利润时，借记本科目，贷记“本年利润”科目。本科目余额应反映在贷方，期末结转利润后，本科目应无余额。

期末按照期末汇率折合的记账本位币金额与“货币兑换——记账本位币”科目余额之间的差额，如为贷方余额，其会计分录如下：

借：货币兑换——记账本位币

　　贷：汇兑收益——××收益户

如为借方余额，其会计分录如下：

借：汇兑收益——××收益户

贷：货币兑换——记账本位币

期末结转利润时，其会计分录如下：

借：汇兑收益——××收益户（本币）

贷：本年利润（本币）

4. 其他营业收入的核算

其他业务收入是商业银行除主营业务收入外的其他经营活动实现的收入，包括出租固定资产、出租无形资产等实现的收入。商业银行（租赁）出租固定资产取得的租赁收入，应在“租赁收入”科目核算，不在本科目核算。其他业务收入应在全部款项收妥后才予以确认，并通过设置“其他业务收入”科目进行核算。

“其他业务收入”科目属于损益类科目。贷方反映发生的其他业务收入；期末将本科目的余额结转利润时，借记本科目，贷记“本年利润”科目。本科目余额应反映在贷方，期末结转利润后，本科目应无余额。

（1）其他业务收入的明细科目。“其他业务收入”科目的明细科目可设置为：出租固定资产收入、出租无形资产收入等。

（2）其他业务收入的账务处理。

商业银行确认的其他业务收入，其会计分录如下：

借：应收账款等科目

贷：其他业务收入——××收入户

期末结转利润时，其会计分录如下：

借：其他业务收入——××收入户

贷：本年利润

5. 公允价值变动损益的核算

商业银行对于交易性金融资产或金融负债和直接指定为以公允价值计量且其变动计入当期损益的金融资产或金融负债，以及采用公允价值模式计量的衍生工具、套期业务中公允价值变动形成的应计入当期损益的利得或损失，通过设置“公允价值变动损益”科目进行核算。

“公允价值变动损益”科目属于损益类科目，按照交易性金融资产、交易性金融负债、投资性房地产等进行明细核算。借方反映因公允价值变动而产生的损失，贷方反映因公允价值变动而产生的收益；期末将本科目的余额结转利润时，借记本科目，贷记“本年利润”科目。本科目余额应反映在贷方，期末结转利润后，本科目应无余额。

（1）交易性金融资产或采用公允价值模式计量的衍生工具等的核算。

①在资产负债表日，商业银行对于按交易性金融资产或采用公允价值模式计量的衍生工具等的公允价值高于其账面余额的差额，其会计分录如下：

借：交易性金融资产——公允价值变动

贷：公允价值变动损益

若公允价值低于其账面余额的差额，则做相反的会计分录。

②出售交易性金融资产或采用公允价值模式计量的衍生工具时，其会计分录如下：

借：存放中央银行款项等科目（按实际收到的金额）投资收益（差额）

贷：交易性金融资产——公允价值变动（按其账面余额）

或，

借：存放中央银行款项等科目（按实际收到的金额）

贷：交易性金融资产——公允价值变动（按其账面余额）

投资收益（差额）

同时，按“交易性金融资产——公允价值变动”科目余额，借记或贷记本科目，贷记或借记“投资收益”科目。其会计分录如下：

借：公允价值变动损益

贷：投资收益

或，借：投资收益

贷：公允价值变动损益

（2）交易性金融负债的核算。

①资产负债表日，交易性金融负债的公允价值高于其账面余额的差额，其会计分录如下：

借：公允价值变动损益

贷：交易性金融负债——公允价值变动

若公允价值低于其账面价值的差额，则做相反的会计分录。

②出售交易性金融负债时，其会计分录如下：

借：交易性金融负债——公允价值变动（按其账面余额）

投资收益（差额）

贷：存放中央银行款项或结算备付金等科目（按实际支付的金额）

或，

借：交易性金融负债——公允价值变动（按其账面余额）

贷：存放中央银行款项或结算备付金等科目（按实际支付的金额）

投资收益（差额）

同时，按“交易性金融负债——公允价值变动”科目的余额，借记或贷记本科目，贷记或借记“投资收益”科目。其会计分录如下：

借：公允价值变动损益

贷：投资收益

或，

借：投资收益

贷：公允价值变动损益

③期末结转利润时，其会计分录如下：

借：公允价值变动损益

贷：本年利润

6. 投资收益的核算

投资收益是指商业银行根据长期股权投资准则确认的投资收益或投资损失。商业银行对外投资的目的是为了给企业本身带来经济利益和其他利益。为了核算商业银行处置交易性金融资产、交易性金融负债、可供出售金融资产实现的损益，商业银行的持有至到期投资和买入返售金融资产在持有期间取得的投资收益和处置损益，设置“投资收益”科目进行核算。

“投资收益”科目属于损益类科目，按照投资项目进行明细核算，余额反映在贷方。发生应收及收到股利、利息时，借记“其他应收款”“长期投资”等科目，贷记本科目。期末本科目余额结转利润时，借记本科目，贷记“本年利润”科目。期末结转利润后，本科目应无余额。

（1）长期股权投资的核算。

①长期股权投资采用成本法核算的，商业银行应按被投资单位宣告发放的现金股利或利润中属于本企业的部分，借记“应收股利”科目，贷记本科目。其会计分录如下：

借：应收股利

　　贷：投资收益

属于被投资单位在取得投资前实现净利润的分配额，应作为投资成本的收回，贷记“长期股权投资”科目。其会计分录如下：

借：应收股利

　　贷：长期股权投资

②长期股权投资采用权益法核算的，资产负债表日，应按根据被投资单位实现的净利润或经调整的净利润计算应享有的份额，借记“长期股权投资——损益调整”科目，贷记本科目。其会计分录如下：

借：长期股权投资——损益调整

　　贷：投资收益

被投资单位发生亏损、分担亏损份额超过长期股权投资而冲减长期权益账面价值的，借记“投资收益”科目，贷记“长期股权投资——损益调整”。其会计分录如下：

借：投资收益

　　贷：长期股权投资——损益调整

发生亏损的被投资单位以后实现净利润的，企业计算的应享有的份额，如有未确认投资损失的，应先弥补未确认的投资损失，弥补损失后仍有余额的，借记“长期股权投资——损益调整”科目，贷记本科目。其会计分录如下：

借：长期股权投资——损益调整

　　贷：投资收益

（2）出售长期股权的核算。

①出售采用成本法核算的长期股权投资时，其会计分录如下：

借：银行存款

　　[或：存放中央银行款项等科目（按实际收到的金额）]

　　贷：长期股权投资（按其账面余额）

　　　　应收股利（按尚未领取的现金股利或利润）

　　　　投资收益（差额）

或，

借：银行存款［或：存放中央银行款项等科目（按实际收到的金额）］
　　投资收益（差额）
　　贷：长期股权投资（按其账面余额）
　　　　应收股利（按尚未领取的现金股利或利润）

对于原已计提减值准备的，将借记“银行存款”科目改为“长期股权投资减值准备”科目。

②出售采用权益法核算的长期股权投资时，除上述账务处理外，还应按处置长期股权投资的投资成本比例结转原记入“资本公积——其他资本公积”科目的金额，借记或贷记“资本公积——其他资本公积”科目，贷记或借记本科目。其会计分录如下：

借：资本公积——其他资本公积
　　贷：投资收益

或，

借：投资收益
　　贷：资本公积——其他资本公积

（3）投资收益结转利润的核算。期末“投资收益”科目贷方余额结转利润时，其会计分录如下：

借：投资收益
　　贷：本年利润

如果期末“投资收益”科目为借方余额，则为投资损失，期末结转“本年利润”科目时，会计分录则相反。

二、成本费用的核算

（一）成本费用的概念

费用作为会计要素和会计报表要素的构成内容之一，是与收入相对应而存在的。费用是指企业为销售商品、提供劳务等日常活动所发生的经济利益的流出。成本是指企业为提供劳务而发生的各种耗费。

商业银行在从事业务活动的过程中，不仅大量吸收资金相应地支付利息，而且还支付业务经营和管理人员的工资等项费用，同时耗费一定的物品，所有这些耗费以货币价值形式表现出来，就构成了成本和费用。只有与业务经营活动有关的各项支出才能计入成本，与业务经营活动无关的支出不能计入成本。不包括为第三方或客户垫付的款项。

（二）商业银行成本费用的内容

商业银行的成本费用主要包括营业成本、营业费用和营业税金及附加。

商业银行的营业成本是指在业务经营活动过程中发生的与业务经营有关的支出，包括利息支出、金融企业往来支出、手续费支出、汇兑损失等。

商业银行的营业费用是指银行在业务经营及管理工作中发生的各项费用，包括：固定资产折旧、业务宣传费、业务招待费、电子设备运转费、安全防卫费、财产保险费、邮电费、劳动保护费、外事费、印刷费、公杂费、低值易耗品摊销、职工工资、差旅费、水电费、租赁费（不含融资租赁费）、修理费、职工福利费、职工教育经费、工会经费、房证费、咨询费、无形资产摊销、长期待摊费用摊销、待业保险费、劳动保险费、取暖费、审计费、技术转让费、研究开发费、绿化费、董事会费、上交管理费、广告费等。

商业银行的营业税金及附加主要由经营收入负担的各项税金，包括增值税、城市维护建设税、教育费附加等。

（三）成本的核算

1. 利息支出的核算

利息支出是银行向单位、个人等以负债形式筹集资产所支付给债权人的报酬。银行应按权责发生制原则按期预提应付利息，但对活期储蓄存款，考虑到其户数多，计息业务量大、利息支出额度较小，对各期成本支出和整个财务成果影响不大等特殊情况，其利息支出也可按收付实现制原则进行核算。

为反映利息支出的增减变动情况，商业银行设置“利息支出”科目进行核算。“利息支出”科目用于核算商业银行在进行存款、借款业务中发生的利息支出。预提应付利息时，借记本科目，贷记“应付利息”科目；实际支付各项利息时，借记本科目或“应付利息”科目，贷记“现金”等有关科目；期末本科目的余额结转利润时，借记“本年利润”科目，贷记本科目。“利息支出”科目余额应反映在借方。期末结转利润后，本科目应无余额。

利息支出的账务处理，具体可分为以下几种情况：

（1）发生利息支出时，其会计分录为：

借：利息支出——××利息支出户

　　贷：库存现金（或：单位活期存款）

（2）预提定期存款应付利息时，其会计分录为：

借：利息支出——××利息支出户

　　贷：应付利息

（3）实际支付已预提的应付利息时，其会计分录为：

借：应付利息

　　贷：活期存款——××户

（4）期末结转利润时，其会计分录为：

借：本年利润

　　贷：利息支出——××利息支出户

2. 手续费及佣金支出的核算

手续费及佣金支出是商业银行发生的各项手续费、佣金等支出。手续费及佣金支付方式有两种：一是现金支付；二是转账支付。

为了反映手续费及佣金支出的增减变化情况，设置“手续费及佣金支出”科目。该科目属于损益类科目，按照支出类别进行明细核算。发生各项手续费及佣金支出时，借记本科目，贷记有关科目；期末本科目余额结转利润时，借记“本年利润”科目，贷记本科目。余额应反映在借方，期末结转利润后，本科目应无余额。

“手续费支出”科目的明细科目可设置为：手续费支出、佣金支出、证券经纪业务支出、其他支出等。发生手续费及佣金支出时，其会计分录如下：

借：手续费及佣金支出——××手续费支出户

贷：存放中央银行款项

（或：存放同业或现金）

（或：应付账款等科目）

期末按“手续费及佣金支出”科目余额结转时，其会计分录如下：

借：本年利润

贷：手续费及佣金支出——××手续费支出户

（四）费用的核算

1. 营业费用的核算

营业费用有关账户的支出，除按有关规定可先提后用外，其他一律据实列支，不得预提。商业银行营业费用的支付方式分为直接支付和转账摊销两种。商业银行对需要待摊和预提的费用，应根据权责发生制原则，结合自身的具体情况确定。待摊费用的摊销期一般不超过1年。预提费用当年能核算的，年终决算不留余额；需跨年度使用的，应在决算说明中予以说明。

为了核算营业费用的增减变动情况，商业银行设置“业务及管理费”科目，用于核算银行在业务经营管理中发生的各项费用。发生各项费用时，借记本科目，贷记“库存现金”“应付职工薪酬”“应交税金”“其他应收款”等有关科目，期末本科目余额结转利润时，借记“本年利润”，贷记本科目。余额在借方，结转后本科目应无余额。

商业银行按规定，业务及管理费明细科目可设置为：业务宣传费、业务招待费、业务管理费等。具体支出的核算如下：

（1）业务宣传费。业务宣传费是指商业银行开展业务宣传活动所支付的费用。业务宣传费应一律据实列支，不得预提。发生业务宣传费时，其会计分录为：

借：业务及管理费——××费用户

贷：银行存款（或：库存现金）

（2）业务招待费。业务招待费是指商业银行为业务经营的合理需要而支付的业务公关费用实行分档次按比例控制。当期据实列支，不得预提。其会计分录为：

借：业务及管理费——××费用户

贷：银行存款（或：库存现金）

（3）业务管理费。业务管理费是指商业银行因开办各项业务而发生的管理费用。业务管理费包含内容较多，一般按费用的具体项目设置详细的明细账核算。其会计分录为：

借：业务及管理费——××费用户

贷：应付工资（或：应付福利费或其他应付科目）

（4）年终结转。上述有关业务宣传费、业务招待费、业务管理费等，期末应按规定结转本年利润，其会计分录为：

借：本年利润

贷：业务及管理费——××费用户

2. 其他营业支出的核算

其他营业支出是指商业银行除主营业务活动以外的其他经营活动所发生的支出，包括出租固定资产的累计折旧、出租无形资产的累计摊销等。商业银行的其他营业支出作为一个单独的费用项目，通过设置“其他营业支出”科目来核算，反映其他营业支出的增减变动情况。

“其他营业支出”科目属损益类科目，按照其他营业支出的种类进行明细核算。发生各项其他业务支出时，借记本科目，贷记有关科目；期末本科目余额结转利润时，借记“本年利润”科目，贷记本科目。余额应反映在借方，期末结转利润后，本科目应无余额。

“其他业务支出”科目的明细科目可设置为：出租固定资产的累计折旧、出租无形资产的累计摊销等。当发生其他营业支出时，其会计分录为：

借：其他营业支出——××户

　　贷：累计折旧（或：有关科目）

期末本科目余额结转利润时，其会计分录为：

借：本年利润

　　贷：其他营业支出——××户

三、营业外收支的核算

（一）营业外收入的核算

营业外收入是商业银行发生的与其业务经营活动无直接关系的各项经济利益的流入。营业外收入由商业银行的非日常活动形成，属于应直接计入当期利润的利得。主要包括非流动资产处置利得、非货币性资产交换利得、债务重组利得、政府补助、盘盈利得、捐赠利得等。

商业银行对发生的各项营业外收入，应设置“营业外收入”科目进行核算。该科目属于损益类科目。按照营业外收入项目进行明细核算。贷方反映发生的各项营业外收入。期末将本科目的余额结转利润时，借记本科目，贷记“本年利润”科目。该科目余额应反映在贷方。期末结转利润后，本科目应无余额。

“营业外收入”科目的明细科目可设置为：处置非流动资产利得、非货币性资产交换利得、债务重组利得、罚没利得、政府补助利得、确实无法支付的应付款项等。发生各项营业外收入时，根据有关凭证编制借、贷方记账凭证。其会计分录如下：

借：库存现金或应付账款或待处理财产损溢或固定资产清理等科目

　　贷：营业外收入——××收入户

期末本科目余额结转利润时，其会计分录如下：

借：营业外收入——××收入户

　　贷：本年利润

（二）营业外支出的核算

营业外支出是商业银行发生的与其业务经营活动无直接关系的各项经济利益的流出。营业外支出由商业银行的非日常活动产生，属于应直接计入当期利润的损失，主要包括非流动资产处置损失、非货币性资产交换损失、债务重组损失、公益性捐赠支出、非常损失、盘亏损失等。

商业银行对发生的各项营业外支出，应设置“营业外支出”科目进行核算。该科目属于损益类科目，可以根据营业外支出项目分别设置明细科目进行核算。发生营业外支出时，其会计分录为：

借：营业外支出

　　贷：库存现金（或：“待处理财产损溢”等有关科目）

营业外收入和营业外支出应当分别核算，并在利润表中分别反映。期末，上述各损益类科目余额均应结转至“本年利润”科目，结转后上述各损益类科目均无余额。

四、税金及附加的核算

税金及附加是指商业银行经营活动发生的消费税、城市维护建设税、资源税、教育费附加及房产税、土地使用税、车船使用税、印花税等相关税费。商业银行必须根据国家税法的规定，按适用税率或费率交纳各种税收或附加费。

1. 税金及附加的确定

增值税是以商品（含应税劳务）在流转过程中产生的增值额作为计税依据而征收的一种流转税。金融业增值税一般纳税人适用税率为6%；小规模纳税人提供金融服务，以及特定金融机构中的一般纳税人提供的可选择简易计税方法的金融服务征收率为3%。(财政部和国家税务总局另有规定的除外。)

增值税的计算公式如下：

应纳税额 = 当期销项税额 – 当期进项税额

当期销项税额小于当期进项税额不足抵扣时，其不足部分可以结转下期继续抵扣。

城市维护建设税是国家为加强城市维护建设，扩大和稳定城市维护建设资金的来源而征收的一个税种，其性质属于附加税。商业银行应以缴纳的增值税为课税对象，缴纳城市维护建设税。城市维护建设税的税率按银行所在地确定：商业银行分支机构在市区的按7%的税率缴纳；在县城或建制镇的税率为5%；不在县城、建制镇的税率为1%。城市维护建设税的计算公式如下：

城市维护建设税 = 应纳增值税额 × 适用税率

教育费附加是为了加快发展地方教育事业，扩大地方教育的来源而征收的一个税种。教育费附加是以商业银行实际缴纳增值税额乘以适用税率计交的用于地方教育事业的费用附加，当前适用税率为3%。教育费附加的计算公式如下：

教育费附加 = 应纳增值税额 × 适用税率

2. 税金及附加的账务处理

为了核算反映税金及附加的增减变动情况，设置“税金及附加”科目。该科目属于损益类科目，用于核算商业银行缴纳的按规定计算确定的与经营活动相关的税费。期末终了，按规定计算出本期应纳的各项税金，借记本科目，贷记“应交税费”科目；结转利润时，借记“本年利润”科目，贷记本科目。余额应反映在借方，期末结转利润后，本科目应无余额。房产税、车船使用税：土地使用税、印花税在“管理费用”等科目核算，不在本科目核算。

“税金及附加”科目的明细科目可设置为：消费税、城市维护建设税、教育费附加等。

（1）商业银行期末计提应纳税金及附加时，其会计分录如下：

借：税金及附加

　　贷：应交税费——应交增值税户

　　　　　　　　——应交城市维护建设税户

　　　　　　　　——教育费附加户

（2）商业银行实际交纳税金及附加时，其会计分录如下：

借：应交税费——应交增值税户

　　　　　　——应交城市维护建设税户

　　　　　　——教育费附加户

　　贷：存放中央银行款项

（3）期末结转利润时，其会计分录如下：

借：本年利润

　　贷：税金及附加

五、利润及利润分配的核算

（一）利润的概念及构成

利润是指商业银行在一定会计期间的经营成果，它是商业银行在一定会计期间内实现的收入减去费用后的净额。对利润进行核算，可以及时反映商业银行在一定会计期间的经营业绩和获利能力，反映商业银行的投入产出效率和经济效益，有助于商业银行投资者和债权人据此进行盈利预测，评价商业银行经营绩效，做出正确的决策。

商业银行的利润包括营业利润、利润总额和净利润。

（1）营业利润。营业利润是商业银行营业收入减去营业成本加上投资净收益后的净额。

（2）利润总额。利润总额是商业银行营业利润减去税金及附加，加上营业外收入，减去营业外支出后的金额。

（3）资产减值损失。资产减值损失是商业银行按规定提取（或转回）的贷款损失和其他各项资产减值损失。

（4）扣除资产减值损失后的利润总额。扣除资产减值损失后的利润总额是指利润总额减去（或加上）提取（或转回）的资产减值损失后的金额。

（5）所得税。所得税是指商业银行应计入当期损益的所得税费用。商业银行应选用资产负债表债务法对所得税进行核算。

（6）净利润。净利润是指商业银行扣除资产减值损失后的利润总额减去所得税后的金额。

综合起来，计算商业银行当期实收的净利润分为三个步骤：

①计算营业利润，公式为：

营业利润 = 营业收入 - 营业成本 - 营业费用 + 投资净收益

②计算利润总额，公式为：

利润总额 = 营业利润 - 税金及附加 + 营业外收入 - 营业外支出

③计算净利润，公式为：

净利润 = 利润总额 - 资产减值损失 - 所得税

（二）利润总额的核算

商业银行一般应按月计算利润，按月计算利润有困难的，可以按季或者按年计算利润。对于实现的利润和利润分配情况，应当分别进行核算。

为了准确核算商业银行的利润，《金融企业会计制度——商业银行会计科目和会计报表》设置了“本年利润”科目。用来核算商业银行在本年度实现的利润（或发生的亏损）总额。当期末结转利润时，商业银行应将有关收入类科目的余额结转到本科目，借记有关收入类科目，贷记本科目；同时，将有关费用支出类科目的余额结转到本科目，借记本科目，贷记有关费用支出类科目。年度终了，商业银行应将本科目的余额结转到“利润分配”科目，借记本科目，贷记“利润分配——未分配利润”科目；如为净亏损，做相反会计分录。年度终了后，本科目应无余额。

商业银行结转“本年利润”科目期末（月末、季末、年末）余额的方法有两种：“账结法”和“表结法”。按照规定，商业银行应按季计算盈亏，年终结转损益。

1. 采用“账结法”结转本年利润

账结法是指商业银行通过设置“本年利润”科目，核算商业银行当年实现的利润或亏损总额，商业银行利润直接在“本年利润”科目中结转并反映出来。

商业银行应于每月月末（季末）将各损益类科目的余额转入“本年利润”科目，结转后，各损益类账户余额为零。然后结算出“本年利润”科目借、贷方发生额的差额，如果是贷方差额，即为本期的利润额，以及本年累计利润总额；如果为借方差额，则为本期亏损额，以及本年累计亏损的总额。商业银行结转损益类科目时，其会计分录为：

借：利息收入
　　金融机构往来收入
　　手续费收入
　　其他营业收入
　　汇兑收益
　　投资收益
　　营业外收入
　　贷：本年利润

借：本年利润
　　贷：利息支出
　　　　手续费支出
　　　　金融企业往来支出
　　　　业务及管理费
　　　　折旧费
　　　　汇兑损失
　　　　其他营业支出
　　　　营业外支出

资产损失

所得税

结转后，如果本年利润为贷方差额，即为本期的净利润额；反之为亏损。

账结法的优点是各月均可通过“本年利润”科目提供其当期利润额和净利润额，记账业务程序完整。但从实用的角度来讲，采用账结法增加了编制结转损益分录的工作量。

2. 采用“表结法”结转“本年利润”

采用“表结法”结转本年利润，是指商业银行在月末、季末计算利润（或亏损）时，不通过“本年利润”账户，而是通过编制损益表直接计算出来，反映本期现实的利润或亏损。这种“表结法”用于月末和季末对利润的反映。

如果采用“表结法”每月结账时，损益类各科目的余额，不需要结转到“本年利润”科目，只是在年度终了进行年度决算时，才用“账结法”结出损益类各科目的全年累计余额及其构成情况。所以，每月结账时，只要结出各损益类科目的累计余额，就可以直接根据这些余额，逐项填入“损益表”，通过“损益表”计算出从年初到本月末为止的本年累计利润，然后，减去上月末本表中的本年累计利润数，就是本月份的利润或亏损总额。具体可通过利润表了解。

另外，商业银行在采取“表结法”的情况下，每月、每季编制资产负债表时，如果平时不进行利润分配，表内“未分配利润”项目应填制“损益表”中的利润总额与“未分配利润”科目余额的合计数；如果平时进行利润分配，应根据“损益表”中的“利润总额”与“利润分配”的差额来填制资产负债表中的“未分配利润”项目。

表结法的优点是利润平时直接用利润表结转，省去了转账环节并可从科目余额得出本年累计的指标，同时并不影响利润表的编制及有关损益表指标的利用。

（三）所得税的核算

商业银行在计算利润总额的同时，还应计算每一会计期间的所得税费用，并按照国家的有关规定，计算交纳所得税。

所得税是对中华人民共和国境内的企业，除外商投资企业和外国企业外，应当就其生产、经营的纯收益、所得额和其他所得征收的一种税。企业所得税的纳税义务人（以下简称纳税人）包括：国有企业；集体企业；私营企业；联营企业；股份制企业；有生产、经营所得和其他所得的其他组织。非居民企业是指依照外国（地区）法律成立且实际管理机构不在中国境内，但在中国境内设立机构、场所的，或者在中国境内未设立机构、场所，但有来源于中国境内所得的企业。

1. 应纳税所得额的计算

应纳税所得额是企业所得税的计税依据，按照企业所得税法的规定，应纳税所得额为企业每一个纳税年度的收入总额，减除不征税收入、免税收入、各项扣除以及允许弥补的以前年度亏损后的余额。应纳税所得额的正确计算直接关系国家财政收入和企业的税收负担，并且同成本、费用核算关系密切。方法如下：

（1）企业每一纳税年度的收入总额减除不征税收入、免税收入、各项扣除以及允许弥补的以前年度亏损后的余额为应纳税所得额。

应纳税所得额 = 收入总额 − 不征税收入 − 免税收入 − 各项扣除 − 以前年度亏损

（2）在会计利润总额的基础上加或减按照税法规定调整的项目金额后，即为应纳税所得额。

应纳税所得额 = 会计利润总额 ± 纳税调整项目金额

2. 应纳税额的计算

应纳税额 = 应纳税所得额 × 税率

3. 纳税期限

企业所得税义务发生时间为纳税义务人取得应纳税所得额的计征期终了日。交纳所得税，按年计算，分月或者分季预缴。月份或季度终了后 15 日内预缴，年度终了后 4 个月内汇算清缴，多退少补。

4. 会计核算与税法计算的差异

随着我国会计制度改革和税制改革的逐步深入，商业银行财务会计和所得税会计逐步分离，商业银行按照会计制度和会计准则核算的会计利润与按照税法计算的银行应纳税所得额之间的差异也逐步扩大。这些差异表现为时间性差异、暂时性差异和永久性差异。

（1）时间性差异。所谓时间性差异，是指应税收益和会计收益的差额，在一个期间内形成，可在随后的一个或几个期间内转回。其成因是由于会计准则或会计制度与税法在收入与费用确认和计量的时间上存在差异。

（2）暂时性差异。所谓暂时性差异，是指从资产和负债看，是一项资产或一项负债的计税基础和其在资产负债表中的账面价值之间的差额，随时间推移将会消除。该项差异在以后年度资产收回或负债清偿时，会产生应税利润或可抵扣金额。

暂时性差异分为应税暂时性差异和可抵扣暂时性差异。应税暂时性差异，将导致使用或处置资产、偿付负债的未来期间内增加应纳税所得额，由此产生递延所得税负债的差异；可抵扣暂时性差异，将导致使用或处置资产、偿付负债的未来期间内减少应纳税所得额，由此产生递延所得税资产的差异。

（3）永久性差异。永久性差异是指某一期间发生，以后各期不能转回或消除，即该项差异不影响其他会计期间。其成因是由于会计准则或会计制度与税法在收入与费用确认和计量的口径上存在差异。

综上所述，时间性差异一定是暂时性差异，但暂时性差异并不都是时间性差异。以下情况将产生暂时性差异而不产生时间性差异：①子公司、联营企业或合营企业没有向母公司分配全部利润；②重估资产而在计税时不予调整；③购买法下企业合并的购买成本，根据所取得的可辨认资产和负债的公允价值分配计入这些可辨认资产和负债，而在计税时不作相应调整。

另外，有些暂时性差异并不是时间性差异，例如：①作为报告企业整体组成部分的国外经营主体的非货币性资产和负债以历史汇率折算；②资产和负债的初始确认的账面金额不同于其初始计税基础。

5. 所得税的核算

根据《企业会计准则第 18 号——所得税》的规定，所得税在确认时，采用资产负债表债务法，这有别于旧准则采用的收益表债务法。其在计税基础上强调暂时性差异，侧重从资产和负债的角度来考虑，而不是侧重利润收益角度。

（1）所得税核算的基本要求。

①递延所得税资产和递延所得税负债的确认。所得税费用核算是以企业的资产负债表及其附注为依据，结合相关账簿资料，分析计算各项资产、负债的计税基础，通过比较资产、负债的账面价值与其计税基础之间的差异，确定应纳税暂时性差异和可抵扣暂时性差异。

资产的账面价值大于其计税基础或负债的账面价值小于其计税基础，产生应纳税暂时性差异；资产的账面价值小于其计税基础或负债的账面价值大于其计税基础，产生可抵扣暂时性差异。按照税法规定允许抵减以后年度利润的可抵扣亏损，视同可抵扣暂时性差异。

按照暂时性差异与适用所得税税率计算的结果，确定递延所得税资产、递延所得税负债及递延所得税费用。其中，确认由可抵扣暂时性差异产生的递延所得税资产，应当以未来期间很可能取得用来抵扣可抵扣暂时性差异的应纳税所得额，以及因应纳税暂时性差异在未来期间转回相应增加的应纳税所得额，并应提供相关证据。

②递延所得税资产和递延所得税负债的转回。递延所得税资产和递延所得税负债确认以后，相关的应纳税暂时性差异或可抵扣暂时性差异于以后期间转回的，应当调整原已确认的递延所得税资产、递延所得税负债及相应的递延所得税费用。

③所得税费用在利润表的列示。利润表中应当单独列示所得税费用。所得税费用由两部分内容组成：一是按照税法规定计算的当期所得税费用，二是按照上述规定计算的递延所得税，但不包括直接计入所有者权益项目的交易和事项及企业合并的所得税影响。

所得税费用核算的关键在于确认资产和负债的计税基础，资产和负债的计税基础一经确定，即可计算暂时性差异。

（2）资产、负债的计税基础。

①资产的计税基础。资产的计税基础是指企业收回资产账面价值过程中，计算应纳税所得额时按照税法规定可以从应纳税经济利益中抵扣的金额。通常情况下，资产取得时其入账价值与计税基础是相同的，后续计量因为会计准则规定与税法规定不同，可能造成账面价值与计税基础的差异。

例如，按照会计准则规定，资产的可变现净值或可回收金额低于其账面价值时，应计提相关的资产减值损失，而税法规定，企业提取的减值准备一般不能在税前抵扣，只有发生实质性损失时才允许税前扣除。这就产生了资产的账面价值与计税基础之间的差异，即暂时性差异。

②负债的计税基础。负债的计税基础是指负债的账面价值减去未来期间计算应纳税所得额时按照税法规定可予抵扣的金额。

一般而言，短期借款、应付票据、应付账款、其他应付款等负债的确认与偿还不会影响当期损益，也不会影响应纳税所得额，未来期间计算应纳税所得额时按照税法规定可予抵扣的金额为零，即计税基础为其账面价值。但是，在某些情况下，负债的确认可能会对损益产生影响，进而影响不同期间的应纳税所得额，使得其计税基础与账面价值之间产生差异。

例如，商业银行因或有事项确认的预计负债，会计上对于预计负债，按照最佳估计数确认，计入相关的资本成本或当期损益。按照税法规定，与预计负债相关的费用大多在实际发生时在税前扣除，该类负债的计税基础为零，形成会计的账面价值与计税基础之间的暂时性差异。

商业银行应于每个资产负债日，对资产、负债的账面价值与其计税基础进行分析比较，两者之间存在差异的，按照重要性原则确认递延所得税资产、递延所得税负债及相应的递延所得税费用。

（3）递延所得税的特殊处理。在某些情况下，递延所得税产生于直接计入所有者权益的交易或事项，或者产生于金融企业合并中因资产、负债的账面价值与其计税基础之间的差异。这类交易或事项中产生的递延所得税，不影响利润表中确认的所得税费用，其所得税影响应视情况分别确认。

①直接计入所有者权益的交易或事项产生的递延所得税。根据准则规定，与直接计入所有者权益的交易或者事项相关的当期所得税和递延所得税，均应当计入所有者权益。

②金融企业合并中产生的递延所得税。因会计准则规定与税法规定对金融企业合并类型的划分标准不同，可能造成合并中取得资产、负债的入账价值与其计税基础的差异。因金融企业合并产生的应纳税暂时性差异或可抵扣暂时性差异的影响，在确认递延所得税负债或递延所得税资产的同时，相应调整合并中应予确认的商誉。

（4）所得税费用的核算。为了核算商业银行根据所得税准则确认的应从当期利润总额中扣除的所得税费用，应设置“所得税”科目。该科目属于损益类科目，按照“当期所得税费用”“递延所得税费用”进行明细核算。发生各项所得税费用时，借记本科目，贷记“库存现金”等有关科目。期末，应将本科目余额转入本年利润，借记“本年利润”，贷记本科目，科目余额在借方，结转后无余额。

进行所得税费用的会计处理，应设置的账户有：“应交税费——应交所得税”科目，用来核算商业银行应交未交的所得税；“所得税费用”科目，用来核算计入当期损益的所得税费用；“递延所得税资产”科目，用来核算递延资产所得税资产的发生及转回；“递延所得税负债”科目，用来核算递延所得税负债的发生及转回。

商业银行在计算出当期应交所得税金额、确认的递延所得税资产及其变动、确认的递延所得税负债及其变动后，要进行相应的账务处理。

①资产负债表日，商业银行按照税法确定当期应交所得税金额时，其会计分录为：

借：所得税

　　贷：应交税费——应交所得税

②确认相关资产和负债时，根据所得税准则确认递延所得税资产和递延所得税负债时，其会计分录为：

借：递延所得税资产

　　贷：所得税（或：资本公积——其他资本公积）

借：所得税（或：资本公积——其他资本公积）

　　贷：递延所得税负债

③资产负债表日，根据所得税准则确认递延所得税资产的变动。若变动大于“递延所得税资产”科目余额的差额时，其会计分录为：

借：递延所得税资产

贷：所得税（或：资本公积——其他资本公积）

若变动小于“递延所得税资产”科目余额的差额，则做相反的会计分录。

④资产负债表日，根据所得税准则确认递延所得税负债的变动。若变动大于“递延所得税负债”科目余额的差额时，其会计分录为：

借：所得税（或：资本公积——其他资本公积）

贷：递延所得税负债

若变动小于“递延所得税负债”科目余额的差额，则作相反的会计分录。

⑤期末结转利润时，其会计分录为：

借：本年利润

贷：所得税——××户

（四）净利润的计算

在计算利润时，无论是采用“账结法”还是“表结法”所得到的利润总额，只有减去所得税后才形成商业银行的净利润。

采用“表结法”计算利润，“本年利润”科目平时不用，年终使用；采用“账结法”计算利润，每月使用“本年利润”科目。无论采用哪种方法，年度终了时，都必须将“本年利润”科目结平，转入“利润分配——未分配利润”科目。结转后，“本年利润”科目应无余额。

（1）年末转账，如为盈利，其会计分录为：

借：本年利润

贷：利润分配——未分配利润

（2）年末转账，如为亏损，其会计分录为：

借：利润分配——未分配利润

贷：本年利润

对于净利润的分配，如商业银行提取法定盈余公积金、法定公益金、分配的优先股股利，提取的任意盈余公积金、分配的普通股股利、转作资本（或股本）的普通股股利，以及年初未分配利润、期末未分配利润等，均应当在利润分配表中分别列项予以反映。

本章小结

所有者权益是商业银行所有者对商业银行净资产的所有权。其主要包括投资者投入资本亦即实收资本（或股本）、资本公积和商业银行在经营过程中提取的盈余公积和未分配利润。从数量关系上看，所有者权益等于全部资产减去全部负债的余额。加强利润核算对商业银行有着特别重要的意义。

利润核算的实质是对商业银行收入和费用、直接计入当期利润的利得和损失的核算。其主要内容包括利息收入、手续费及佣金收入、投资损益、公允价值变动损益、汇兑损益、其他业务收入、利息支出、手续费及佣金支出、税金及附加、业务及管理费、资产减值损失、其他业务成本以及营业外收入和营业外支出等的核算。在一个会计期末，通过将各损益类科目余额转入“本年利润”科目，得出本期的利润总额。利润总额减去所得税费用后，得出净利润。净利润加上年初的未分配利润后形成本期可供分配利润。可供分配的利润按照一定的顺序进行分配后，便形成期末的未分配利润。

思考与应用

一、名词解释

1. 所有者权益
2. 实收资本
3. 资本公积
4. 未分配利润
5. 时间性差异
6. 暂时性差异

二、单项选择题

1. 法定盈余公积金按照税后利润的（　　）提取。

A. 5%　　B. 10%　　C. 25%　　D. 50%

2. 现行的金融保险业的增值税税率为（　　）。

A. 7%　　B. 6%　　C. 5%　　D. 3%

三、多项选择题

1. 根据现行的《金融企业会计制度》规定，资本公积主要包括（　　　）。

A. 资本溢价
B. 接受现金捐赠和非现金资产捐赠准备
C. 股权投资准备
D. 外币资本折算差额
E. 关联交易差价

2. 商业银行按照会计准则核算会计利润与按照税法计算应纳税所得额之间存在差异，这些差异表现为（　　　）。

A. 时间性差异　　B. 暂时性差异　　C. 永久性差异　　D. 更正性差异

四、判断题

1. 接受捐赠的非现金资产直接可以用于转增资本。（　　）
2. 商业银行成本包括为第三方或客户垫付的款项。（　　）

五、问答题

1. 商业银行的营业收入包括哪些内容？
2. 商业银行营业外支出包括哪些内容？

六、业务处理题

1. 某商业银行收到某企业集团按协议规定投入资本5亿元，按该集团持股比例应投入4亿元，溢价1亿元。

2. 某商业银行资本公积账面金额1.5亿元，经批准转增资本金1亿元。

3. 某商业银行年终按规定提取法定盈余公积43万元。

4. 某商业银行收到人民银行收账通知，系人民银行支付给本行代办业务的手续费8 000元。

5. 某商业银行支付给企业单位的存款利息84 000元。

6. 某商业银行总务部门购买办公用品，发生的费用支出为880元。

要求：根据上述经济业务，编制会计分录。

第九章　年度决算

【要点提示】

年度决算是商业银行会计工作中的重要环节，一年一度的年度决算可以综合反映商业银行业务的经营情况，全面反映商业银行财务收支、经营成果和利润等情况。通过本章的学习，要求学生了解年度决算的意义；掌握年度决算的各种准备工作与年度决算的相应工作程序。

第一节　年度决算的准备工作

一、年度决算的意义

年度决算是根据会计资料，运用会计报告形式，对商业银行一年来的业务经营和财务成果进行数字总结和文字说明。在每个会计年度终了，商业银行对全年的会计核算资料进行归纳、整理、核实，以检查本行全年贯彻执行各项财务制度及国家方针政策的情况，并通过编制财务会计报告，全面反映商业银行一年来的业务活动情况和财务收支成果。

根据《中华人民共和国会计法》，我国银行会计年度自公历 1 月 1 日起至 12 月 31 日止。每年 12 月 31 日为银行的年度决算日，如果遇例假日也不顺延。根据我国商业银行体制为联行制的特点，总行为对外报告的会计主体。银行系统内部，凡独立会计核算单位（总行、分行、支行）都应进行年度决算，附属会计核算单位（分理处、营业所）则应当以总账或报表方式，由管辖行合并进行年度决算。

各独立会计核算单位的决算报表填制完毕后，应逐级汇总全辖数字报上级行，最后由总行汇总全国各分行上报的决算报表数字，进行全行的汇总决算。

认真、准确、及时地做好年度决算工作，对于商业银行提高经营管理水平，向管理当局、投资者、债权人等社会公众提供正确、完整、真实的财务会计信息，充分发挥商业银行的职能作用，具有重要的意义：

（一）全面总结和检查会计核算工作，提高会计工作质量

商业银行在办理年度决算过程中，要对全年业务活动和财务活动进行一次全面的核实和整理。核实包括商业银行与各开户单位对账，以及商业银行内部账据核对、账实核对、账账核对、账款核对和利息核对等。整理是指根据核实结果，发现差异，查明原因，进行调整，使会计记录与实际相一致。根据核实、整理的资料，商业银行编制数字真实、内容完整的年度决算报表，并使账表一致。通过核实、整理和总结检查，发现日常会计核算中存在的问题，商业银行可以明确以后需要努力的方向，可以进一步提高会计工作的质量。

（二）考核商业银行经营效益，促进银行提高经营管理水平

年度决算是运用会计核算资料对商业银行一年来的业务活动情况和经营成果进行的总结。根据年度决算，可以了解商业银行经营活动的全貌，掌握企业资产、负债及所有者权益的状况，分析资金的运用效果。通过业务经营，争取更好的效益，这是一般企业的共同目标，商业银行作为企业的一种也不例外。商业银行会计对各项财务收支（包括利息收支、业务费用、手续费收支、提存各项准备金及折旧等）进行日常核算监督，而年终决算可以汇总反映商业银行全年的经营成果，考核其经营效益，对出现经营亏损、呆账等问题，检查分析原因，总结经验，吸取教训，及时采取措施，促进商业银行改善经营管理水平。

（三）检查商业银行年度内执行国家方针、政策的情况

对于银行类金融机构来说，中国人民银行作为中央银行，执行货币政策，控制信贷规模、货币发行以及外汇储备、黄金储备等。这些有关宏观调控的执行情况，主要是由人民银行会计核算反映，而信贷收支活动是全国各地各家商业银行经办的，信贷规模（贷款限额）是否超过，须根据全国各地区的商业银行汇总反映的当年贷款增量，与下达的指标进行考核比较。因此，通过系统整理的年度核算资料，可以检查商业银行贯彻执行国家方针、政策的情况。

（四）为宏观经济决策提供准确、及时的经济信息

商业银行是国民经济的综合部门，它面向全社会的企事业单位和职工居民，是社会货币资金收支和信用活动的枢纽。商业银行通过年度决算，可以帮助国家有关部门掌握货币、信贷及资金活动的增减变化情况，了解国民经济各部门的资金投入、运用和周转情况，以及货币发行量，信贷规模总额，外汇及黄金增减、结余等情况，并分析变化的原因和考核执行的结果。为宏观调控，制订货币政策提供重要的金融、经济信息。

二、年度决算的要求

年度决算是金融机构一项全局性的工作，是会计工作的全面总结，涉及面广、政策性强、工作量大、质量要求高。因此，办理年度决算必须按照下列基本要求：

（一）坚持统一领导、各部门密切配合

金融机构的年度决算是一项综合性工作，涉及各个职能部门，必须要密切配合，提供方便。要成立年度决算领导小组，由主要领导负责，以会计部门为主，各职能部门密切配合，协调进行，保证年度决算有条不紊地进行。

（二）坚持会计资料的真实性、准确性和可靠性

会计核算的数字、资料必须真实、准确地反映金融业务和财务活动，绝不能篡改会计数据、伪造会计资料，搞虚假的会计平衡。

（三）坚持财务会计报告的完整性、统一性和及时性

财务会计报告是会计信息的主要载体，是年度决算的文字和数字说明，必须按照会计制度的规定进行披露、编报、汇总和报送。必须坚持完整性，不能任意取舍，不能漏填、漏报；必须坚持统一性，上下级保持一致性，按统一的种类、格式、内容编报、汇总；必须坚持及时性，按规定的时间编制完成，及时报送；不能延误和拖后，以免影响整个金融机构的年度决算。

三、年度决算的准备工作

银行年度决算时间紧，任务重。为了保证年度决算工作的顺利进行，决算的准备工作一般应在每年第四季度初就要着手进行。银行年度决算准备工作主要有以下几个方面：

（一）清理资金

1. 清理贷款资金

对到期贷款，应当争取如期收回。对非正常贷款，应弄清情况，积极进行清理收回或按照规定程序申请予以核销。对于收不回的抵押贷款，应根据合同对抵押品依法处置，以保证贷款资金的流动性、效益性。

2. 清理存款资金

对连续一年未发生资金收付、经联系又查找不到存款户的，可按规定转入其他应付款账户下管理。对长期未发生资金收付的，要主动联系督促办理并户或销户手续。对确实无法联系的，则转作收益处理。

3. 清理结算资金

对应解汇款资金应积极联系解付，若超过 2 个月仍无法解付的，则应办理退汇手续。对逾期未付的托收承付款项，应积极联系付款单位付款，若超过 3 个月仍未支付或未付清的，应通知付款人将有关单证退回，并退还给收款人开户行。对本行开出的超过提示付款期的票据，应与有关单位联系，按照规定认真处理。

4. 清理内部资金

对其他应收、应付款项，要在日常严格控制的基础上逐笔进行清理，该收回、上缴、摊销、报损、转收益、核销的，应按规定认真清理，使这部分资金压缩到最低限度。经过清理暂时无法解决的，要注明原因，以备日后查考。

5. 清理其他资金

如到期的信托贷款是否收回；委托贷款若已收回的，应将委托存款资金及时划还给委托人；代发行证券的资金应全部划缴发行单位；应收的租赁款尽可能收回等。

（二）盘点财产

1. 清点固定资产、低值易耗品

年度决算前，商业银行要与行政部门配合，对房屋、运输设备、器具、计算机等固定资产及低值易耗品等进行全面、彻底的清查盘点，达到账面记载与实物相一致。对发生的

财产盘盈、盘亏要查明原因，认真处理。按照审批权限和程序，加以调整，盘盈的做营业外收入，盘亏的做营业外支出。

2. 清点现金、贵金属和有价值品

年度决算前，商业银行要与其出纳部门配合，对库存现金（包括外币）、金银等贵金属，以及代保管的有价值品、贷款抵押品等，进行盘点清查，达到实物与账务记载相符。对于不符的要查明原因，确定责任，按规定调整账务。

3. 清点各类投资性资产

年度决算前，商业银行要与其业务部门配合，对持有的交易性金融资产、买入返售金融资产、融资租赁资产、可供出售金融资产等，进行盘点清查，达到实物与账务记载一致。

（三）核对账务

1. 核对会计科目

会计科目是各项业务分类的依据和核算的基础，会计科目运用的正确与否，直接关系年度决算是否准确。只有正确运用会计科目，才能通过会计记录真实准确地反映出商业银行的业务活动和财务收支情况，为领导和管理工作提供切实可靠的数据。因此，在年度决算前，应按照科目的经济内容、业务性质，将当年各科目的归属和运用情况进行全面、认真的复查，以保证业务和科目的匹配，如果发现科目归属不当或运用错误，应及时进行调整。

2. 核对内外账务

为了保证决算质量，真实反映商业银行各项业务和财务活动情况，在年度决算前，要对商业银行内部的所有账、簿、卡、据进行一次全面地检查与核对，包括各科目总账与分户账的金额是否相符，贷款余额与借款借据是否相符，金、银、外币等账面记载与库存实物是否相符。各存贷款科目余额与单位账户余额是否相符，库存现金账面结存数与实际库存结存数是否相符，金融机构间往来账户是否一致等。如果发现不符应及时查明情况，进行调整，保证银行的账账、账实、账款、账卡、账表、账据、账簿、内外账完全相符。

3. 全面核对往来账务

银行之间往来项目较多，系统内往来、金融企业之间跨系统往来、商业银行与中央银行往来等，都要认真清理和核对，如有差错应及时更正，以保证各种金融机构往来相互平衡。

（四）核实损益

1. 利息计算

利息是商业银行财务收支的重要内容，关系国家的方针政策，以及商业银行与企业、个人的经济利益。因此，在日常业务中就要注意利息的准确计算，对于应计息的存贷款，均应将利息结算至12月20日止，对以前各季已结算的利息，应进行复查或检查，保证利率使用、计息积数的正确无误。如果发现错计、漏计、重计等情况，应予以及时补收或补付。在遇到利率调整时，应按照不同的规定处理，如定期储蓄存款在存期内遇有利率调整，仍按存单开户日挂牌公告的相应定期储蓄存款利率计算利息；活期储蓄存款在存入期间遇有利率调整，按结息日挂牌公告的活期储蓄存款利率计算利息等。

2. 费用支出

费用开支的正确核算直接关系商业银行的经营成本，进而对其利润产生影响。在年度决算前，要对各项费用进行一次全面清查。主要检查费用是否按规定标准开支，费用列支项目是否正确，费用摊销是否合理，各项减值准备的计提是否符合规定，有无扩大开支范围、挤占业务支出等情况。如果发现支付和摊销不符合制度或违反纪律，则要查明原因，予以纠正，以保证费用的正确核算。

3. 其他收支

除了贷款利息收支、费用开支外，在年度决算前，商业银行还要对一些非营业收支、营业外收支、金融机构往来等，进行详细核查。主要检查核实是否用错账户，是否混淆费用界限，是否扩大或减少成本支出等，对于发现的问题应及时纠正，调整账务。

（五）试算平衡

各行在上述几项准备工作基本落实或完成的基础上，应根据总账科目 11 月末的各项数字编制试算平衡表，以检查和验算各科目余额是否正确。如果平衡，说明正确；如果不平衡，应及时查明原因，尽快解决，为年度决算报表的编制奠定可靠的基础。

第二节 年度决算日工作

每年 12 月 31 日，无论是否例假，均为商业银行的年度决算日。在决算日，除了处理当日业务、轧平账务外，在年度决算准备工作的基础上，还应着重做好以下几项工作：

一、全面核对账务

（一）办好票据交换及托收入账

决算日票据交换所应延长工作时间，增加票据交换的次数。参加票据交换的行处，凡当天柜面受理的票据、凭证，应按时提出交换，做到不遗漏、不误递、不误场。提回的交换票据、凭证，全部入当日账。托收票据如有退票，应电话通知对方行，说明票据退回的时间、场次，并须在当日解付。

（二）及时处理异地结算资金

当日受理的各种结算凭证，必须通过有关联行全部划收（付）对方。需通过人民银行转汇的大额汇款，应按时办理转汇手续。

（三）现金收付全部入账

当日现金收付、各类外币收付及延长营业时间的收款，均应全部纳入当日账务。

（四）及时处理并结平当天的账务

营业终了，应将各科目总账与所属分户账进行总分核对，做到发生额、余额完全一致，以保证账务绝对正确，顺利轧平当日全部账务。全日账务处理完毕后，对全年账务进行一次全面核对，做到账账相符。

二、检查各项库存

决算日对外营业终了，为保证账实相符，对当日的现金库存、库存外币、有价证券以及空白重要单证等各项库存，由行长（经理）会同会计、出纳等主管人员进行一次全面检查、盘点与核实。

三、调整金银、外币记账价格

决算日，金银的牌价如有变动，应按当日牌价调整账面余额，其差额转入有关损益账户。将各种外币买卖账户余额，按决算日外汇牌价折成人民币，并与原币外汇买卖账户的人民币余额进行比较，其差额作为本年度外汇买卖的损益，列入有关损益账户。

四、核计税款交纳

按规定的税率，核实各项税款缴纳情况，先计算出本年应交纳的各种税款总数，然后减去第一至第三季度已交税款，即为第四季度应交数，在决算日当日办理转账。

五、结转本年利润

决算日营业终了，各项账务调整核对工作全部结束，即可办理本年利润的结转，以考核当年利润状况。结转利润时，将各项收入科目余额转入“本年利润”科目的贷方，将各项支出科目余额转入“本年利润”科目的借方，结平各损益类科目余额。结转后，“本年利润”科目如为贷方余额，即为净利润总额，如为借方余额，则为亏损总额。将本年实现的利润全部转入“利润分配”科目，以结平“本年利润”科目。

六、分配本年利润

为合理组织其财务活动和正确处理财务关系，商业银行应遵循以下原则：依法分配原则；兼顾各方面利益原则；分配与积累并重原则；投资与收益对等原则等。银行当期实现的净利润加上年初未分配利润（或减去年初未弥补亏损）加上其他转入后的余额，为可供分配的利润，按照以下顺序进行分配：

（1）抵补金融企业已缴纳的在成本和营业外支出中无法列支的有关惩罚性或赞助性支出；

（2）弥补以前年度亏损；

（3）提取法定盈余公积；

（4）提取法定公益金；

（5）提取各项准备；

（6）向投资者分配利润。

商业银行利润通过“利润分配”科目核算。并设置下列账户：“应交税费”，核算商业银行按规定计算应缴纳的所得税；“盈余公积补亏”，核算商业银行用盈余公积弥补的亏损；“提取盈余公积金”，核算商业银行税后利润中提取公积金和公益金；“应付利润”核算商业银行应付投资者的利润；“未分配利润”核算商业银行未分配的利润，包括年度终了将本年实现的利润（或亏损）总额，从“本年利润”科目转入的利润。

七、办理新旧账务结转

决算日核对账务相符并结转损益后，应当及时办理新旧账簿结转，为新年度启用新账做准备。办理新旧账簿结转时，除卡片账不办结转，储蓄分户账可继续沿用外，其余分户账、登记簿以及总账等均应办理结转，更换新账页。

（1）甲、乙、丙种账结转时，在旧账页的最后一行余额下加盖“结转下年”戳记，将最后余额过入新账页，并在新账页日期栏写明新年度 1 月 1 日，摘要栏加盖“上年结转”戳记。对已结平的账页，加盖“结清”戳记。

（2）丁种账结转时，先在旧账页未销各笔的销账日期栏内加盖“结转下年”戳记，然后将未销各笔逐一过入新账页，并结出余额，在摘要栏加盖“上年结转”戳记，并注明原发生日期，记账日期栏一律填新年度 1 月 1 日。

（3）总账平时每月更换，年终结转时，只需将旧账余额过入新账的“上年底余额”栏即可。账簿结转后，应对新账页的有关数字进行核对，如有不符，及时更正，以免影响新年度账务处理。

本章小结

年度决算是根据会计资料，运用会计报告形式，对商业银行一年来的业务经营和财务成果进行数字总结和文字说明。商业银行系统内部，凡独立会计核算单位（总行、分行、支行）都应进行年度决算，附属会计核算单位（分理处、营业所）则应当以总账或报表方式，由管辖行合并进行年度决算。认真、准确、及时作好年度决算工作，对于商业银行提高经营管理水平，向管理当局、投资者、债权人等社会公众提供正确、完整、真实的财务会计信息，充分发挥商业银行的职能作用，具有重要的意义。

商业银行年度决算准备工作主要有以下几个方面：清理资金；盘点财产；核对账务；核实收支；试算平衡。在决算日，除了处理当日业务、轧平账务外，在年度决算准备工作的基础上，还应着重做好以下几项工作：全面核对账务；检查各项库存；核计税款交纳；结转本年利润；分配本年利润；办理新旧账务结转。

思考与应用

一、名词解释

年度决算

二、单项选择题

1. 商业银行内部资金主要是指其他应收、其他应付和（   ）。

A. 业务资金　　B. 结算资金　　C. 存款资金　　D. 待摊费用

2. 假设2017年12月31日是星期天，2018年1月1日是法定节假日，因此属于2017年的年度决算日的是（　）。

A. 2017年12月30日　　B. 2017年12月31日

C. 2018年1月1日　　D. 2018年1月2日

三、多项选择题

1. 在年度决算前应对商业银行的资金与财产进行一次较大规模的清查盘点。其主要内容有（　）。

A. 库存现金　　B. 结算资金

C. 金银外币　　D. 有价单证、重要空白凭证

E. 固定资产和账外物资

2. 新年度开始，各行不办理结转的账页有（　）。

A. 甲种账　　B. 乙种账　　C. 总账　　D. 卡片账

E. 储蓄分户账

3. 银行年度决算准备工作包括（　）。

A. 清理资金　　B. 盘点财产　　C. 核对账务　　D. 核实损益

E. 试算平衡

4. 银行决算日工作内容主要有（　）。

A. 全面核对账务　　B. 检查各项库存

C. 核计缴纳税款　　D. 结转全年利润

E. 办理新旧账簿结转

四、判断题

1. 为了保证年度决算工作的顺利进行，决算的准备工作一般从11月份开始着手进行。（　）

2. 对连续一年未发生资金收付、经联系又查找不到存款户的，可按规定转作收益。（　）

3. 新年度开始各行必须启用新账。在办理新旧账簿结转时，除卡片账、储蓄分户账，因数量多、工作量大，可继续沿用外，其余分户账以及总账均应办理结转，更换新账页。（　）

五、问答题

1. 年度决算的基本要求有哪些？

2. 年度决算日的工作有哪些？

第十章 财务会计报告

【要点提示】

编制财务报告是商业银行会计工作的一项重要内容，它对于加强商业银行经营管理和国家宏观调控、促进经济稳定发展、合理配置社会资源具有十分重要的作用。商业银行的财务会计报告包括会计报表、会计报表附注和财务状况说明书。通过本章的学习，使学生掌握财务会计报告的种类及编制财务会计报表的内容与方法。

第一节 概　述

商业银行的财务会计报告是指商业银行对外提供的反映商业银行某一特定日期的财务状况和某一会计期间的经营成果、现金流量等会计信息的文件，是对商业银行财务状况、经营成果和现金流量的结构性表述。

商业银行必须定期编制财务会计报告，商业银行的财务会计报告是根据日常会计核算资料，按照一定的格式和科学的指标体系定期编制，总括反映经营成果、财务状况和现金流量状况的文件；是商业银行对外传递信息的主要手段，也是投资者、国家机关和相关人员进行决策的重要信息来源，还可以促进商业银行加强自身管理和提高经营管理水平。

一、财务会计报告的种类

商业银行的财务会计报告按照编制内容划分，可以分为会计报表、会计报表附注和财务状况说明书（不要求编制和提供财务状况说明书的银行除外）。其中，对外提供的会计报表主要包括：资产负债表、利润表、现金流量表、利润分配表、所有者权益变动表、分部报表、信托资产管理会计报表、其他有关附表。

银行财务会计报告按照编报时间划分，可以分为年度、半年度、季度和月度财务会计报告。月度、季度财务会计报告是指月度和季度终了提供的财务会计报告；半年度财务会计报告是指每个会计年度的前六个月结束后对外提供的财务会计报告。半年度、季度和月度财务会计报告统称为中期财务会计报告。

银行财务会计报告按照服务对象不同，可以分为内部报表和外部报表，按照编制单位不同，可以分为基层报表和汇总报表等。

二、财务会计报告的编制要求

为了向财务报告的使用者提供有用、可信的财务信息，保证财务报告的质量，财务会计报告的编制必须遵循以下要求：

（一）真实可靠

客观真实地反映银行财务状况、经营成果和现金流量是会计核算的基本原则之一，也是为了保证会计信息的真实性、充分发挥财务会计报告作用的前提条件。因此，编制财务会计报告必须做到数据来源真实可靠，报表填制没有差错。为此，编制财务会计报告必须以核对无误的账簿资料为依据，不得任意估计、篡改数字。在财务会计报告编制完成以后，还要检查账簿记录与报表数字、报表与报表之间的有关数据是否衔接一致，以确保财务会计报告的真实可靠。

（二）内容完整

财务会计报告作为会计核算工作的结果，必须全面反映商业银行经营活动全貌。只有提供完整的会计信息，才能满足不同的报表使用者对财务信息的需求。因此，商业银行在编制财务会计报告时，必须按照统一的《企业会计准则——具体准则》所规定的报表种类、格式和内容填列；对各报表中的规定项目要完整填写，不得漏列或任意取舍；对某些重要会计事项，应在报表附注中加以说明。

（三）计算准确

财务会计报告的每一项都从不同角度反映了企业财务状况和业务经营活动的有关信息与数据，财务会计报告的使用者从不同的角度获取相关的信息与数据，以便作出决策与判断。因此，编制财务会计报告时，必须根据有关会计资料加以分析，准确计算，逐项填列。

（四）编报及时

财务会计报告提供的信息具有时效性，只有及时编制与提供的信息才具有价值。因此，商业银行应在规定期限内编送财务会计报告，不得延误。《企业会计制度》规定：月度财务会计报告应当于月度终了后6天内对外提供，季度财务会计报告应当于季度终了后15天内对外提供，半年度财务会计报告应当于年度中期结束后60天内对外提供，年度财务会计报告应当于年度终了后4个月内对外提供。

编制财务会计报告的真实性、完整性、准确性和及时性要求是相互联系、不可偏颇的，只有这样才能保证会计报表信息的有用性和可信性。

第二节 财务会计报表

一、资产负债表

（一）资产负债表的性质与作用

资产负债表是反映企业某一特定日期财务状况的会计报表，它是根据资产、负债和所有者权益（或股东权益，下同）之间的相互关系，按照一定的分类标准和一定的顺序，对企业某一特定日期的资产、负债和所有者权益各项目予以适当排列，并对日常工作中形成的大量数据进行高度浓缩整理后编制而成的。商业银行资产负债表表明了银行在某一特定日期所拥有或控制的经济资源、所承担的现有义务和所有者对净资产的要求权，它反映了商业银行一定时点的理财结构。因此，对于信息使用者而言，资产负债表是不可缺少的重要报表。通过资产负债表，有关各方可以了解商业银行以下几个方面的情况：①银行所掌握的经济资源及其构成；②银行的负债渠道及其构成；③银行所有者权益的构成；④银行未来财务状况的变化趋势。

（二）资产负债表的内容和格式

按照报表各项目排列的方式不同，资产负债表有账户式和报告式（垂直式）两种格式。

账户式资产负债表分为左、右两方，左方列示资产项目，右方列示负债与所有者权益项目，左右两方的合计数保持平衡。报告式资产负债表是将资产、负债和所有者权益项目采取垂直分列的方式反映。根据《企业会计准则——具体准则》的规定，银行资产负债表应采用账户式。

银行资产负债表中的资产按照流动性的大小依次排列，流动性大的在前面，流动性小的在后面。资产主要包括：流动资产、贷款、长期股权投资、固定资产、无形资产和其他资产，其中流动资产包括：库存现金、存放中央银行款项、拆放同业、短期贷款、贴现、应收利息、应收股利、应收保费、应收分保款、应收信托手续费、存出保证金、自营证券、清算备付金、代发行证券、代兑付债券等。

银行资产负债表中的负债按照偿还期的长短排列。偿还期短的排在前面，偿还期长的排在后面。负债主要包括：流动负债、应付债券、长期准备金和其他长期负债。其中流动负债包括：活期存款、1 年以下（含 1 年）的定期存款、向中央银行借款、票据融资、同业存款、同业拆入、应付利息、应付佣金、应付手续费、预收保费、应付分保款、预收分保款、应付保户红利、存入保证金、未决赔款准备金、未到期责任准备金、存入分保准备金、质押借款、代买卖证券款、代发行证券款、代兑付债券款、卖出回购证券款、应付款项、应付职工薪酬、应交税金、其他暂收应付款项和预提费用等。其中长期准备金包括长期责任准备金、寿险责任准备金、长期健康险责任准备金、保险保障基金。其他长期负债主要包括：长期存款、保户储金、长期借款和长期应付款等。

银行资产负债表中的所有者权益按照其在企业保留的时间长短排列。在企业时间长的排在前面，反之则在后面。所有者权益主要包括：实收资本（或股本）、资本公积、盈余公积和未分配利润等。

按照我国有关法律法规的规定，我国的银行不能混业经营，只能分业经营，因而各银行的资产负债表会因其经营业务内容的不同而有所不同，但其排列格式和基本内容相同。商业银行的资产负债表格式及其内容如表 10－1 所示。

表 10－1　　资产负债表

会商银 01 表

编制单位：　　　　年　月　日　　　　单位：元

资产	期末余额	年初余额	负债和所有者权益（或股东权益）	期末余额	年初余额
资产：			负债：		
现金及存放中央银行款项			向中央银行借款		
存放同业款项			同业及其他金融机构存放款项		
贵金属			拆入资金		
拆出资金			交易性金融负债		
交易性金融资产			衍生金融负债		
衍生金融资产			卖出回购金融资产款		
买入返售金融资产			吸收存款		
应收利息			应付职工薪酬		
发放贷款和垫款			应交税费		
可供出售金融资产			应付利息		
持有至到期投资			预计负债		
长期股权投资			应付债券		
投资性房地产			递延所得税负债		
固定资产			其他负债		
无形资产			负债合计		
递延所得税资产			所有者权益（或股东权益）：		
其他资产			实收资本（或股本）		
			资本公积		
			减：库存股		
			盈余公积		
			一般风险准备		
			未分配利润		
			所有者权益（或股东权益）合计		
资产总计			负债和所有者权益（或股东权益）总计		

（三）资产负债表的编制方法

资产负债表是一种静态的会计报表，主要通过资产、负债和所有者权益的期末余额反映银行企业的财务状况。资产负债表的编制主要是根据有关科目总账和分户账的期末余额直接或汇总填列。有些项目根据总账和（或）分户账余额计算填列；有些项目不能直接根据有关科目的期末余额填列，必须对有关账户资料进行分析调整计算后填列。

资产负债表中，“年初余额”栏内各项数字，应根据上年末资产负债表“期末余额”栏内所列数字填列。如果本年度资产负债表规定的各个项目的名称和内容与上年度有所不同，应对上年度末资产负债表各项目的名称和数字，按照本年度的规定进行调整后，填入本表“年初余额”栏内。资产负债表各项目的内容和填列方法如下：

（1）“现金及存放中央银行款项”项目，反映商业银行库存现金、存放在中央银行的往来款项和各项准备金存款，本项目根据“现金”“银行存款”“存放中央银行准备金”和“存放中央银行财政性存款”科目的期末余额合计填列。

（2）“存放同业款项”项目，反映商业银行与同业之间资金往来业务而存放于境内、境外银行和非银行金融机构的资金。本项目应根据“存放同业款项”科目的期末余额和“法定存款准备金”的借方余额填列。

（3）“贵金属”项目，反映商业银行在国家允许的范围内买入的黄金、白银等贵重金属。本项目应根据“贵金属”科目的期末余额填列，反映的是“贵金属”成本或者市价（成本与市价孰低法计价）。

（4）“拆出资金”项目，反映商业银行与其他同业银行之间进行的资金拆借减去“贷款损失准备”所属明细科目后的余额，反映银行拆借给境内外其他金融机构的款项。本项目根据“拆放同业”“拆放金融性公司”和“同业透支”等科目的期末余额填列。

（5）“交易性金融资产”项目，根据银行的“交易性金融资产”科目的余额填列，反映银行为短期获利目的而持有的债券投资、股票投资、基金投资等交易性金融资产的公允价值。

（6）“衍生金融资产”项目，根据衍生工具、套期工具、被套期项目中属于衍生金融资产的部分。应根据“衍生工具”“套期工具”“被套期项目”等科目的借方余额计算填列，如果衍生金融工具科目的余额在贷方则填入“衍生金融负债”项目。

（7）“买入返售金融资产”项目，根据“买入返售金融资产”科目的期末余额填列。反映商业银行与交易对手签订返售协议先买入再按照固定价格返售的票据、债券和贷款等金融资产的摊余成本，如果提取了坏账准备，还应该减去“坏账准备”科目所属相关明细科目的期末余额。

（8）“应收利息”项目，根据“应收利息”科目的余额填列，反映商业银行所持有的交易金融资产、持有至到期投资、可供出售金融资产、发放贷款、存入中央银行款项、拆出资金、买入返售金融资产应收取而尚未收到的利息，根据应收利息科目的余额填列。

（9）“发放贷款和垫款”项目，反映商业银行发放的各类贷款和信用证、银行承兑汇票业务而垫付的款项减去“贷款损失准备”所属明细科目后的余额，本项目应根据“贴现”“短期贷款”“单位短期透支”“国际贸易融资”“短期个人消费贷款”“银行卡透支”“垫款”“中长期贷款”“中长期房地产贷款”“个人住房贷款”“中长期个人消费贷款”“质押贷款”“应收进出口押汇”“贷款损失准备”“开出信用证”“逾期贷款”等科目余额计算填列。

（10）“可供出售金融资产”项目，反映商业银行持有的可供出售金融资产的公允价值，根据“可供出售金融资产”科目的余额减去“可供出售资产减值准备”后的金额填列。

（11）“持有至到期投资”项目，反映商业银行准备并且有能力持有至到期的投资的摊余成本，期末根据“持有至到期投资”科目余额减去“持有至到期投资减值准备”的余额计算填列。

（12）“长期股权投资”项目，反映商业银行持有的按照成本法和权益法核算的长期股权投资，应根据“长期股权投资”科目的余额减去“长期股权投资减值准备”科目的余额计算填列。

（13）“固定资产”项目，根据“固定资产”账户的余额减去“累计折旧”账户余额后填列，反映商业银行所有自用的各种固定资产，包括使用的、末使用的固定资产的净值。如果固定资产发生减值，还要减去“固定资产减值准备”的余额。

（14）“无形资产”项目，反映商业银行各项无形资产的原价扣除摊销后的净额。本项目应根据“无形资产”科目的期末余额减去“无形资产减值准备”科目的余额计算填列。

（15）“递延所得税资产”项目，反映商业银行按照资产负债表债务法确认的可抵扣暂时性差异产生的所得税资产，根据“递延所得税资产”科目的余额填列。

（16）“其他资产”项目，反映商业银行除以上资产以外的存出保证金、应收股利、其他应收款等资产减去相应的减值准备，本项目应根据有关科目的期末余额填列。

（17）“向中央银行借款”项目，反映商业银行尚未归还的中央银行借款余额，根据“向中央银行借款”科目的余额填列。

（18）“同业及其他金融机构存放款项”项目，反映商业银行吸收的同业和其他金融机构的存款的余额，直接根据“同业存款”“同业定期存款”“法定存款准备金”的贷方余额和“联行存放款项”等科目余额填列。

（19）“拆入资金”项目，反映商业银行为了弥补头寸的不足而从境内外金融机构拆入的资金余额，本项目应根据“同业拆入”和“金融性公司拆入”或“拆入资金”科目的期末余额填列。

（20）“交易性金融负债”项目，反映商业银行承担的交易性金融负债的公允价值，直接根据“交易性金融负债”科目的余额填列。

（21）“衍生金融负债”项目，根据“衍生金融工具”科目的贷方余额填列，如果衍生金融工具科目的余额在借方则填入“衍生金融资产”项目。

（22）“卖出回购金融资产款”项目，反映商业银行与其他企业按合同或协议，卖给企业一批金融资产，到一定日期后，再买回该批资产。卖出金融资产时收到的款项在本项目反映。本项目应根据“卖出回购金融资产款”科目的期末余额填列。

（23）“吸收存款”项目，反映商业银吸收的各类存款的余额，包括吸收的单位存款、居民储蓄存款和财政性存款，期末根据“单位活期存款”“单位定期存款”“活期储蓄存款”“银行卡存款”“定期储蓄存款”和“财政性存款”科目的有关明细科目的期末余额计算填列。

(24)“应付职工薪酬”项目，反映商业银行应支付给职工的各种薪酬，包括工资、福利、补贴、解除劳动关系的补偿和以现金结算的股份支付，根据“应付职工薪酬”科目的余额填列。

(25)“应交税费”项目，反映商业银行根据税法的规定计算应交纳的各种税费，包括增值税、所得税、土地增值税、城市维护建设税、房产税、土地使用税、教育费附加和车船使用税等。本项目应根据“应交税费”科目余额填列。

(26)“应付利息”项目，反映商业银行按照合同约定应支付的利息，包括吸收存款、分期付息到期还本的长期借款和金融债券的利息，根据“应付利息”科目余额填列。

(27)“应付债券”项目，反映商业银行发行在外的债券余额，包括长期债券和短期债券，根据“应付债券”以及商业银行除去弥补资本不足而发行的“长期次级债券”科目余额直接填列。

(28)“递延所得税负债”项目，反映商业银行确认的应纳税暂时性差异产生的所得税负债，根据“递延所得税负债”科目余额填列。

(29)“其他负债”项目，根据“本票”“外汇买卖（轧差后贷方余额)”、“应解汇款”“汇出汇款”等科目的余额计算填列。

(30)“股本”项目，反映商业银行实际收到的资本总额。本项目应根据“股本”科目及各明细科目的期末余额分析填列。

(31)“资本公积”项目和“盈余公积”项目，分别反映商业银行的资本公积和盈余公积的期末余额。本项目根据“资本公积”科目和“盈余公积”科目的期末余额填列。

(32)“库存股”项目，反映商业银行为减少注册资本、激励高级管理人员和与其他企业合并而回购尚未注销的本公司股份，根据“库存股”科目的借方余额填列。

(33)“一般风险准备”项目，反映商业银行根据金融监管规定提取的一般准备金的余额，其作用是为了弥补尚未识别的风险，根据“贷款损失准备——一般准备金”账户的余额分析填列。

(34)“未分配利润”项目，反映商业银行盈利尚未分配的部分。本项目根据“本年利润”科目和“利润分配”科目的余额计算填列。未弥补的亏损应在本项目内用“－”号表示。

二、利润表

(一) 利润表的性质与作用

利润表是反映企业一定会计期间经营成果的会计报表。银行利润表是将银行一定会计期间的营业收入与其同一会计期间相关的营业费用进行配比，以计算出银行一定时期的净利润（或净亏损）的报表。通过利润表反映的收入、费用等情况，能够反映商业银行经营收益和成本耗费情况，表明企业经营成果；同时，通过利润表提供的不同时期的比较数字（本月数、本年累计数、上年数)，可以分析企业今后利润的发展趋势及获利能力，了解投资者投入资本的完整性。由于利润是企业经营业绩的综合体现，又是进行利润分配的主要依据，因此，利润表是会计报表中的主要报表。

作为反映某一会计期间财务成果的报表，利润表是一张动态报表。其意义在于以下几方面：

（1）了解企业利润（或亏损）的形成情况，据以分析、考核企业经营目标和利润计划的执行情况，分析企业利润增减变动的原因。

（2）了解企业依法纳税情况。

（3）评价对企业投资的价值和回报，判断企业的资本是否保全。

（4）预测企业未来期间的经营状况和盈利水平。

（二）利润表的内容和格式

利润表通过一定的表格反映企业的经营成果。按照排列方式的不同，利润表的结构有单步式和多步式两种。按照规定，我国企业一般采用多步式利润表（如表10－2所示）。

表10－2 **利润表**

会商银02表

编制单位： 年 月 单位：元

项目	本期金额	上期金额
一、营业收入		
利息净收入		
利息收入		
利息支出		
手续费及佣金净收入		
手续费及佣金收入		
手续费及佣金支出		
投资收益（损失以“－”号填列）		
其中：对联营企业和合营企业的投资收益		
公允价值变动收益（损失以“－”号填列）		
汇兑收益（损失以“－”号填列）		
其他业务收入		
二、营业支出		
税金及附加		
业务及管理费		
资产减值损失		
其他业务成本		
三、营业利润（亏损以“－”号填列）		
加：营业外收入		
减：营业外支出		
四、利润总额（亏损总额以“－”号填列）		
减：所得税费用		
五、净利润（净亏损以“－”号填列）		
六、每股收益：		
（一）基本每股收益		
（二）稀释每股收益		

（三）利润表的编制方法

按照《企业会计准则——具体准则》的规定，利润表的编制格式和内容叙述如下：

利润表反映商业银行在一定会计期间内利润（亏损）的实现情况。利润表中的“本期金额”栏，反映各项目的本期实际发生数；“上期金额”栏，反映各项目的上期实际发生数。

在编制年度利润表时，应将“本期金额”一栏改成“本年金额”，“上期金额”一栏改成“上年金额”。年度利润表中“上年金额”栏内各项数字，应根据上年度利润表“本年金额”栏内所列数字填列。如上年度利润表规定的各个项目的名称和内容同本年度不相一致，应对上年度利润表各项目的名称和数字按照本年度的规定进行调整，填入本表“上年金额”栏内。报表“本期金额”栏内各项数字，主要根据各损益类科目的发生额分析填列：

（1）“利息净收入”项目，应根据“利息收入”项目金额，减去“利息支出”项目金额后的余额计算填列。

“利息收入”“利息支出”项目，反映商业银行经营存贷款业务、与其他金融机构之间发生资金往来等确认的利息收入和发生的利息支出，分别根据“利息收入”和“利息支出”科目期末结转利润科目的数额填列。

（2）“手续费及佣金净收入”项目，应根据“手续费及佣金收入”项目金额，减去“手续费及佣金支出”项目金额后的余额计算填列。

“手续费及佣金收入”“手续费及佣金支出”项目，反映商业银行在经营活动中确认的各项手续费、佣金收入和发生的相关各项手续费、佣金支出。分别根据“手续费及佣金收入”“手续费及佣金支出”科目期末结转利润科目的数额填列。

（3）“投资收益”“公允价值变动收益”“汇兑收益”项目反映商业银行以各种方式对外投资取得的收益、按照相关准则规定应当计入当期损益的资产或负债公允价值变动收益、汇率变动形成的收益。如为损失，以“-”号列示。分别根据“投资收益”“公允价值变动损益”“汇兑损益”科目期末结转利润科目的数额分析填列。

（4）“其他业务收入”“其他业务成本”项目反映商业银行在经营的除主营业务以外的其他业务所取得的收入和发生的成本。分别根据“其他业务收入”“其他业务成本”科目期末结转利润科目的数额分析填列。

（5）“税金及附加”“业务及管理费”“资产减值损失”项目反映商业银行生产经营过程中交纳的增值税及附加税费、发生的业务及管理费、发生的资产减值损失等项目。分别根据“税金及附加”“业务及管理费”“资产减值损失”科目期末结转利润科目的数额填列。

（6）“营业外收入”“营业外支出”“所得税费用”等项目，反映商业银行发生的与其经营活动无直接关系的各项收入和支出，以及根据所得税准则确认的应从当期利润总额中扣除的所得税费用。分别根据“营业外收入”“营业外支出”“所得税费用”期末结转利润科目的数额填列。

（7）“每股收益”项目，包括“基本每股收益”和“稀释每股收益”，上市银行应当按照归属于普通股股东的当期净利润，除以发行在外普通股加权平均数计算基本每股收益。

上市银行存在稀释性潜在普通股的，应当分别调整归属于普通股股东的当期净利润和发行在外普通股的加权平均数，并据以计算稀释每股收益。

稀释性潜在普通股，是指假设当期转换为普通股会减少每股收益的潜在普通股。潜在普通股主要包括：可转换公司债券、认股权比和股份期权等。计算稀释每股收益，应当根据下列事项对归属于普通股股东的当期净利润进行调整：①当期已确认为费用的稀释性潜在普通股的利息；②稀释性潜在普通股转换时将产生的收益或费用。

三、现金流量表

（一）现金流量表的性质与作用

银行现金流量表是综合反映银行在一定会计期间内现金流入和流出情况的会计报表。现金流量表中的现金包括现金及现金等价物。现金包括库存现金、存入本行营业部的银行存款、存放中央银行存款、存放同业款项、存放系统内款项。现金等价物是指商业银行持有的期限在 3 个月内，且利率变动对其价值影响不大的短期证券。现金流量表通过将权责发生制基础上的收入和费用，转换成收付实现制基础上的现金流入和流出，进而反映经营活动、投资活动、筹资活动所引起的现金变动和流动情况，并以此说明企业资产、负债、所有者权益变动对现金的影响，从现金角度来说明企业的财务状况，反映企业在一定期间内的偿债能力和获取现金的能力。

（二）现金流量表的内容和格式

1. 内容

现金流量表主要包括以下几个方面的内容：

（1）经营活动产生的现金流量。经营活动是指银行除投资和筹资活动以外的所有交易和事项，由此产生的现金流入和流出即为经营活动产生的现金流量。

（2）投资活动产生的现金流量。投资活动是指银行长期资产（固定资产、无形资产、其他资产等持有期限在 1 年或一个营业周期以上的资产）的购建和不包括在现金范围内的投资及其处理活动，由此产生的现金流入和流出即为投资活动产生的现金流量。

（3）筹资活动产生的现金流量。筹资活动是指导致银行资本（包括实收资本、股本、资本溢价、股本溢价等）以及业务经营范围以外的债务（包括发行债券等）规模和构成发生变化的活动，由此产生的现金流入和流出即为筹资活动产生的现金流量。

（4）汇率变动对现金的影响额。

（5）现金及现金等价物净增加额。

为了全面揭示银行现金流量的方向、规模和结构，以上各类活动的现金流量一般应分别按现金流入和流出总额反映，但是对于那些周转快、金额大、期限短、进出频繁的项目的现金收入和现金支出应以净额列示。这些项目主要有：短期贷款发放与收回的贷款本金、活期存款的吸收与支付、同业存款与存放同业款项的存取、系统内往来净额、与其他银行拆借资金、委托存款与委托贷款、贴现、转贴现、再贴现的支付与收回、进出口押汇的支付与收回、存放中央银行法定款项的存取等。

2. 格式

银行现金流量表格式如表 10 – 3 所示。

表 10-3

现金流量表

会商银 03 表

编制单位： 年 月 单位：元

项 目	本期金额	上期金额
一、经营活动产生的现金流量：		
客户存款和同业存放款项净增加额		
向中央银行借款净增加额		
向其他金融机构拆入资金净增加额		
收取利息、手续费及佣金的现金		
收到其他与经营活动有关的现金		
经营活动现金流入小计		
客户贷款及垫款净增加额		
存放中央银行和同业款项净增加额		
支付手续费及佣金的现金		
支付给职工以及为职工支付的现金		
支付的各项税费		
支付其他与经营活动有关的现金		
经营活动现金流出小计		
经营活动产生的现金流量净额		
二、投资活动产生的现金流量：		
收回投资收到的现金		
取得投资收益收到的现金		
收到其他与投资活动有关的现金		
投资活动现金流入小计		
投资支付的现金		
购建固定资产、无形资产和其他长期资产支付的现金		
支付其他与投资活动有关的现金		
投资活动现金流出小计		
投资活动产生的现金流量净额		
三、筹资活动产生的现金流量：		
吸收投资收到的现金		
发行债券收到的现金		
收到其他与筹资活动有关的现金		
筹资活动现金流入小计		
偿还债务支付的现金		
分配股利、利润或偿付利息支付的现金		
支付其他与筹资活动有关的现金		
筹资活动现金流出小计		
筹资活动产生的现金流量净额		
四、汇率变动对现金及现金等价物的影响		
五、现金及现金等价物净增加额		
加：期初现金及现金等价物余额		
六、期末现金及现金等价物余额		

（三）现金流量表的编制方法

经营活动现金流量是企业现金流量净额的重要组成部分，它在企业现金流量净额中的比重大小预示着企业未来现金流量的多少和企业未来的经营业绩和财务状况，它可以说明企业在不动用外部筹资的情况下，通过经营活动产生的现金流量是否足以偿还负债、支付股利和对外投资。

编制现金流量表，列报经营活动现金流量的方法有直接法和间接法两种，直接法下又有直接分析填列法、工作底稿法和T型账户法之分。

直接法是指通过现金收入和现金支出的主要类别反映来自企业经营活动的现金流量。采用直接法编制经营活动现金流量时，一般以利润表中的营业收入为起算点，调整与经营活动有关的项目的增减变动，然后计算出经营活动的现金流量。

间接法是指以本期净利润为起算点，调整不涉及现金的收入、费用、营业外收支等有关项目的增减变动，据此计算出经营活动的现金流量。

直接法提供的经营活动现金流量净额信息有助于评价企业未来现金流量。国际会计准则鼓励企业采用直接法编制现金流量表。在我国，现金流量表中的经营活动现金流量净额是以直接法反映的，但同时要求在现金流量表的补充资料中单独按照间接法反映经营活动现金流量的情况。

银行在具体编制现金流量表时，可以采用工作底稿法或T型账户法，也可以直接根据有关科目记录分析填列。

1. 工作底稿法

工作底稿法是以工作底稿为手段，以利润表和资产负债表数据为基础，对每一项目进行分析并编制调整分录，从而编制出现金流量表。采用工作底稿编制现金流量表，需将工作底稿纵向分成三段：第一段是资产负债表项目，它分为借方项目和贷方项目两部分；第二段是利润表项目；第三段是现金流量表项目。工作底稿横向分为五栏，即项目栏、期初数栏、借方栏、贷方栏和期末数栏。其中，期初数栏和期末数栏在资产负债表部分要填写，利润表和现金流量表部分在期初数栏空置不填，期末数栏则改称为本期数；利润表部分这一栏数字应和本期利润表数字核对相符，现金流量表部分这一栏的数字可直接用来编制正式的现金流量表。工作底稿法的程序是：

第一步，将资产负债表的期初数和期末数过入工作底稿的“期初数”栏和“期末数”栏。

第二步，对当期业务进行分析并编制调整分录。通过调整利润表中的收入、成本和费用项目，将权责发生制下的收入费用转换为现金基础。通过调整资产负债表中的项目（除现金及银行存款项目，以及在编制利润表的调整分录时已处理完毕的项目外），将权责发生制下的资产、负债转换为现金基础，或将不涉及现金收支但为了核对资产负债表项目的期末数变动情况的资产、负债和所有者权益项目通过调整，使其期初数加减借贷方调整分录后，等于期末数。资产负债表中的部分项目，如收回的中长期贷款、发放的中长期贷款等项目应该按该科目的发生额（即有关会计事项）编制调整分录；有的项目，如对外发放的短期贷款净额，则根据资产负债表上该项目的期末数和期初数差额编制调整分录。在调整分录中，有关现金和现金等价物的事项，并不直接借记或贷记现金，而是分别记入“经营活动产生的现金流量”“投资活动产生的现金流量”“筹资活动产生的现金流量”有关项目，借记表明现金流入，贷记表明现金流出。

第三步，将调整分录过入工作底稿中的相应部分。

第四步，核对调整分录。借、贷合计应当相等，资产负债表项目期初数加减调整分录中的借贷金额以后，应当等于期末数。

第五步，根据工作底稿中的现金流量表项目部分编制正式的现金流量表。

2. T 型账户法

T 型账户法是以 T 型账户为手段，以利润表和资产负债表为基础，对每一项目进行分析并编制调整分录，从而编制出现金流量表的一种方法。由于商业银行业务种类繁多、业务量大，如果采用 T 型账户法编制现金流量表，工作量很大，因而一般不宜采用此方法。业务种类较少、会计科目相对较少的银行则可采用此方法。

3. 具体项目编制说明

（1）“客户存款和同业存放款项净增加额”项目，反映商业银行本期吸收的境内外金融机构以及非同业存放以外的各种存款的增加额。本项目可以根据“吸收存款”“同业存放”“其他金融机构存放”等科目的记录分析填列。商业银行也可以根据实际情况将本项目分解成更为详细的项目反映。

（2）“向中央银行借款净增加额”项目，反映商业银行本期向中央银行借入款项的净增加额。根据“向中央银行借款”科目记录分析填列。

（3）“向其他金融机构拆入资金净增加额”项目，反映商业银行向境内外金融机构拆入款项所取得现金减去拆借给境内外金融机构款项而支付的现金后的增加额，本项目根据“拆入资金”和“拆出资金”科目的记录分析填列。

（4）“收取利息、手续费及佣金的现金”项目，反映商业银行本期收到的利息、手续费及佣金减去支付的利息、手续费及佣金的净额，本项目可以根据“利息收入、手续费及佣金收入”“应收利息”等科目的记录分析填列。

（5）“收到其他与经营活动有关的现金”项目，反映商业银行收到的其他与经营活动有关的现金。

以上各项（1）至（5）合计填列入经营活动现金流入小计项目。

（6）“客户贷款及垫款净增加额”项目，反映商业银行本期发放的各种贷款、办理商业票据贴现、转贴现融入及融出资金等业务的净增加额，本项目可以根据“贷款”“贴现资产”“贴现负债”科目的记录分析填列。

（7）“存放中央银行和同业款项净增加额”项目，反映商业银行本期存放于中央银行及境内外金融机构的款项净增加额，本项目根据“存放中央银行款项”“存放同业”等科目的记录分析填列。

（8）“支付手续费及佣金的现金”项目，反映商业银行支付的利息、手续费及佣金，本项目可以根据“手续费及佣金支出”等科目的记录分析填列。

（9）“支付给职工以及为职工支付的现金”项目，反映商业银行为职工支付的各种费用，包括工资、养老金、医疗保险、失业保险以及工伤保险、解除劳动关系的补偿及其他福利费，本项目根据“现金”“银行存款”“应付职工薪酬”等科目的记录分析填列。

（10）“支付的各项税费”项目，反映商业银行按照规定支付的各种税费，包括本期发生本期支付的税费、本期支付以前各期发生的税费和预交的税费，还包括增值税、印花税、房产税、土地增值税、所得税和教育费附加等。本项目根据“银行存款”“应付税费”等科目的记录分析填列。

（11）“支付其他与经营活动有关的现金”项目，反映商业银行支付的其他与经营活动有关的现金。

以上各项（6）至（11）合计填列入经营活动现金流出小计项目。经营活动现金流入小计与经营活动现金流出小计相减后得到经营活动的现金流量净额。

（12）“收回投资收到的现金”项目，反映商业银行出售、转让或者到期收回除现金等价物以外的“持有至到期投资”“投资性房地产”“固定资产”“处置子公司及其他营业单位收到的现金”净额。银行也可以根据实际情况将本项目细分。

本项目可以根据“持有至到期投资”“投资性房地产”“固定资产”“长期股权投资”“现金”“银行存款”等科目记录分析填列。

（13）“取得投资收益收到的现金”项目，反映商业银行因股权投资而分得的股利、从子公司、联营企业或者合营企业分得利润而得到现金股利以及债券性投资的利息。本项目应根据“应收股利”“应收利息”“投资收益”“现金”“银行存款”等科目记录分析填列。

（14）“投资支付的现金”项目，反映商业银行因对外投资而支付的现金，根据“长期股权投资”“持有至到期投资”“现金”“银行存款”等科目记录分析填列。

（15）“购建固定资产、无形资产和其他长期资产支付的现金”项目，反映商业银行购买建造固定资产、取得无形资产和其他长期资产而支付的现金及税款，根据“固定资产”“无形资产”“现金”“银行存款”等科目记录分析填列。

（16）“吸收投资收到的现金”项目，反映商业银行因发行股票方式筹集资金实际收到的款项净额。其中发行过程中由银行直接支付的审计费用、咨询费等直接费用在收到的款项中扣除。根据“实收资本（或股本）”“资本公积”“无形资产”“现金”“银行存款”等科目记录分析填列。

（17）“发行债券收到的现金”项目，反映商业银行因发行债券方式筹集资金实际收到的款项净额，其中发行过程中由银行直接支付的审计费用、咨询费等直接费用在收到的款项中扣除。根据“应付债券”“现金”“银行存款”等科目记录分析填列。

（18）“偿还债务支付的现金”项目，反映商业银行偿还长期债务本金而支付的现金，根据“应付债券”“现金”“银行存款”等科目记录分析填列。

（19）“分配股利、利润或偿付利息支付的现金”项目，反映商业银行因分配股利、利润或偿付债券利息支付的现金，根据“应付债券”“应付股利”“现金”“银行存款”等科目记录分析填列。

四、所有者权益变动表

所有者权益变动表是指反映构成所有者权益的各组成部分当期的增减变动情况的会计报表。所有者权益变动表在一定程度上体现银行综合收益的特点，除列示直接计入所有者权益的利得和损失外，同时包含最终属于所有者权益变动的净利润，从而构成银行的综合收益。

我国商业银行所有者权益变动表的格式和内容如表10－4所示。

表 10－4

所有者权益变动表

会商银：04 表

编制单位： 年度 单位：元

项目	本年金额							上年金额						
	实收资本（或股本）	资本公积	减：库存股	盈余公积	一般风险准备	未分配利润	所有者权益合计	实收资本（或股本）	资本公积	减：库存股	盈余公积	一般风险准备	未分配利润	所有者权益合计
一、上年年末余额														
加：会计政策变更														
前期差错更正														
二、本年年初余额														
三、本年增减变动金额（减少以“－”号填列）														
（一）净利润														
（二）直接计入所有者权益的利得和损失														
1. 可供出售金融资产公允价值变动净额														
（1）计入所有者权益的金额														
（2）转入当期损益的金额														
2. 现金流量套期工具公允价值变动净额														
（1）计入所有者权益的金额														
（2）转入当期损益的金额														
（3）计入被套期项目初始确认金额中的金额														
3. 权益法下被投资单位其他所有者权益变动的影响														
4. 与计入所有者权益项目相关的所得税影响														
5. 其他														
上述（一）和（二）小计														

续表

项目	本年金额							上年金额						
	实收资本（或股本）	资本公积	减：库存股	盈余公积	一般风险准备	未分配利润	所有者权益合计	实收资本（或股本）	资本公积	减：库存股	盈余公积	一般风险准备	未分配利润	所有者权益合计
（三）所有者投入和减少资本														
1. 所有者投入资本														
2. 股份支付计入所有者权益的金额														
3. 其他														
（四）利润分配														
1. 提取盈余公积														
2. 提取一般风险准备														
3. 对所有者（或股东）的分配														
4. 其他														
（五）所有者权益内部结转														
1. 资本公积转增资本（或股本）														
2. 盈余公积转增资本（或股本）														
3. 盈余公积弥补亏损														
4. 一般风险准备弥补亏损														
5. 其他														
四、本年年末余额														

所有者权益变动表各项目应当根据商业银行当期净利润，直接计入所有者权益的利得和损失、所有者投入资本和向所有者分配利润、从利润中提取盈余公积、一般风险准备金等情况分析填列。直接计入当期损益的利得和损失应包含在净利润中。直接计入所有者权益的利得和损失，主要包括：可供出售金融资产公允价值变动净额、现金流量套期工具公允价值变动净额等，单列项目反映。

第三节　会计报表附注及财务情况说明书

一、会计报表附注

（一）会计报表附注的意义

会计报表附注是对资产负债表、利润表、现金流量表和所有者权益变动表等报表中列示项目的文字描述或明细资料，以及对未能在这些报表中列示项目的说明等。其目的是在不影响报表清晰性的前提下，披露那些报表本身不能说明或不能详细说明的信息，对会计报表起补充、说明和解释的作用。附注应当披露财务报表的编制基础，相关信息应当与资产负债表、利润表、现金流量表和所有者权益变动表等报表中列示的项目相互参照。

（二）会计报表附注的主要内容

会计报表附注是财务报表的重要组成部分。商业银行会计报表附注一般应当按照下列顺序披露有关内容：

1. 商业银行的基本情况

（1）商业银行注册地、组织形式和总部地址。

（2）商业银行的业务性质和主要经营活动。

（3）母公司以及集团最终母公司的名称。

（4）财务报表的批准报出者和财务报表批准报出项目。

2. 财务报表的编制基础

商业银行应当说明财务报表是否根据持续经营基础编制，如果未按持续经营基础编制，应说明不能持续经营的原因。

3. 遵循企业会计准则的声明

商业银行应当声明编制的财务报表符合企业会计准则的要求，真实、完整地反映商业银行的财务状况、经营成果和现金流量等相关信息。

4. 重要会计政策和会计估计

商业银行应当披露采用的重要会计政策和会计估计，不重要的会计政策和会计估计可以不披露。在披露重要会计政策和会计估计时，应当披露重要会计政策的确定依据和财务报表项目的计量基础，以及会计估计所采用的关键假设和不确定因素。

5. 会计政策和会计估计变更以及差错更正的说明

商业银行应当按照《企业会计准则第 28 号——会计政策、会计估计变更和差错更正》及其应用指南的规定，披露会计政策和会计估计变更及其差错更正的有关情况。

6. 报表重要项目的说明

商业银行对报表重要项目的说明，应当按照资产负债表、利润表、现金流量表、所有者权益变动表及其项目列示的顺序，采用文字和数字描述相结合的方式进行披露。报表重要项目的明细金额合计，应当与报表项目金额相衔接。报表重要项目要求按规范的格式披露如下事项：

（1）重点披露的主要资产事项。

①现金及存放中央银行款项。

②列示拆出资金。

③交易性金融资产。

④衍生工具。

⑤买入反售金融资产。

⑥发放贷款和垫款：包括贷款和垫款按个人和单位分布情况；贷款和垫款按行业分布情况；贷款和垫款按地区分布情况；贷款和垫款按担保方式分布情况；逾期贷款情况；贷款损失准备情况。

⑦可供出售金融资产。

⑧持有至到期投资。

⑨抵债资产等其他资产。

（2）重点披露的主要负债事项。

①分别借入中央银行款项、国家外汇存款等披露期末账面余额和年初账面余额。

②分别同业和其他金融机构存放款项披露期末账面余额和年初账面余额。

③分别银行拆入、非银行金融机构拆入披露期末账面余额和年初账面余额。

④交易性金融负债。

⑤卖出回购金融资产款。

⑥吸收存款：活期存款、定期存款和其他存款等。

⑦应付债券。

⑧存入保证金等其他负债。

（3）重点披露的主要财务事项。

①一般风险准备的期末、年初余额和计提比例。

②利息净收入（分别利息收入和利息支出项目）披露本期发生额和上期发生额。

③手续费和佣金净收入（分别手续费和佣金收入及手续费和佣金支出项目）披露本期发生额和上期发生额。

④投资收益。

⑤公允价值变动收益。

⑥业务及管理费。

（4）重点披露的其他事项。

①分部报告，主要按地区分部披露重要信息。

②担保物。

③金融资产转移。

7. 或有事项

商业银行除比照一般企业进行披露外，还应对按贷款承诺、开出信用证、开出保函、银行承兑汇票等承诺事项披露期末合同金额和年初合同金额。存在经营租赁承诺、资本支出承诺、证券承销及债券承兑承诺的，还应披露有关情况。

8. 资产负债表日后事项

（1）每项重要的资产负债表日后非调整事项的性质、内容，及其对财务状况和经营成果的影响。无法作出估计的，应当说明原因。

（2）资产负债表日后，公司利润分配方案中拟分配的以及经审议批准宣告发放的股利或利润。

9. 关联方关系及其交易

10. 风险管理

二、财务情况说明书

财务情况说明书是以文字来补充说明财务经营状况、利润实现和分配情况以及银行的财产物资发生重大变动情况。以文字为主来叙述这些情况和变化，可以补充会计报告的不足，使会计报告的阅读者可以更好地理解报告中的数字，更确切地掌握企业的各种情况，以便做出各种正确的决策。银行财务情况说明书至少应对下列情况作出说明：

（一）银行经营的基本情况

银行通常需要反映以下有关银行经营的基本情况：银行主营业务范围及经营情况；银行所处的行业以及在本行业中的地位；银行员工的数量和专业素质情况；经营中出现的问题与困难及解决方案；对银行业务有影响的知识产权的有关情况；经营环境的变化；新年度的业务发展计划，如经营的总目标及措施；开发、在建项目的预期进度；配套资金的筹措计划；需要披露的其他业务情况与事项。

（二）利润实现和分配情况

利润实现和分配情况，主要是指银行本年度实现的净利润及其分配情况，如：实现的利润是多少；在利润分配中，提取法定盈余公积金和法定公益金各有多少；累计可分配利润有多少；此外，银行还应反映资本公积金转增实收资本（或股本，下同）的情况等。如果在本年度内没有发生利润分配情况或资本公积金转增实收资本情况，则银行需要在财务情况说明书中明确说明。银行利润的实现和分配情况，对于判断银行未来发展至关重要，所以，需要银行披露有关利润实现和分配的信息。

（三）资金增减和周期情况

资金增减和周转情况主要反映年度内银行各项资产、负债、所有者权益、利润构成项目的增减情况及其原因，这对于财务会计报告使用者了解银行的资金变动情况具有非常重要的意义。

（四）对银行财务状况、经营成果和现金流量有重大影响的其他事项

本章小结

财务会计报告是指银行对外提供的反映企业某一特定日期财务状况和某一会计期间经营成果、现金流量的财务报表。财务报表主要包括资产负债表、利润表、所有者权益变动表、现金流量表及附注五个组成部分。

资产负债表反映了银行在某一会计期间所拥有和控制的各种资产的分布和结构、银行所承担的各种负债，以及投资者在银行中所拥有的权益。利润表是反映银行在一定会计期间经营成果的报表，它反映了银行的各项收入和各项成本费用等支出、净利润或亏损总额的构成以及每股的收益。所有者权益变动表是指反映构成所有者权益的各组成部分当期的增减变动情况的会计报表。现金流量表，是反映银行一定会计期间现金和现金等价物流入和流出的报表。附注是财务报表不可或缺的组成部分，是对报表中列示项目所作的进一步说明，以及对未能在这些报表中列示项目的说明。

思考与应用

一、名词解释

1. 资产负债表
2. 利润表
3. 现金流量表
4. 会计报表附注

二、单项选择题

1. 编制资产负债表的理论依据是（　　）。

A. 资金来源 = 资金运用　　B. 利润 = 收入 − 费用

C. 资产 = 负债 + 所有者权益　　D. 借方金额 = 贷方金额

2. 资产负债表中的资产按其（　　）排列。

A. 对银行的重要程度　　B. 流动性

C. 相互对应关系　　D. 数字大小

三、多项选择题

1. 会计报表的编制要求有（　　　）。

A. 真实可靠　　B. 计算准确

C. 内容完整　　D. 编报及时

E. 签名盖章

2. 编制现金流量表时，列报经营活动现金流量的方法有（　　）。

A. 直接法
B. 间接法
C. 工作底稿法
D. T 型账户法
E. 矩阵法

四、判断题

1. “长期股权投资”项目，应根据“长期股权投资”科目的余额减去“长期股权投资减值准备”科目的余额计算填列。（　）

2. “利息净收入”项目，应根据“利息收入”项目金额，减去“利息支出”项目金额后的余额计算填列。（　）

五、问答题

1. 什么是会计报表附注？主要披露哪些内容？

2. 什么是财务情况说明书？主要对哪些情况进行说明？

附录1　参考答案

第一章　总　　论

一、名词解释

1. 商业银行会计是以货币为主要计量形式、运用会计原理的基本方法、对商业银行的各项业务和财务活动进行连续、系统、全面、完整地记录，核算并进行检查和分析的一门专业会计。

2. 重要性原则要求银行提供的会计信息应当反映与企业财务状况、经营成果和现金流量等有关的所有重要交易或者事项。

3. 实质重于形式原则要求银行应当按照交易或者事项的经济实质进行会计确认、计量和报告，不应仅以交易或者事项的法律形式为依据。

4. 柜员制是指柜员在承接业务时，同时兼办出纳、记账、复核等项工作的劳动组织形式。

二、单项选择题

1. D　2. B　3. A　4. D　5. B　6. B

三、多项选择题

1. BE　2. ABC　3. AC　4. ABCE　5. ABCDE　6. ACD

四、判断题

1. √　2. ×　3. ×　4. ×　5. √　6. ×　7. √

五、问答题

1. 商业银行会计核算的主要特点有会计核算内容的广泛性；业务处理过程和会计核算过程的同步性；反映情况的全面性；会计方法的多样性；会计资料提供的及时性。

2. 商业银行会计的核算原则有客观性原则；相关性原则；明晰性原则；可比性原则；一贯性原则；及时性原则；历史成本原则；权责发生制原则；配比原则；实质重于形式原

则；重要性原则；划分收益性支出与资本性支出原则；谨慎性原则。

第二章 基本核算方法

一、名词解释

1. 凡用以反映商业银行资金实际增减变动，其余额反映在资产负债表上并要求平衡的会计科目，就是表内科目。这类科目采用复式记账法进行会计核算。

2. 基本凭证是银行会计根据有关原始凭证或业务事实自行编制用作记账的依据。

3. 专用凭证是银行根据某项业务的特殊需要而制定的，有专门格式和用途的凭证。

4. 科目日结单是每一会计科目当天借、贷发生额和传票张数的汇总记录，是据以监督明细账户发生额，轧平当日账务的重要工具，也是登记总账的依据。

5. 明细核算是以账户为基础进行的核算，由分户账、登记簿、现金收付日记簿、余额表组成。

6. 综合核算是以科目为基础的核算，由科目日结单、总账、日计表组成。

7. 分户账是按照开户单位和银行各种资金分账户连续、明细记录的账簿。

8. 日计表是综合反映各科目当日发生额和余额的报表，也是平衡当日全部账务的重要工具。

二、单项选择题

1. A 2. D 3. A 4. A 5. A 6. C 7. C 8. D

三、多项选择题

1. BCDE 2. ABCD 3. ABCD 4. ABCD 5. ABC 6. ACD

四、判断题

1. × 2. √ 3. × 4. × 5. √ 6. × 7. × 8. √ 9. √ 10. ×

五、问答题

1. 银行会计凭证是银行各项业务和财务收支发生的书面证明，是银行办理货币资金收付和记账的依据，也是明确经济责任、核对账务和事后查考的根据。

银行会计在银行工作的第一线，而编制会计凭证又是会计核算的起点，由于商业银行要直接办理门市业务，经常采用单位和客户提交的各种会计凭证来记账，因此，填制后的记账凭证或受理客户提交的会计凭证，应该认真进行审查，才能保障银行会计核算质量。同时，商业银行要执行国家的有关方针政策、财经纪律，也必须对会计凭证进行审查。审查的内容除了对凭证基本要素进行审查外，重点应审查会计凭证的真实性、合法性和完整性。

根据不同的业务，银行会计凭证的传递，有的在一个行处内部各部门之间，有的在不同行处同城或异地联行之间，因此，传递必须迅速、准确、严密、科学、合理。凭证传递应本着先外后内、先急后缓的原则，尽量减少不必要的层次和环节，避免积压、丢失和迟缓。对现金收入凭证的传递，应贯彻先收款、后记账的原则，以避免已记账但漏收款的错误。对现金付出凭证的传递，应贯彻先记账、后付款的原则，以避免发生透支和误付的错误。对转账业务的凭证传递，应贯彻先付、后收的原则，即先记付款单位账户，后记收款单位账户，以避免单位无款支付情况下办理转账手续，从而占用银行资金。

2. 账务组织是银行各种账簿的设置、记账程序和账务核对方法有机构成的组织体系，是银行会计核算的基本组织形式，它由各种账簿组成。银行账务组织包括明细核算和综合核算两个系统。前者按账户进行核算，详细反映各单位各种资金的增减变动情况及其结果；后者按科目进行核算，总括反映各系统、各类资金的增减变动情况及其结果。由于两个系统都是根据同一会计凭证进行核算，因而它们在反映情况方面相互配合、相互补充，在数字方面相互核对、相互制约。综合核算对明细核算具有概括和统驭的作用，明细核算对综合核算具有补充说明的作用，两者相互联系彼此制约，构成了银行会计核算完整的账务组织体系。

3. 科目日结单是每一会计科目当天借、贷发生额和传票张数的汇总记录，是据以监督明细账户发生额，轧平当日账务的重要工具，也是登记总账的依据。当日发生业务的科目均要编制科目日结单，且每个科目编制一张科目日结单。现金科目日结单应根据其他科目日结单中现金部分，分借方和贷方计算合计数，反方填列于现金科目日结单中。

4. 银行错账冲正的方法如下：

（1）当日发现的差错，可用划线更正方法更正；

（2）隔日发现的差错，应用红蓝字冲正方法更正；

（3）本年度发现上年度错账，应填制蓝字反方向凭证冲正，不得更改决算表。

六、业务处理题

1. 借：库存现金	120 000	
贷：吸收存款——单位活期存款（甲公司）		120 000
2. 借：库存现金	800 000	
贷：存放中央银行款项		800 000
3. 借：吸收存款——单位活期存款（乙公司）	230 000	
贷：库存现金		230 000
4. 借：吸收存款——单位活期存款（丙公司）	9 500	
贷：吸收存款——单位活期存款（甲公司）		9 500
5. 借：吸收存款——单位活期存款（乙公司）	645 200	
贷：贷款——短期贷款（乙公司）		640 000
利息收入		5 200
6. 借：吸收存款——单位活期存款（乙公司）	31 000	
贷：吸收存款——单位活期存款（丙公司）		31 000

表1

试算平衡表

2018年1月15日

科目名称	上日余额		本日发生额		本日余额	
	借方	贷方	借方	贷方	借方	贷方
现金	330 000		920 000	230 000	1 020 000	
存放中央银行款项	909 000			800 000	109 000	
贷款	760 000			640 000	120 000	
吸收存款		1 970 000	915 700	160 500		1 214 800
利息收入		29 000		5 200		34 200
合计	1 999 000	1 999 000			1 249 000	1 249 000

第三章　存款业务的核算

一、名词解释

1. 基本存款账户是存款人因办理日常转账结算和现金收付需要而在商业银行开立的结算账户。

2. 一般存款账户是存款人因借款、现金缴存或其他结算需要，在基本存款账户以外的其他商业银行开立的银行结算账户，该账户只能办理转账结算和现金缴存，不能办理现金支取。

3. 单位定期存款是指单位将其活期存款账户中暂时闲置的资金一次性转出，转存定期，按约定的期限，银行到期支付本息的存款方式。

4. 活期储蓄存款是指不规定存期，储户随存随取的储蓄存款。活期储蓄存款起存金额为1元，多存不限。

二、单项选择题

1. A　2. C　3. B　4. C　5. B　6. C　7. D

三、多项选择题

1. ABCD　2. ABCD　3. AB　4. ABCD　5. AD

四、判断题

1. ×　2. ×　3. ×　4. ×　5. ×　6. ×

五、问答题

1. 存款按照存款对象不同分为单位存款与储蓄存款。单位存款是商业银行吸收的企业、事业、机关、部队和社会团体等单位暂时闲置的资金形成的存款。储蓄存款是商业银行吸收的城乡居民个人生活节余或待用的资金形成的存款。

2. 单位人民币结算账户按照用途不同，分为基本存款账户、一般存款账户、专用存款账户和临时存款账户。基本存款户是存款人因办理日常转账结算和现金收付需要而在商业银行开立的结算账户。一般存款账户是存款人因借款、现金缴存或其他结算需要，在基本存款账户以外的其他商业银行开立的银行结算账户，该账户只能办理转账结算和现金缴存，不能办理现金支取。专用存款账户用于办理各项专用资金的收付。临时存款账户是存款人因临时经营活动需要而开立的银行结算账户。

3. 商业银行为居民办理个人储蓄存款业务，要坚持贯彻国家关于居民个人储蓄的政策，维护储户利益。应当遵循存款自愿、取款自由、存款有息、为储户保密的原则。

六、业务处理题

1. 借：库存现金	52 600	
贷：吸收存款——单位活期存款（繁荣公司户）		52 600
2. 借：吸收存款——单位活期存款（汇文公司户）	12 000	
贷：库存现金		12 000
3. 借：吸收存款——单位活期存款（亚泰公司户）	200 000	
贷：吸收存款——单位定期存款（亚泰公司户）		200 000
4. 借：吸收存款——单位定期存款（繁荣公司户）	150 000	
应付利息——应付定期存款利息	3 375	
贷：吸收存款——单位活期存款（繁荣公司户）		153 375

5. 计算利息如下：

利息 = 200 000 × 0.33% ÷ 12 × 3 = 165（元）

借：吸收存款——单位定期存款（欧亚商都户）	200 000	
应付利息——应付定期存款利息	165	
贷：吸收存款——单位活期存款（欧亚商都户）（本息和）		200 165
6. 借：库存现金	8 000	
贷：吸收存款——活期储蓄存款（张月户）		8 000

7. 计算利息如下：

利息 = 5 000 × 0.55% ÷ 360 × 21 = 1.6%

借：吸收存款——活期储蓄存款（储户甲）	5 000	
利息支出——活期存款利息支出	1.6	
贷：库存现金		5 001.6

8. ①2016 年 7 月 10 日

利息 = 20 000 × 81 × 0.72% ÷ 360 = 32.4（元）

借：吸收存款——整存整取定期储蓄存款（王立户）	50 000	
应付利息——应付定期存款利息	32.4	
贷：库存现金		50 032.4
借：库存现金	30 000	
贷：吸收存款——整存整取定期储蓄存款（王立户）		30 000

②2018 年 4 月 20 日

利息 = 30 000 × 2 × 2.7% = 1 620（元）

借：吸收存款——整存整取定期储蓄存款（王立户） 30 000

　　应付利息——应付定期存款利息 1 620

　　贷：库存现金 31 620

第四章　贷款与贴现业务的核算

一、名词解释

1. 正常贷款，是指借款人能够履行借款合同，有充分把握按时足额偿还本息的贷款。

2. 关注贷款，是指贷款的本息偿还仍然正常，但是发生了一些可能会影响贷款偿还的不利因素。

3. 次级贷款，是指借款人依靠其正常的经营收入已经无法偿还贷款的本息，而不得不通过重新融资的办法来归还贷款，表明借款人的还款能力出现了明显的问题。

4. 可疑贷款，是指借款人无法足额偿还贷款本息，即使执行抵押或担保，也肯定要造成一部分损失。

5. 损失贷款，是指在采取了所有可能的措施和一切必要的法律程序之后，本息仍无法收回或只能收回极少部分。

6. 贴现，是指票据持有人在票据到期以前，为获得资金而向商业银行贴付一定的利息所做的票据转让。

二、单项选择题

1. C　2. B　3. D

三、多项选择题

1. ABD　2. AB　3. BC

四、判断题

1. √　2. √　3. ×　4. ×　5. ×　6. √

五、问答题

1. 贷款业务的核算要求。

（1）准确及时地办理各项贷款业务的核算手续。商业银行的会计部门根据信贷部门与借款人签订的借款合同，办理贷款的发放手续。定期计算并收取利息，按照权责发生制的原则核算贷款业务的利息收入，到期收回贷款，并对逾期贷款按照规定收取逾期利息。自营贷款和与委托贷款分别核算；应计贷款和非应计贷款分别核算，非应计贷款是指贷款本金或利息逾期 90 天没有收回的贷款，应计贷款是指非应计贷款以外的贷款。

（2）加强对贷款业务的会计监督。根据国家法律和法规的规定以及银行监管部门的要求对贷款业务进行全过程的监督，确保贷款符合法律法规的规定，保证借款人按照合同的约定使用借款资金，确保信贷资金的安全。

（3）提供监管所需要的贷款信息。银行监管部门为了了解金融运行的总体状况，需要商业银行提供有关贷款的信息。通过会计核算工作提供金融监管所需要的信息也是贷款会计核算的重要内容。

2. 贷款与贴现的区别和联系。

票据贴现业务严格讲属于贷款的一种，但与一般贷款相比，既有共同点又有不同点。共同点主要是两者都是商业银行的资产业务，是借款人的融资方式，商业银行都要计收利息。不同点主要体现在以下几个方面：

（1）资金投放的对象不同。贴现贷款以持票人（债权人）为放款对象；一般贷款以借款人（债务人）为放款对象。

（2）体现的信用关系不同。贴现贷款体现的是商业银行与持票人、出票人、承兑人及背书人之间的信用关系；一般贷款体现的是商业银行与借款人、担保人之间的信用关系。

（3）计息的时间不同。贴现贷款在放款时就扣收利息；一般贷款则是在贷款到期时或定期计收利息。

（4）放款期限不同。贴现贷款通常为短期贷款，期限最长不超过6个月；一般贷款则分为短期和中长期贷款。

（5）资金的流动性不同。贴现贷款可以通过再贴现和转贴现提前收回资金；一般贷款只有到期才可能收回资金。

六、业务处理题

1. 借：贷款——信用贷款（某科技公司贷款户）　　200 000
　　贷：吸收存款——单位活期存款（某科技公司存款户）　　200 000

2. 借：库存现金　　310 000
　　坏账准备　　5 000
　　贷：贷款——逾期贷款（某印刷厂逾期贷款户）　　300 000
　　　应收利息　　15 000

3. 贴现利息 $=350\ 000\times 50\times 6‰\div 30=3\ 500$（元）

实付金额 $=350\ 000-3\ 290=346\ 710$（元）

借：贴现资产——商业承兑汇票　　350 000
　　贷：吸收存款——单位活期存款（某纺织公司）　　346 500
　　　贴现资产——利息调整　　3 500

8月31日资产负债表日：

$350\ 000\times 28\times 6‰\div 30=1\ 960$（元）

借：贴现资产——利息调整　　1 960
　　贷：利息收入　　1 960

9月20日，票款按期划回

借：清算资金往来——某清算行户 350 000
　　贷：贴现资产——商业承兑汇票 350 000
借：贴现资产——利息调整 1 540
　　贷：利息收入 1 540

第五章 支付结算业务的核算

一、名词解释

1. 支票是出票人签发的、委托办理支票存款业务的银行在见票时无条件支付确定的金额给收款人或者持票人的票据。

2. 银行本票是银行签发的、承诺自己在见票时无条件支付确定的金额给收款人或者持票人的票据。

3. 银行汇票是出票银行签发的、由其在见票时，按照实际结算金额无条件支付给收款人或者持票人的票据。

4. 商业汇票是出票人签发的、委托付款人在指定日期无条件支付确定的金额给收款人或者持票人的票据。

5. 信用卡是指商业银行向个人和单位发行的，凭以向特约单位购物、消费和向银行存取现金，且具有消费信用的支付工具。信用卡按使用对象分为单位卡和个人卡，按信誉等级分为金卡和普通卡。

6. 托收承付是收款人根据购销合同发货后，委托银行向异地付款人收取款项，付款人验单或验货后，向银行承认付款的结算方式。

7. 汇兑是汇款人委托银行将款项汇给异地收款人的结算方式。

8. 委托收款是收款人委托银行向付款人收取款项的结算方式。

二、单项选择题

1. B　2. D　3. B　4. B　5. D　6. A　7. C　8. A　9. C　10. B　11. D

三、多项选择题

1. AB　2. BCD　3. BCE　4. ABCE　5. ACDE

四、判断题

1. ×　2. ×　3. √　4. ×　5. ×　6. √　7. √　8. ×　9. √　10. ×　11. √
12. ×　13. ×　14. √　15. √

五、问答题

1. 支付结算原则是银行和客户在办理结算时应共同遵守的基本准则，包括：恪守信用，履约付款；谁的钱进谁的账，由谁支配；银行不垫款。

支付结算纪律是国家财经纪律的重要组成部分，对维护社会经济秩序、正确处理各部门、各单位经济关系具有重要意义，也是支付结算业务正常进行的保证。它包括客户应遵守的结算纪律和银行应遵守的结算纪律两个方面。

（1）单位和个人办理支付结算必须遵守以下纪律。

单位和个人不准签发没有资金保证的票据或远期支票，套取银行信用；不准签发、取得和转让没有真实交易和债权债务的票据，套取银行和他人资金；不准无理拒绝付款，任意占用他人资金；不准违反规定开立和使用账户；不准出租出借账户或转让他人使用；不准利用多头开户转移资金以逃避支付结算的债务。

（2）银行办理支付结算应遵守以下纪律。

银行不准以任何理由压票、任意退票、截留挪用客户和他行资金；不准无理拒绝支付应由银行支付的票据款项；不准受理无理拒付、不扣少扣滞纳金；不准违章签发、承兑、贴现票据，套取银行资金；不准签发空头银行汇票、银行本票和办理空头汇款；不准在支付结算制度之外规定附加条件，影响汇路畅通；不准违反规定为单位和个人开立账户；不准拒绝受理、代理他行正常结算业务；不准放弃对企事业单位、个人违反结算纪律的制裁；不准逃避向中国人民银行转汇大额汇划款项。

2. 我国目前的支付结算方式按使用的支付结算工具不同分为票据、结算凭证和信用卡三类，称为“三票三式一卡”。“三票”是指支票、汇票和银行本票三种票据，其中汇票又分为银行汇票和商业汇票；“三式”是指汇兑、托收承付和委托收款三种结算方式；“一卡”是指信用卡。支付结算方式按使用的区域范围不同分为同城使用的结算方式、异地使用的结算方式、同城异地均可使用的结算方式三种。同城使用的结算方式包括支票和银行本票；异地使用的结算方式包括银行汇票、汇兑和托收承付；同城异地均可使用的结算方式包括商业汇票、委托收款和信用卡。

六、业务处理题

1. 借：吸收存款——单位活期存款（远足鞋业公司）	16 800.50	
贷：库存现金		16 800.50
2. 借：清算资金往来——同城票据清算	268 000	
贷：其他应付款		268 000
退票时间过后会计分录为：		
借：其他应付款	268 000	
贷：吸收存款——单位活期存款（变压器厂）		268 000
3. 借：吸收存款——单位活期存款（百货公司）	5 000	
贷：库存现金		5 000
4. 借：吸收存款——单位活期存款（灯具公司）	12 000	
贷：清算资金往来——同城票据清算		12 000
5. 借：其他应收款	7 000	
贷：清算资金往来——同城票据清算		7 000
借：清算资金往来——同城票据清算	7 000	
贷：其他应收款		7 000

6. 借：吸收存款——单位活期存款（佳佳百货公司） 3 000
　　贷：清算资金往来——同城票据清算 3 000
7. 借：吸收存款——单位活期存款（新广电器厂） 20 000
　　贷：清算资金往来——同城票据清算 20 000
8. 借：本票 15 000
　　贷：吸收存款——单位活期存款（远足鞋业公司） 15 000
9. 借：吸收存款——单位活期存款（新华书店） 12 325.60
　　贷：清算资金往来 12 325.60
10. 借：清算资金往来 8 000
　　贷：吸收存款——单位活期存款（利民百货商店） 8 000
11. 借：吸收存款——应解汇款（李键） 10 000
　　贷：清算资金往来 10 000
12. 借：吸收存款——单位活期存款（中国伞厂） 25 670
　　贷：清算资金往来 25 670
13. 借：吸收存款——单位活期存款（新光电器厂） 15 000
　　贷：清算资金往来 15 000
14. 借：清算资金往来 53 280
　　贷：吸收存款——单位活期存款（展华灯具公司） 53 280
15. 借：吸收存款——单位活期存款（远足鞋业公司） 17 000
　　贷：清算资金往来 17 000
16. 借：汇出汇款 18 000
　　贷：清算资金往来 16 000
　　　　吸收存款——单位活期存款（中国伞厂） 2 000
17. 借：清算资金往来 9 000
　　贷：吸收存款——单位活期存款（美饰公司） 9 000

18. 银行应计收的赔偿金计算如下：

7月9日 $200\ 000 \times 3 \times 0.5‰ = 300$（元）

7月31日 $200\ 000 \times 26 \times 0.5‰ = 2\ 600$（元）

8月10日 $200\ 000 \times 9 \times 0.5‰ = 900$（元）

第六章　银行往来及资金清算业务的核算

一、名词解释

1. 同业拆借是商业银行之间临时性融通资金余缺的一种短期借贷行为，是通过横向融资解决临时资金不足的一条重要途径。

2. 同城票据交换是指同一城市各商业银行将相互代收、代付的票据在规定时间内集中在票据交换场所进行交换，当场轧算交换差额，进行资金清算的一种方式。

3. 商业银行之间的往来又称为同业往来，是指商业银行之间由于办理跨系统结算、相互拆借资金以及代理业务等引起的资金账务往来。

4. 商业银行在执行信贷计划的过程中，资金不足时，既可采取向上级行申请调入资金、同业拆借或通过金融市场融通资金等手段，也可向央行申请贷款。中央银行根据商业银行的借款计划向其发放的贷款，称为再贷款。

5. 商业银行因办理票据贴现占用资金，引起资金暂时不足，以已贴现尚未到期的商业汇票向中央银行办理的贴现，称为再贴现。

二、单项选择题

1. A 2. A 3. B 4. B 5. D 6. C 7. C

三、多项选择题

1. ABCDE 2. ABCD 3. ABC 4. ABCE 5. ACDE 6. CDE

四、判断题

1. √ 2. √ 3. √ 4. √ 5. ×

五、问答题

1. 商业银行向中国人民银行缴存存款主要有以下规定：

（1）缴存存款的范围和比例。

①财政性存款。财政性存款主要包括中央预算收入、地方预算存款、代理发行债券和待结算财政款项等。其缴存范围为：集中上缴中央财政资金，集中上缴地方财政资金，待结算财政款项（轧差后贷方余额），代收个人购买国库券款项（减：代付个人国库券本息款项），代收单位购买国库券款项（减：兑付单位购买国库券本息款项），代收国家其他债券款项（减：兑付国家其他债券本息款项、兑付国家投资公司债券本息款项）。财政性存款属于中央银行的信贷资金，商业银行不得占用、应全部缴存。

②一般性存款。一般性存款主要包括商业银行吸收的机关团体存款、财政预算外存款、个人储蓄存款、单位存款及其他各项存款。其缴存范围为：企业存款，储蓄存款，农村存款，基建单位存款，机关团体存款，财政预算外存款，委托存款轧减委托贷款，委托投资后的差额以及其他一般存款等。缴存款的比例（即商业银行缴存的存款准备金占其吸收的一般存款总额的比例）目前为20.5%（中小金融机构为17%）。该比例可由中央银行根据货币政策的运用，适时加以调整。

（2）缴存存款的时间。各商业银行缴存存款的时间，除第一次按规定时间缴存外，市级分支行为每旬调整一次，在旬后5日内办理；县级分支行每月调整一次，月后8日内办理（最后一天遇节假日顺延）；不在中央银行开户的行处，由其管辖行或代理行每月调整一次。

财政性存款应由经办行在规定时限内全额划交当地中央银行，不单独在中央银行开户的行处，委托其管辖行或代理行代为缴存；一般性存款由各商业银行法人统一缴存，各分支行逐级向上级行缴存。

(3) 缴存存款的金额起点。划缴或调整存款时，应区别财政性存款和一般性存款，将本旬（月）末各自科目余额总数与上期同类各科目旬（月）末余额总数对比，按实际增加或减少数进行调整，计算应缴存金额。缴存（调整）以千元为单位，千元以下四舍五入。

(4) 缴存存款的凭证。商业银行按规定时间向人民银行缴存（或调整）存款时，应根据有关存款科目余额，填制“缴存财政性存款科目余额表”“缴存一般存款科目余额表”一式两份，并按规定比例分别计算出财政性存款和一般性存款应缴存金额，填制“缴存（或调整）财政性存款划拨凭证”“缴存（或调整）一般存款划拨凭证”。发生欠缴时，填列欠缴凭证。

2. 商业银行跨系统相互转汇有以下几种情况：

(1)“先横后直”方式。在这种方式下，汇出行将跨系统的汇划款项先在同城通过票据交换或直接同业往来转至跨系统的转汇行，由该转汇行通过内部汇划系统将款项划至异地汇入行。这种方式主要适用于汇出行所在地为双设机构地区，即在汇出地设有异地汇入行同系统的银行机构。

(2)“先直后横”方式。在这种方式下，汇出行将款项先通过联行系统汇至异地系统内转汇行，由转汇行通过同城票据交换或直接同业往来将款项转至跨系统的汇入行。这种方式主要适用于汇出行为单设机构地区的商业银行，而汇入行所在地为双设机构地区。

(3)“先直后横再直”方式。在这种方式下，汇出行先通过本行的联行系统将款项划至上级管辖行（代转行），由上级管辖行将款项转至同城的跨系统转汇行，转汇行再通过其联行系统将款项划至汇入行。这种方式主要适用于汇出行和汇入行均在单设机构地区的商业银行：即汇出地没有收款单位开户银行同一系统的机构，汇入地也无汇款单位开户银行同一系统的机构。

3. 资金汇划清算系统的业务范围和基本做法。

(1) 资金汇划清算系统的业务范围。资金汇划清算系统承担汇兑、托收承付、委托收款（含商业汇票、国内信用证、储蓄委托收款等）、银行汇票、银行卡、储蓄旅行支票、内部资金划拨、其他经总行批准的款项汇划及其资金清算，对储蓄、银行卡异地通存通兑业务的资金清算，同时办理有关的查询、查复业务。

(2) 资金汇划清算系统的基本做法有：实存资金，同步清算，头寸控制，集中监督。

①实存资金，是指以清算行为单位在总行清算中心开立备付金存款账户，用于汇划款项时资金清算。

②同步清算，是指当发报经办行通过其清算行经总行清算中心将款项汇划给收报经办行的同时，总行清算中心每天根据各行汇出汇入资金情况，从各该清算行备付金账户付出资金或存入资金，从而实现各清算行之间的资金清算。

③头寸控制，是指各清算行在总行清算中心开立的备付金存款账户，保证足额存款，总行清算中心对各行汇划资金实行集中清算。清算行备付金存款不足，二级分行可向管辖省区分行借款，省区分行和直辖市分行、直属分行头寸不足可向总行借款。

④集中监督，是指在资金汇划清算系统中，总行清算中心对汇划往来数据发送、资金

清算、备付金存款账户资信情况和行际间查询、查复情况进行管理和监督。

4. 同城票据交换的基本规定如下：

（1）参加交换的行处，应核定交换号码。交换号码是参加票据交换行处的代号。在支票的票面上必须印有交换号码，以方便区分识别。参加票据交换的银行营业机构，必须向人民银行交换清算的部门申请交换号码，经审查同意后，由人民银行向该行核发交换号码，并通报全市各参加交换的银行，该行从该日起即可参加交换。

（2）参加交换的行处分为提出行和提入行。票据交换时，参与交换的银行一方为提出行，一方为提入行。向他行提出交换票据的为提出行；从票据交换所取回票据的为提入行。参加清算的各行处一般既是提出行又是提入行。

（3）明确交换场次和时间。在支付业务量大的城市和较大的县城，清算所每天上、下午各进行一次交换，小城市和大多数县城清算所每天上午只进行一次票据交换。

（4）各行提出交换的票据可分为代收票据和代付票据两类。凡属收到的在本行开户的收款单位提交的应由在其他行开户的单位付款的票据，称为借方票据或代付票据，包括支票、银行汇票、本票及商业汇票等。凡属收到的在本行开户的单位提交的委托本行向在他行开户的单位付款的票据，称为贷方票据或代收票据。

（5）各行应配备专职交换员。票据交换岗位是机要部位，应严格按照机要部位管理。票据交换员应指定专人，严格遵守票据交换所规则，不准兼管系统内资金汇划清算业务；不准兼管中央银行备付金账户；不准兼管同业存放往来账户；不准兼管内部往来业务。

六、业务处理题

1.

（1）汇出行的核算

借：吸收存款——单位活期存款（外贸进出口公司）　　50 000

　　贷：清算资金往来——同城票据清算　　50 000

（2）转汇行的核算

借：清算资金往来——同城票据清算　　50 000

　　贷：清算资金往来——某清算行户　　50 000

（3）汇入行的核算

借：清算资金往来——某清算行户　　50 000

　　贷：吸收存款——单位活期存款（供销公司）　　50 000

2.

（1）汇出行的核算

借：吸收存款——单位活期存款（电池厂户）　　3 575

　　贷：清算资金往来——某清算行户　　3 575

（2）转汇行的核算

借：清算资金往来——某清算行户　　3 575

　　贷：清算资金往来——同城票据清算　　3 575

借：清算资金往来——同城票据清算 3 575
　　贷：清算资金往来——某清算行户 3 575

(3) 汇入行的核算

借：清算资金往来——某清算行户 3 575
　　贷：吸收存款——活期储蓄存款（李力户） 3 575

3.

(1) 拆入的处理

借：存放中央银行款项 2 000 000
　　贷：拆入资金——建设银行徐汇支行 2 000 000

(2) 归还的处理

借：拆入资金——建设银行徐汇支行 2 000 000
　　利息支出——拆入资金户 8 000
　　贷：存放中央银行款项 2 008 000

4. 借：存放中央银行款项——存放中央银行存款 90 000
　　贷：存放中央银行款项——存放中央银行财政性存款 90 000

5. 借：存放中央银行款项 8 000 000
　　贷：向中央银行借款——季节性贷款户 8 000 000

6. 借：向中央银行借款——日拆性贷款户 2 000 000
　　利息支出——央行往来利息支出 3 000
　　贷：存放中央银行款项 2 003 000

7. 借：工商银行准备金存款——某支行户 800 000
　　贷：再贴现——工商银行再贴现户 800 000

第七章　外汇业务的核算

一、名词解释

1. 外汇分账制又叫原币记账法，指按业务发生时的货币记账，不折成本位币入账的一种记账方式。

2. 所谓外汇汇率（Foreign Exchange Rate），是两国货币交换时的量的比例关系，即用一定数量的一国货币去交换一定数量的另一国货币。

3. 结汇是指境内企事业单位、机关和社会团体按国家的外汇政策规定，将各类外汇收入按银行挂牌汇率卖给外汇指定银行，即银行买进这部分外汇，同时付给对方相应的人民币。

4. 售汇是指境内企事业单位、机关和社会团体的经常项目下的正常付汇，持有关有效凭证，用人民币到商业银行办理兑换，商业银行收进人民币，支付等值外汇。

二、单项选择题

1. D　2. A　3. D　4. C　5. C　6. A

三、多项选择题

1. ABCDE 2. CD 3. BD 4. ACE 5. AC 6. ABD 7. BD 8. ABD 9. BC

四、判断题

1. × 2. √ 3. × 4. √ 5. √ 6. √ 7. × 8. √ 9. × 10. √ 11. × 12. √

五、问答题

1. 所谓外汇汇率是两国货币交换时的量的比例关系，即用一定数量的一国货币去交换一定数量的另一国货币。目前，国际上常用的标价方法有：直接标价法、间接标价法以及美元标价法和非美元标价法。我国采用的是直接标价法。在人民币与各种外币的比价中，外币为基准货币，单位为100，人民币为标价货币。

2. 商业银行外汇业务会计记账方法采用借贷复式记账法，记账方式采用外汇分账制，记账基础采用权责发生制。借贷复式记账法就是以借、贷为记账符号，以有借必有贷，借贷必相等为记账规则，在两个或两个以上相互联系的账户中进行金额相等、方向相反记录的一种记账方法。借方登记资产增加，负债减少，所有者权益减少，损失增加，收益结转。负债登记负债增加，所有者权益增加，资产减少，收益增加，损失结转。外汇分账制又叫原币记账法，指按业务发生时的货币记账，不折成本位币入账的一种记账方式。其主要内容是人民币与外币分账，专门设置“外汇买卖”科目，起桥梁和平衡作用，年终决算时，编制汇总的人民币报表；权责发生制又称应收应付制，只要债权债务一经产生，不管有无实际的资金收付行为，都应记账。

3. 外汇分账制又叫原币记账法，指按业务发生时的货币记账，不折成本位币入账的一种记账方式。其主要内容是：①人民币与外币分账。对有外汇牌价的各类外汇收支要求以原币记账，不折成本位币入账。以原币填制凭证，登记账簿，编制报表，每一种货币各自成立一套完整的账务系统；②专门设置“外汇买卖”科目，起桥梁和平衡作用。当一项银行业务涉及两种或两种以上的货币时，必须通过有关外汇买卖科目核算。外汇买卖科目是外汇分账制的一个特定科目，在不同的外汇业务之间，起一个桥梁的平衡和联系作用。③年终决算时，编制汇总的人民币报表。各种外币除编制各自的报表外，美元以外的其他外币要按年终决算牌价折成美元报表，合并的美元报表按年终决算牌价折成人民币报表，同以人民币报表按会计科目归口合并，编制一张汇总的人民币报表。

4. 外汇存款是商业银行以信用方式吸收的国内外单位和个人在经济活动中暂时闲置或结余的并能自由兑换或在国际上获得偿付，并于以后随时或约定期限支取的外币资金。按存款管理特点的不同将外汇存款分为甲种外汇存款、乙种外汇存款、丙种外汇存款；按存款对象不同，分为单位外汇存款和个人外汇存款；按存款货币不同，分为港币、美元、日元、英镑、欧元等外汇存款；按期限不同分为活期外汇存款和定期外汇存款；按支取方式的不同，存款分为支票户存款和存折户存款；按存入资金形态的不同，分为现汇存款户和现钞存款户。

5. 外汇贷款是指商业银行办理的以外币为计量单位的放款。外汇贷款业务是外汇银行的主要业务之一，它不同于人民币贷款业务。外汇贷款与人民币贷款相比，有其自身独有的特点，主要包括：

（1）利率确定不同。人民币贷款的利率相对固定。外汇贷款利率则是以浮动为主，贷款利率由总行不定期公布，利率按伦敦银行同业拆放利率（LIBOR）加上银行管理费用实行浮动制。期限通常有1个月、3个月和6个月浮动三种。

（2）贷款的发放不同。人民币贷款在借款单位实际用款之前，可以转存；而短期外汇贷款一般是指借款单位实际对外支付外汇的同时发放，即什么时候用，什么时候发放。外汇贷款经批准后，具体的发放使用办法是按国际惯例处理的。贷款发放是从贷款账户直接对外支付，目的是为了加强外汇管理，提高外汇资金的使用效益。由于不存在贷款转作存款后对外支付，因而不会形成借款单位的派生性存款。借款单位借款时，不管是以信用证、代收或汇款哪种方式办理结算，均需填具短期外汇借款凭证，银行核准后，据以开立外汇贷款账户。

6. 信用证简称L/C，是由开证行根据进口商的申请，向受益人（出口商）开立的具有一定金额，并在一定期限内凭规定的符合要求的单据付款或作付款承诺的书面保证文件。

在办理信用证出口业务时，我国经办银行作为出口方银行，替国内出口企业进行结算，充当国外信用证的通知行、议付行。其会计核算主要分为：①受证与通知；②审单议付，寄单索汇；③收妥出口款项三个环节。

在办理信用证进口业务时，我国经办银行作为进口方银行，替国内进口企业进行结算，充当开证行、付款行。其会计核算主要分为：①进口开证；②审单与付汇两个环节。

六、业务处理题

1. 借：汇入汇款	USD50 000	
贷：外汇买卖（汇买价）		USD50 000
借：外汇买卖（汇买价）	CNY311 325（50 000 × 6.2265）	
贷：单位活期存款		CNY311 325
2. 借：库存现金	USD5 000	
贷：外汇买卖（钞买价）		USD5 000
借：外汇买卖（钞买价）	CNY30 964.50（5 000 × 6.1929）	
贷：库存现金		CNY30 964.50（5 000 × 6.1929）

3. HK80 000 × 0.8818 ÷ 6.2263 = USD11 330

借：单位活期存款	USD11 330	
贷：外汇买卖（汇买价）		USD11 330
借：外汇买卖（汇买价）	CNY70 544（11 330 × 6.2263）	
贷：外汇买卖（卖出价）		CNY70 544（80 000 × 0.8818）
借：外汇买卖（卖出价）	HK80 000	
贷：汇出汇款		HK80 000

第八章　所有者权益及损益的核算

一、名词解释

1. 所有者权益，是指所有者在企业资产中享有的经济利益，其金额为资产减去负债后的余额。

2. 实收资本，是指投资者按照企业章程，或合同、协议的规定，实际投入商业银行的资本。

3. 资本公积，是指银行业在经营过程中由于投资者或他人投入到企业而所有权属于投资人的但不构成实收资本的那部分资本。

4. 未分配利润，是指银行业留于以后年度分配的利润或待分配的利润，是一种留存收益形式，属于所有者权益的组成部分。

5. 时间性差异，是指应税收益和会计收益的差额，在一个期间内形成，可在随后的一个或几个期间内转回。

6. 暂时性差异，是指从资产和负债看，是一项资产或一项负债的计税基础和其在资产负债表中的账面价值之间的差额，随时间推移将会消除。

二、单项选择题

1. B　2. C

三、多项选择题

1. ABCDE　2. ABC

四、判断题

1. ×　2. ×

五、问答题

1. 商业银行的营业收入是其在经营各项业务中所取得的各项收入，包括利息收入、金融机构往来收入、手续费收入、汇兑收益和其他营业收入等。

2. 营业外支出是商业银行发生的与其业务经营活动无直接关系的各项经济利益的流出。营业外支出由商业银行的非日常活动产生，属于应直接计入当期利润的损失，主要包括非流动资产处置损失、非货币性资产交换损失、债务重组损失、公益性捐赠支出、非常损失、盘亏损失等。

六、业务处理题

1. 借：银行存款	50 000	
贷：股本		40 000
资本公积——股本溢价		10 000

2. 借：资本公积——其他资本公积 100 000 000
   贷：实收资本 100 000 000
3. 借：利润分配——计提盈余公积户 430 000
   贷：盈余公积——法定盈余公积 430 000
4. 借：存放中央银行款项 8 000
   贷：手续费及佣金收入 8 000
5. 借：利息支出 84 000
   贷：单位活期存款 84 000
6. 借：业务管理费——业务管理费户 880
   贷：库存现金 880

第九章　年度决算

一、名词解释

年度决算是根据会计资料，运用会计报告形式，对商业银行一年来的业务经营和财务成果进行数字总结和文字说明。

二、单项选择题

1. D　2. B

三、多项选择题

1. ABCDE　2. DE　3. ABCDE　4. ABCDE

四、判断题

1. ×　2. ×　3. √

五、问答题

1. 年度决算的基本要求有坚持统一领导、各部门密切配合；坚持会计资料的真实性、准确性和可靠性；坚持财务会计报告的完整性、统一性和及时性。

2. 在决算日，除了处理当日业务、轧平账务外，在年度决算准备工作的基础上，还应着重做好以下几项工作：全面核对账务；检查各项库存；核计税款交纳；结转本年利润；分配本年利润；办理新旧账务结转。

第十章　财务会计报告

一、名词解释

1. 资产负债表，是反映企业某一特定日期财务状况的会计报表，它是根据资产、负债和所有者权益（或股东权益，下同）之间的相互关系，按照一定的分类标准和一定的顺序，对企业某一特定日期的资产、负债和所有者权益各项目予以适当排列，并对日常工作中形成的大量数据进行高度浓缩整理后编制而成的。

2. 利润表，是反映企业一定会计期间经营成果的会计报表。银行利润表是将银行一定会计期间的营业收入与其同一会计期间相关的营业费用进行配比，以计算出银行一定时期的净利润（或净亏损）的报表。

3. 现金流量表，是综合反映银行在一定会计期间内现金流入和流出情况的会计报表。

4. 会计报表附注，是对资产负债表、利润表、现金流量表和所有者权益变动表等报表中列示项目的文字描述或明细资料，以及对未能在这些报表中列示项目的说明等。

二、单项选择题

1. C 2. B

三、多项选择题

1. ABCD 2. AB

四、判断题

1. √ 2. √

五、问答题

1. 会计报表附注是对资产负债表、利润表、现金流量表和所有者权益变动表等报表中列示项目的文字描述或明细资料，以及对未能在这些报表中列示项目的说明等。会计报表附注是财务报表的重要组成部分。商业银行会计报表附注一般应当按照下列顺序披露有关内容：①商业银行的基本情况；②财务报表的编制基础；③遵循企业会计准则的声明；④重要会计政策和会计估计；⑤会计政策和会计估计变更以及差错更正的说明；⑥报表重要项目的说明；⑦或有事项；⑧资产负债表日后事项；⑨关联方关系及其交易；⑩风险管理。

2. 财务情况说明书是以文字来补充说明财务经营状况、利润实现和分配情况以及银行的财产物资发生重大变动情况。以文字为主来叙述这些情况和变化，可以补充会计报告的不足，使会计报告的阅读者可以更好地理解报告中的数字，更确切地掌握企业的各种情况，以便做出各种正确的决策。银行财务情况说明书至少应对下列情况作出说明：①银行经营的基本情况；②利润实现和分配情况；③资金增减和周期情况；④对银行财务状况、经营成果和现金流量有重大影响的。

附录 2

根据 2006 年 10 月 30 日财政部发布的《企业会计准则——应用指南》的规定，金融企业主要会计科目如下表所示：

金融企业会计科目一览表

顺序号	编号	会计科目名称	会计科目适用范围
一、资产类			
1	1001	库存现金（改动）	
2	1002	银行存款	
3	1003	存放中央银行款项	银行专用
4	1011	存放同业	银行专用
5	1015	其他货币资金	
6	1021	结算备付金	证券专用
7	1031	存出保证金	金融共用
8	1051	拆出资金	金融共用
9	1101	交易性金融资产	
10	1111	买入返售金融资产	金融共用
11	1121	应收票据	
12	1122	应收账款	
13	1123	预付账款	
14	1131	应收股利	
15	1132	应收利息	
16	1211	应收保户储金	保险专用
17	1221	应收代位追偿款	保险专用
18	1222	应收分保账款	保险专用
19	1223	应收分保未到期责任准备金	保险专用
20	1224	应收分保保险责任准备金	保险专用
21	1231	其他应收款	
22	1241	坏账准备	
23	1251	贴现资产	银行专用
24	1301	贷款	银行和保险共用

续表

顺序号	编号	会计科目名称	会计科目适用范围
25	1302	贷款损失准备	银行和保险共用
26	1311	代理兑付证券	银行和证券共用
27	1321	代理业务资产	
28	1401	材料采购	
29	1402	在途物资	
30	1403	原材料	
31	1404	材料成本差异	
32	1406	库存商品	
33	1407	发出商品	
34	1410	商品进销差价	
35	1411	委托加工物资	
36	1412	包装物及低值易耗品	
37	1421	消耗性生物资产	农业专用
38	1431	周转材料	建造承包商专用
39	1441	贵金属	银行专用
40	1442	抵债资产	金融共用
41	1451	损余物资	保险专用
42	1461	存货跌价准备	
43	1501	待摊费用	
44	1511	独立账户资产	保险专用
45	1521	持有至到期投资	
46	1522	持有至到期投资减值准备	
47	1523	可供出售金融资产	
48	1524	长期股权投资	
49	1525	长期股权投资减值准备	
50	1526	投资性房地产	
51	1531	长期应收款	
52	1541	未实现融资收益	
53	1551	存出资本保证金	保险专用
54	1601	固定资产	
55	1602	累计折旧	
56	1603	固定资产减值准备	
57	1604	在建工程	
58	1605	工程物资	
59	1606	固定资产清理	
60	1611	融资租赁资产	租赁专用
61	1612	未担保余值	租赁专用
62	1621	生产性生物资产	农业专用
63	1622	生产性生物资产累计折旧	农业专用

续表

顺序号	编号	会计科目名称	会计科目适用范围
64	1623	公益性生物资产	农业专用
65	1631	油气资产	石油天然气开采专用
66	1632	累计折耗	石油天然气开采专用
67	1701	无形资产	
68	1702	累计摊销	
69	1703	无形资产减值准备	
70	1711	商誉	
71	1801	长期待摊费用	
72	1811	递延所得税资产	
73	1901	待处理财产损溢	
二、负债类			
74	2001	短期借款	
75	2002	存入保证金	金融共用
76	2003	拆入资金	金融共用
77	2004	向中央银行借款	银行专用
78	2011	同业存放	银行专用
79	2012	吸收存款	银行专用
80	2021	贴现负债	银行专用
81	2101	交易性金融负债	
82	2111	卖出回购金融资产款	金融共用
83	2201	应付票据	
84	2202	应付账款	
85	2205	预收账款	
86	2211	应付职工薪酬	
87	2221	应交税费	
88	2231	应付股利	
89	2232	应付利息	
90	2241	其他应付款	
91	2251	应付保户红利	保险专用
92	2261	应付分保账款	保险专用
93	2311	代理买卖证券款	证券专用
94	2312	代理承销证券款	证券和银行共用
95	2313	代理兑付证券款	证券和银行共用
96	2314	代理业务负债	
97	2401	预提费用	
98	2411	预计负债	
99	2501	递延收益	
100	2601	长期借款	
101	2602	长期债券	

续表

顺序号	编号	会计科目名称	会计科目适用范围
102	2701	未到期责任准备金	保险专用
103	2702	保险责任准备金	保险专用
104	2711	保户储金	保险专用
105	2721	独立账户负债	保险专用
106	2801	长期应付款	
107	2802	未确认融资费用	
108	2811	专项应付款	
109	2901	递延所得税负债	
三、共同类			
110	3001	清算资金往来	银行专用
111	3002	外汇买卖	金融共用
112	3101	衍生工具	
113	3201	套期工具	
114	3202	被套期项目	
四、所有者权益类			
115	4001	实收资本	
116	4002	资本公积	
117	4101	盈余公积	
118	4102	一般风险准备	金融共用
119	4103	本年利润	
120	4104	利润分配	
121	4201	库存股	
五、成本类			
122	5001	生产成本	
123	5101	制造费用	
124	5201	劳务成本	
125	5301	研发支出	
126	5401	工程施工	建造承包商专用
127	5402	工程结算	建造承包商专用
128	5403	机械作业	建造承包商专用
六、损益类			
129	6001	主营业务收入	
130	6011	利息收入	金融共用
131	6021	手续费收入	金融共用
132	6031	保费收入	保险专用
133	6032	分保费收入	保险专用
134	6041	租赁收入	租赁专用
135	6051	其他业务收入	
136	6061	汇兑损益	金融专用

续表

顺序号	编号	会计科目名称	会计科目适用范围
137	6101	公允价值变动损益	
138	6111	投资收益	
139	6201	摊回保险责任准备金	保险专用
140	6202	摊回赔付支出	保险专用
141	6203	摊回分保费用	保险专用
142	6301	营业外收入	
143	6401	主营业务成本	
144	6402	其他业务支出	
145	6405	营业税金及附加	
146	6411	利息支出	金融共用
147	6421	手续费支出	金融共用
148	6501	提取未到期责任准备金	保险专用
149	6502	提取保险责任准备金	保险专用
150	6511	赔付支出	保险专用
151	6521	保户红利支出	保险专用
152	6531	退保金	保险专用
153	6541	分出保费	保险专用
154	6542	分保费用	保险专用
155	6601	销售费用	
156	6602	管理费用	
157	6603	财务费用	
158	6604	勘探费用	
159	6701	资产减值损失	
160	6711	营业外支出	
161	6801	所得税	
162	6901	以前年度损益调整	

附录3

根据2000年中国人民银行《关于印发人民银行新会计科目的通知》，人民银行现行会计科目如下表所示：

中国人民银行会计科目表

科目代码	科目名称	备注
一、资产类：		
1000	库存现金	
1010	存放金融机构	
1020	金银	
1100	政策性银行贷款	
1110	工商银行贷款	
1120	农业银行贷款	
1130	中国银行贷款	
1140	建设银行贷款	
1150	交通银行贷款	
1160	其他商业银行贷款	
1170	城市信用社贷款	
1180	农村信用社贷款	
1190	其他金融机构贷款	
1200	外资银行贷款	
1210	外资其他金融机构贷款	
1220	资产管理公司贷款	
1230	特别贷款	
1240	再贴现	
1250	专项贷款	
1260	财政贷款	总行专用
1300	有价证券	总行专用
1310	买入返售证券	总行专用
1350	国家外汇人民币资金	总行专用
1360	金银外汇人民币资金	总行专用

续表

科目代码	科目名称	备注
1370	其他外汇人民币资金	
1380	国际金融组织股份及捐资	总行专用
1400	中央预算支出	总行专用
1410	兑付国家债券本息款	
1450	收藏钱币	总行专用
1460	待核销钢材、机电产品贷款	总行专用
1470	待核销商品、原材料贷款	总行专用
1500	投资	
1510	固定资产	
1650	暂付款项	
1660	待清理资产	
1670	待处理损失	
二、负债类：		
2000	流通中货币	总行专用
2100	政策性银行准备金存款	
2110	工商银行准备金存款	
2120	农业银行准备金存款	
2130	中国银行准备金存款	
2140	建设银行准备金存款	
2150	交通银行准备金存款	
2160	其他商业银行准备金存款	
2170	城市信用社准备金存款	
2180	农村信用社准备金存款	
2190	其他金融机构准备金存款	
2200	外资银行准备金存款	
2210	外资其他金融机构准备金存款	
2220	资产管理公司存款	
2230	外资银行缴存款	
2240	外资其他金融机构缴存款	
2250	商业银行划来财政存款	
2260	金融机构特种存款	
2270	保险公司存款	
2280	邮政储蓄转存款	
2290	其他存款	
2350	发行债券	
2360	卖出回购证券所	总行专用
2370	银行本票	
2380	汇出汇款	
2400	国际金融组织存款	总行专用

续表

科目代码	科目名称	备注
2450	专项贷款呆账准备金	总行专用
2500	中央预算收入	总行专用
2510	地方财政库款	
2520	财政预算专项存款	
2530	财政预算外存款	
2540	待报解中央预算收入	
2550	待报解地方预算收入	
2560	待报解中央与地方共享收入	
2570	代收国家债券款	
2580	国家债券兑付资金	
2620	代储存黄金专项基金	总行专用
2650	暂收款项	
2660	待清理负债	
2670	待处理收益	
2680	抵押外汇	
三、资产负债共同类：		
3000	联行往账	
3010	上年联行往账	
3020	联行来账	
3030	上年联行来账	
3040	已核对联行来账	
3050	已核对上年联行来账	
3060	未核销报单款项	
3070	未核销上年报单款项	
3080	电子联行往账	
3090	电子联行来账	
3100	电子清算资金往来	
1310	历年电子清算资金往来	
3120	大额支付往来	
3130	小额支付往来	
3140	支付清算资金往来	
3150	辖内往来	
3160	同城票据交换	
3200	发行基金往来	
3210	待结算财政款项	
3220	行库往来	
3230	邮政汇兑资金往来	
四、所有者权益类：		
4000	中央信贷基金	总行专用

续表

科目代码	科目名称	备注
4010	固定资产基金	
4020	总准备金	总行专用
4100	本年利润	
4200	利润分配	总行专用
五、损益类：		
5000	利息收入	
5010	业务收入	
5020	其他收入	
5100	利息支出	
5110	业务支出	
5120	管理费支出	
5130	事业费支出	
5140	固定资产购建支出	
5150	其他支出	
六、表外科目：		
6000	应收未收利息	
6010	发行基金	
6020	固定资产折旧	
6030	土地使用权	
6040	在建工程	
6050	待结算凭证	
6060	再贴现票据	
6070	托管债券	总行专用
6080	回购押入债券	总行专用
6090	回购押出券	总行专用
6100	发出托收	
6110	定期代收	
6120	有价证券及收款单	
6130	已兑付国家债券	
6140	委托业务抵押品	
6150	代保管有价值品	
6200	重要空白凭证	

主要参考文献

References

1. 施晓春，周江银．商业银行会计．北京：中国财政经济出版社，2014
2. 侯迎春，石月华．国际结算实务．北京：中国财政经济出版社，2016
3. 罗平，吴军梅．银行监管学．北京：中国财政经济出版社，2015
4. 施晓春，周江银．商业银行会计实务．北京：经济科学出版社，2013
5. 石月华，曾赛红．银行授信实务．北京：中国财政经济出版社，2017
6. 志学红．银行会计．第3版．北京：中国人民大学出版社，2015